BASTEI
LÜBBE

Über die Autorin:

Maja Schulze-Lackner wurde in Berlin geboren. 1966 eröffnete sie mit ihrer ersten selbst entworfenen Kollektion das Modegeschäft »Maja of Munich«. Neben ihrer Tätigkeit als Designerin und Geschäftsfrau schrieb sie auch für die *Bunte* und *Elle*. 1997 verfasste sie ihr erstes Buch *Ich lade mir gerne Gäste ein* – ein Ratgeber, der zum Bestseller wurde. Vor einigen Jahren begann sie, die Geschichte ihrer Familie zu recherchieren, und förderte höchst erstaunliche Ereignisse zutage, die sie in ihrem Buch *Und Wunder gibt es doch* festgehalten hat.

MAJA SCHULZE-LACKNER

Und Wunder gibt es doch

Die Geschichte einer ostpreußischen Familie

BASTEI LÜBBE

BASTEI LÜBBE TASCHENBUCH
Band 61582

1. Auflage: März 2006
2. Auflage: April 2006

Für meine geliebten Eltern

Vollständige Taschenbuchausgabe

Bastei Lübbe Taschenbücher in der Verlagsgruppe Lübbe

Lizenzausgabe: Verlagsgruppe Lübbe GmbH & Co. KG,
Bergisch Gladbach
Titelbild: Photodisc
Umschlaggestaltung: Tanja Østlyngen
unter Verwendung eines Entwurfs von Wolfgang Heinzel
Die Fotos in den Bildteilen dieses Buches
stammen aus dem Archiv der Autorin.
Satz: VerlagsService Dr. Helmut Neuberger & Karl Schaumann GmbH,
Heimstetten
Druck und Verarbeitung: Ebner & Spiegel, Ulm
Printed in Germany
ISBN-13: 978-3-404-61582-7
ISBN-10: 3-404-61582-4

Vorwort

Ich habe von meinen Eltern ein Gemälde geerbt. Ein Landschaftsbild, 18. Jahrhundert, Frankreich. Kurz vor seinem Tod hatte mein Vater, wie man so schön sagt, »sein Haus bestellt«. Alle Kinder, wir sind drei Schwestern, sollten sagen, welche Möbel und Gegenstände wir nach dem Tod der Eltern haben wollten. Ich wollte nichts. Was sollte ich auch mit einem kompletten Biedermeierzimmer, einem riesigen Gobelin oder einem Barockschreibtisch in unserer kleinen Wohnung? Ich entschied mich dann doch für etwas. Ein Portrait meiner Mutter, gemalt von einem Berliner Maler, als sie elf Jahre alt war, und das Landschaftsbild. Beide Bilder hatte ich seit meiner Kindheit geliebt.

»Unterlagen für die Landschaft wie Rechnung und Expertise sind in unserem Familienordner, falls du es einmal brauchst«, sagte mir mein Vater.

Letztes Jahr, mehr als fünfundzwanzig Jahre später, erinnerte ich mich an seine Worte. Als ich den Ordner öffnete, fielen mir als Erstes mehrere vergilbte, aber noch gut lesbare Zeitungsausschnitte entgegen, aus dem Jahr 1900, über den so tragischen und viel zu frühen Tod meiner Großeltern und deren Beerdigung. Und nicht nur das! Die Sterbeurkunde meines Onkels Alfred, gefallen am achtundzwanzigsten August 1914, gerade zweiundzwanzig Jahre alt, als Leutnant in der Schlacht bei Rutkowitz.

Unterlagen über Tobias Lackner, 1732 aus dem Salzburgischen nach Ostpreußen gekommen, wegen seines Glaubens von dort vertrieben. Und vieles mehr.

Ich war fasziniert! Verschüttete und längst vergessen geglaubte Geschichten kehrten in mein Gedächtnis zurück, ließen mich nicht mehr los. Warum hatte ich bloß nie richtig zugehört, damals, als mein Vater, was sehr selten vorkam, über seine so kurze Kindheit sprach? Genauso bei meiner Mutter, die so eine außergewöhnliche Frau war, schon als Kind exzentrisch und ausgestattet mit einem unglaublichen Willen. Warum ist man als junger Mensch so desinteressiert, ja ignorant?

Ich rief meine Schwestern und Cousinen an, alle zum Teil wesentlich älter als ich, in der Hoffnung, von ihnen mehr zu erfahren. Sehr viel mehr als ich wussten auch sie nicht. Aber aus dem, was ich erfahren konnte, habe ich die Geschichte meiner Großeltern und Eltern »zusammengepuzzelt«. Eine Geschichte, die, wenn sie nicht wahr wäre, von Hedwig Courts-Mahler oder Barbara Cartland hätte erfunden sein können.

Die Personen

Ida Lackner
Albert Lackner, Rechtsanwalt, Notar und Präsident der Anwaltskammer in Königsberg
Walter, Alfred, Paula, Charlotte, Martha, deren Kinder

Hausleute bei den Lackners:
Asta, das Kindermädchen
Fritz, Chauffeur und Diener
Antonie, seine Frau, Köchin
Agathe und Lena, Stubenmädchen

Amalie Lackner, Alberts Mutter
Tante Anika, deren Schwester, genannt »Dörrpflaume«

Karl Lackner, Alberts älterer Bruder, Generalmajor bei den Ulanen
Hermann Lackner, Alberts Bruder, Besitzer des Gutes Harpenthal
Grete, seine Frau
Johannes, Lucie, Mathias und Alexa, deren Kinder
Franz, Alberts Bruder, Besitzer des Gutes Kallnelischken
Edda, seine erste Frau und deren Kinder Heinrich, Wilhelm und Gertrude
Emma, seine zweite Frau und deren Kinder Ilse und Gerhard
Wilhelmine, Alberts unverheiratete Schwester

Mathilde, Idas in Berlin verheiratete Schwester
Dr. Paul Horkys, ihr Mann, Augenarzt in Berlin

Antonia und Georg Henkiel, Idas Eltern
Pfarrer Johann Henkiel, Bruder von Ida
Agnes, seine Frau

Dr. Grüben, Hausarzt

Feodora von Harden, Idas beste Freundin
Götz Hagen, Freund von Hermann Lackner

Baron Hajo von Orlov
Marisa von Orlov, geb. von Stumm, seine Frau
Anton Orlov, Bruder von Hajo
Götz und Kunigunde von Orlov, Eltern von Hajo und Anton
Manja, die Geliebte von Hajo in Indien

Robert Morell, Inhaber der Berliner Versicherung
Auguste, seine Frau
Martha, adoptierte Tochter
Marie, Zofe bei Morells

Ellart von Bütow, Verlobter von Martha Morell

Gera Görz, genannt »Sausi«
Margarete und Richard Görz, ihre Eltern
Anna, deren Dienstmädchen

Waffenfabrikant Paul Hannesen
Annegret, seine Frau
Adoptivtochter Hilde

1890

Das Gut Klein Darkehmen, ungefähr fünfzehn km südlich von Insterburg gelegen, war keineswegs klein. Es gehörte bereits seit vier Generationen der Familie Henkiel. Der erste Henkiel war einer der zahlreichen Protestanten, die, aus dem Salzburgischen ihres Glaubens wegen vertrieben, nach Ostpreußen gekommen waren. Er hatte sich außerhalb des Städtchens Darkehmen niedergelassen. Erst war es nur ein kleiner Bauernhof, aber inzwischen war dieser auf die Größe eines Dorfes angewachsen. Eine breite Lindenallee führte auf das imposante Herrenhaus zu, das an einem Weiher gelegen und von hohen, Schatten spendenden Bäumen umgeben war. Hinter dem Haus lag ein großer Obst- und Gemüsegarten, von Antonia Henkiel, der Hausherrin, liebevoll gepflegt. In einiger Entfernung gruppierten sich riesige Scheunen und Stallungen mit Vieh und Getreide und unzählige Katen, in denen das Gesinde lebte.

Antonia Henkiel war eine kleine, drahtige Frau, stets in Schwarz gekleidet, die grauen Haare zu einem dicken Knoten zusammengesteckt. Ihre Kinder hatte sie mit viel Humor und liebevoller Strenge erzogen. Ganz besonderen Wert legte sie darauf, ihnen Verantwortung und Hilfsbereitschaft beizubringen. War einmal einer der Knechte oder Mägde krank, kümmerte sie sich persönlich um sie, und auch die Kinder wurden dazu angehalten zu helfen, den Kranken Essen zu bringen oder auch einmal einen Verband zu wechseln.

Bis auf ihre Tochter Ida waren alle Kinder aus dem Haus. Obwohl schon dreiundzwanzig, war diese noch nicht verheiratet. Bis jetzt hatte sie jeden Bewerber abblitzen lassen. Erst vor einigen Wochen, bei der traditionellen Kaninchenjagd, hatte Ida wieder einen Antrag abgelehnt. Kajo Wedel, Besitzer einer Pferdezucht aus den Masuren, hatte monatelang um sie geworben. Er galt als eine der besten Partien und wäre ihren Eltern als Schwiegersohn hoch willkommen gewesen.

»Ich heirate keinen Mann, den ich nicht liebe«, hatte Ida ihrer Mutter erklärt, »lieber werde ich eine alte Jungfer! Sieh dir Feda an, wie verzweifelt sie ist.« Ihre beste Freundin Feodora von Harden war vor kurzem auf Drängen ihrer Eltern eine Ehe mit einem ungeliebten Mann eingegangen und seitdem schrecklich unglücklich.

Der Frühling war mit Macht über das Land hereingebrochen, dieses Jahr etwas früher als sonst. Es dauerte immer nur wenige Tage in Ostpreußen, in denen der eisige Winter von wilden Stürmen vertrieben wurde. Dann kamen die ersten Störche zurück, und die Luft roch nach feuchter Erde. Die Straßen waren aufgeweicht und eine Fahrt über Land nicht ungefährlich.

Antonia hatte versucht, Ida von ihrem Ausflug nach Insterburg abzubringen, wie fast immer ohne Erfolg. Ganz selten konnte man sie mit vernünftigen Argumenten davon überzeugen, etwas, was sie sich vorgenommen hatte, nicht auszuführen.

Als sie ihre Tochter mit ihrem Einspänner die Allee heraufkommen sah, atmete sie erleichtert auf.

»Gott sei Dank, dass du heil wieder da bist, Kind.« Sie lächelte Ida an und nahm sie fest in den Arm. »Komm, Vater wartet schon auf uns mit dem Abendbrot. Du weißt ja, er hat immer Hunger.«

Georg Henkiel, groß und mächtig, konnte wie alle ostpreußischen Landwirte Unmengen essen. »Landarbeit macht Hunger«, pflegte er immer zu sagen. Zwanzig Eier zum Frühstück waren normal, dann einen frischen Laib Brot mit vorzugsweise Leberwurst und hinterher den obligatorischen Schnaps. Am Abend wurde dann »warm« gegessen. Erst Suppen und dann verschiedene Braten mit Beilagen.

Vor ihm stand bereits eine dampfende Schüssel.

»Na endlich, da seid ihr ja. Ich habe einen mächtigen Hunger«, begrüßte er seine beiden Frauen.

»Du siehst schon ganz dünn aus, pass bloß auf, dass du nicht vom Fleisch fällst«, sagte Antonia spöttisch. Sie konnte auch noch nach dreißig Jahren Ehe nicht verstehen, wie ein Mensch so viel essen konnte. Eine Zeit lang herrschte Schweigen am Tisch.

»Na, Idachen, wie war es denn so in Insterburg, was gibt es Neues?« Georg hatte bereits seinen zweiten Teller geleert und blickte nun seine Tochter erwartungsvoll an.

»Ich werde demnächst heiraten«, sagte Ida ruhig, und es klang, als würde sie über das Wetter reden.

Ihre Eltern waren sprachlos.

»Ach«, sagte ihre Mutter nach einigen Augenblicken absoluter Stille, »wer hat denn so plötzlich Gnade vor deinen Augen gefunden? Wir dachten schon, derjenige müsste erst noch geboren werden!«

Zwei Augenpaare sahen sie gespannt an. »Er heißt Albert Lackner, ich habe ihn heute bei Schmidt kennen gelernt.«

»Soso, der junge Lackner aus Lindicken. Soweit ich weiß, hat er Jura studiert. Weiß er denn schon von seinem Glück?« Georg Henkiels Stimme hörte man an, dass er seine Tochter für total übergeschnappt hielt. »Und da habt ihr euch auch gleich verlobt?« Sein Gesicht war hochrot angelaufen.

Gleich platzt er, dachte Antonia, das wird eine schöne Schweinerei geben. Manchmal hatte sie einen wirklich schwarzen Humor.

»Nein, natürlich nicht!« Ida wurde jetzt leicht ungeduldig. »Ihr braucht euch überhaupt nicht über mich lustig zu machen. Glaubt mir, ich werde Albert Lackner heiraten.«

Es war Liebe auf den ersten Blick zwischen Ida und Albert. Ein »Coup de Foudre« wie Ida, die eine französische Gouvernante gehabt hatte, ihrer Freundin Feda noch am gleichen Abend schrieb. Obgleich sie Albert ihr Leben lang zu necken pflegte, wenn er von ihrem Kennenlernen im Fotoatelier Schmidt in Insterburg erzählte. »Na ja, deine Brüder waren auch nicht ohne, ich habe lange überlegt, bevor ich mich für dich entschieden habe.«

Albert Lackner, der gerade sein juristisches Staatsexamen bestanden hatte, war mit seinen drei Brüdern bei Schmidt in der Wilhelmstraße verabredet. Sie wollten ihre Mutter mit einem Gemeinschaftsportrait überraschen. Alphons Schmidt galt als Künstler. Wer was auf sich hielt, ließ sich und seine Kinder dort portraitieren.

Amalie Lackners Mann Mathias war erst kürzlich gestorben. Bis dahin hatten beide gemeinsam ihr nördlich von Insterburg gelegenes Gut Lindicken bewirtschaftet. Sie betrieben Ackerbau und eine Schweinezucht. Das Gut umfasste 950 Hektar und hatte eine eigene kleine Bahnstation. Amalie war eine imposante Persönlichkeit, groß und vollschlank. Wenn sie mit Mathias in Streit geriet, was sehr selten passierte, wogte ihr üppiger Busen und ihre Stimme dröhnte »bis nach Insterburg«, wie ihr Mann dann scherzhaft sagte.

Nach einer kurzen, sehr intensiven Trauerphase hatte sie sich entschlossen, das Gut allein mit ihrem Verwalter weiterzubewirtschaften. Zu viele Menschen waren bei ihr im Brot, sie konnte und wollte sie nicht im Stich lassen.

Als Albert das Geschäft betrat, wurde er überschwänglich von Frau Schmidt begrüßt.

»Guten Tag, Herr Lackner, wie schön, Sie zu sehen. Ihre Brüder sind noch nicht da. Aber Sie sind auch etwas zu früh. Mein Mann ist noch mit Fräulein Henkiel beschäftigt. Sie kennen sie doch sicher, Ida Henkiel aus Klein Darkehmen?«

»Nein, ich kenne sie nicht.« Für Gutsbesitzertöchter interessierte er sich herzlich wenig, die meisten waren fürchterliche Landpomeranzen. Da waren die Mädchen in Königsberg schon wesentlich attraktiver, obwohl ihm auch dort keine so gut gefallen hatte, dass er den Wunsch verspürt hätte, sie zu heiraten. Aber natürlich kannte er Klein Darkehmen. Johann, einer der Söhne der Henkiels, hatte zur gleichen Zeit wie er in Königsberg studiert, allerdings Theologie.

Inzwischen waren seine Brüder eingetroffen. Man begrüßte sich laut und herzlich, als die Tür des Ateliers aufging. Heraus trat eine junge schöne Frau, groß, schlank und elegant. Die vier Lackners starrten sie an. So etwas gab es in Insterburg? Albert fasste sich als Erster.

»Das ist Ida Henkiel aus Klein Darkehmen«, und an Ida gewandt: »Das sind meine Brüder Franz, Hermann und Karl.«

»Und wer sind Sie?« Ida lächelte amüsiert.

»Oh, Verzeihung, nun, ich bin Albert Lackner.« Albert war puterrot geworden.

»Aha, und woher kennen Sie mich?«

»Ich habe schon so viel von Ihnen gehört«, log er schamlos, »ich wollte Sie schon lange kennen lernen.«

In dem Moment trat Herr Schmidt zu ihnen. »Guten Tag, meine Herren, bitte kommen Sie, wir können anfangen«, und gab Ida bekannt: »Am Freitag ist Ihr Portrait fertig, Fräulein Henkiel.«

»Ich werde kommen und es abholen. Auf Wiedersehen, Herr Schmidt, Frau Schmidt, meine Herren.« Mit diesen Worten und einem letzten tiefen Blick in Alberts Augen verließ sie das Geschäft, einen entflammten jungen Mann zurücklassend.

Als Ida am Freitag ihr Portrait abholte, wurde sie von Albert bereits erwartet. Sie war in keinster Weise erstaunt. Sie hatte gewusst, dass er da sein würde, genauso wie sie sich sicher war, dass sie ihn heiraten würde. Vier Wochen später hielt er um ihre Hand an.

Die Hochzeit fand am 9. Mai 1890 auf Klein Darkehmen statt. Wochenlang dauerten die Vorbereitungen. Es wurden Hektoliter Schnaps gebrannt, Kälber, Schweine und Lämmer geschlachtet, Sülzen, Pasteten und kalte Braten vorbereitet, gebacken und gebrutzelt, bis die Kühlkammern bis unter das Dach voll waren.

»Du weißt, es wird gefressen und gesoffen in Ostpreußen, alles muss im Überfluss vorhanden sein«, hatte Georg Henkiel seiner Frau immer wieder eingeschärft, die dann lachend erwiderte: »Ich weiß, ich weiß, du hast nur Angst, dass du nicht genug bekommst!«

Ida und Albert wurden von Idas Bruder Johann in der hauseigenen Kapelle getraut. Er sprach in bewegenden Worten von der großen Liebe, die die beiden zusammengeführt hatte, dass das Leben kein Zufall sei und Gott ihnen ihre Liebe bis an das Ende ihrer Tage erhalten möge.

Diese Bitte ging in Erfüllung. Sie liebten sich innig bis zu ihrem gemeinsamen, viel zu frühen und so tragischen Tod.

1899–1900

Das Jahr 1899 ging zu Ende. Viel zu schnell, wie Ida fand. Sie und Albert hatten zum Jahreswechsel zu einem Ball geladen. Das neue Jahrhundert sollte gebührend gefeiert werden.

Ida hatte sich schon seit einigen Wochen nicht wohl gefühlt. Das Ausbleiben ihrer Regel hatte sie erst gar nicht bemerkt, dann aber auf die Anstrengungen und Aufregungen über das bevorstehende Silvesterfest geschoben.

Ida, groß und sehr schlank, hatte die Angewohnheit, in Ausnahmesituationen besonders viel zu essen. Deshalb wunderte sie sich auch zuerst nicht, dass ihr Mieder immer enger wurde, aber als sich ihr Bauch anfing zu runden, schwante ihr Böses. Sollte sie etwa schon wieder schwanger sein? Charlotte, ihre jüngste Tochter, war doch noch nicht mal ein Jahr alt, Paula drei und die Söhne Alfred und Walter sieben und acht. Vier Kinder, fand sie, waren eigentlich genug. Sie war immerhin schon dreiunddreißig!

Ida war eine schöne Frau. Sie verkörperte das Schönheitsideal der Belle Epoque. Größer als die meisten Frauen, mit einer eng geschnürten Taille und einem üppigen Busen, wirkten an ihr die von ihrer Königsberger Couturière – die Insterburger Schneiderinnen waren ihr nun wirklich zu provinziell! – angefertigten Kleider, als kämen sie direkt aus einem der Pariser

Modesalons, nach deren Modellen sie von Madame Yvette kopiert wurden. Die Fundgrube dafür war die von Ida abonnierte »Berliner Zeitung«. Jede Woche sehnlich erwartet, wurde sie erst von Ida verschlungen und dann weitergereicht an ihre Freundinnen. Neben den neuesten Theaterereignissen, Auslandsreisen des Kaiserpaares und spannenden Fortsetzungsromanen gab es Fotos der Damen der Gesellschaft und der Demi-Monde, immer in den neuesten Kreationen berühmter französischer Couturiers wie Worth und Jaques Doucet und seit neuestem von dem blutjungen Paul Poiret, einem Angestellten Doucets.

Die Lackners führten ein großes Haus. Ihre Feste waren weit über Insterburgs Grenzen hinaus bekannt, und Ida galt als eine der bezauberndsten und großzügigsten Gastgeberinnen. Und dieses Fest, der Beginn des zwanzigsten Jahrhunderts, sollte alles Vorangegangene in den Schatten stellen. Ein Poiret-Modell war bei Madame Yvette in Auftrag gegeben, ein Traum von einem Abendkleid. Dunkelrote Seide, an Ärmel und Ausschnitt reich bestickt, vorne schmal mit einer nach hinten ausladenden Tournure, genannt »Cul de Paris«, und einer kleinen Schleppe. Der letzte Schrei, wie Ida versuchte, Albert diese zusätzliche, enorme Ausgabe schmackhaft zu machen. Feda hatte bei ihrer Parisreise vor ein paar Wochen diesen Poiret entdeckt und eines seiner Modelle erstanden. »Grauenhaft teuer«, hatte sie ihrer Freundin erzählt und Ida den Tipp gegeben, sich ein Kleid nach einem seiner Entwürfe schneidern zu lassen.

Ein Majordomus, drei Leihköche und zwölf Kellner waren engagiert, um ihrem festen Hauspersonal zur Seite zu stehen, und der teuerste Florist der Stadt hatte den Auftrag, das Haus in ein Blumenmeer zu verwandeln. Es wurden keine Kosten gescheut, und hinter vorgehaltener Hand wurde gemunkelt – vor allem von denen, die nicht eingeladen waren –, wie der Rechtsanwalt und Notar Lackner sich diesen Aufwand wohl leisten könne.

Die Gästeliste war handverlesen. Die gesamte Loge, Albert gehörte zu den Freimaurern, war geladen, ebenso sämtliche Honoratioren der Stadt. Seit Albert Präsident der Anwaltskammer in Königsberg war, hatten sich ihre gesellschaftlichen Verpflichtungen enorm ausgedehnt. Man erwartete von dort unter anderen den Grafen von Donnersmarck nebst Gattin, den Oberbürgermeister Dr. Karchhoff und den Landgerichtsrat von der Trenck und Feodora von Harden, Idas beste Freundin. Diese, wie fast die ganze enge Verwandtschaft, die von den benachbarten Gütern anreisen sollte, waren Hausgäste im Hause Lackner.

Monatelang vorher hatten die Planungen begonnen und bereits Anfang Oktober wurden die Einladungen verschickt. Ida hatte befürchtet, dass ihr jemand mit einer Einladung zu diesem Silvester zuvorkommen könnte.

Ende Oktober ging sie zu ihrem Hausarzt, Sanitätsrat Dr. Grüben.

»Na Idachen, Kindchen, was führt dich zu mir, blendend siehst du aus!«, begrüßte sie der Arzt strahlend. Er kannte Ida seit ihrer Kindheit, hatte sie zu einer Schönheit heranwachsen sehen, und obwohl seit über zwanzig Jahren glücklich mit Marike, seiner Frau, war er ein bisschen verliebt in sie. Ida genoss seine Bewunderung. Er war ein stattlicher Mann, groß gewachsen, auf dem Kopf eine Fülle graumelierter Locken und in seinem glatt rasierten, immer leicht gebräunten Gesicht, was wohl von den täglichen Fahrten zu seinen Patienten in seinem offenen Landauer herrührte, strahlten zwei leuchtend blaue Augen.

»Ich werde fett, lieber Sanitätsrat, Agathe bringt nur noch mit Mühe mein Mieder zu und ich fürchte, ich bin schon wieder schwanger.« Ihre Stimme zitterte, und ihre großen braunen Augen füllten sich mit Tränen.

»Und was ist daran so schlimm?« Dr. Grüben musste lachen. »Albert wird selig sein.«

»Er muss es ja auch nicht kriegen«, schnaubte Ida, »ich kann jetzt wirklich keinen dicken Bauch gebrauchen. In zwei Monaten ist mein Ball, wenn ich weiter so auseinander gehe, passe ich nicht in mein neues Abendkleid und überhaupt, Charlotte ist doch noch ein Baby ...« Sie war jetzt kurz davor, die Fassung zu verlieren.

»Na, dann woll'n wir uns die Sache mal ansehen.« Kurz darauf bestätigte er Idas Vermutung. »Ja, Kindchen, da werde ich wohl tatsächlich in einem halben Jahr wieder einem kleinen Lackner auf die Welt helfen.« Dr. Grüben tätschelte ihr väterlich die Wange. »Nun lass mal deinen hübschen Kopf nicht hängen. Eine Schwangerschaft ist doch kein Unglück. Und versuch dich in den nächsten Wochen wenigstens ein bisschen zu schonen.«

Das Fest abzusagen, zu dem der Sanitätsrat nebst Gattin selbstverständlich auch geladen war, den Vorschlag machte er erst gar nicht, dazu kannte er Ida zu gut. Und tatsächlich, mit keinem Gedanken erwog sie diese Möglichkeit.

Als Ida nach Hause kam, hatte ihre angeborene Fröhlichkeit schon wieder die Oberhand gewonnen. Sie konnte einfach nicht lange unglücklich sein. Und Dinge, die man nicht ändern konnte, mussten hingenommen und gemeistert werden. Das war schon immer ihre Maxime, und nicht nur dafür wurde sie von Albert bewundert und geliebt.

Dieser erwartete seine Frau ungeduldig auf der Terrasse, die vermutlich letzten warmen Sonnenstrahlen dieses Jahres genießend. Das Barometer war gefallen, schon in den nächsten Tagen wurde der erste Frost erwartet, und dann würde der lange, kalte ostpreußische Winter beginnen.

»Wo bleibst du bloß, mein Herz, Agathe sagt, du warst bei Dr. Grüben, was hast du, bist du krank?« Alberts Stimme klang besorgt, doch das strahlende Aussehen seiner Frau ließ seine Ängste schwinden. Er war heute etwas früher als gewöhnlich zum täglichen gemeinsamen Mittagessen aus seiner Kanzlei nach Hause gekommen und hatte, als er von dem Arztbesuch hörte, gleich zwei große Cognacs hintereinander getrunken. Warum hatte Ida ihm nichts gesagt, sie erzählte ihm doch sonst immer alles! »Nun sag schon, was hast du?«

»Ich bin fett und schwanger«, brach es aus ihr heraus, »und das ausgerechnet jetzt.«

»Das ist ja wunderbar, mein Liebchen, ich freu mich ja so.« Albert nahm Ida in die Arme. »Ich weiß, ich weiß, das Fest macht dir Sorgen und deine Figur, aber du schaffst das schon.« Albert, glücklich und erleichtert, trank noch einen Cognac und nahm sich zum hundertsten Mal vor, sich erst dann Sorgen zu machen, wenn es einen triftigen Grund dafür gäbe.

Albert war ein gut aussehender Mann. Er war Anfang vierzig, nicht viel größer als Ida, und trug sein volles Haar glatt nach hinten gekämmt. Sein gestutzter Schnauzer ließ ihn älter erscheinen, als er war. Wegen einer leichten Kurzsichtigkeit war er gezwungen, einen Zwicker zu tragen, der, wenn er aufgeregt war, durch ein absonderliches Kräuseln der Nase auf dieser hin- und hertanzte. Seine Frau und seine Söhne konnten sich darüber ausschütten vor Lachen, deshalb nahm er ihn bei erzieherischen Maßnahmen wie gelegentlichen Standpauken vorsichtshalber ab. Wenn er es aber in seiner Aufregung einmal vergaß, hatte er große Mühe, sich durchzusetzen.

Er hatte bereits einen Bauchansatz, der aber von Ida heftig bekämpft wurde.

»Ich werde verhindern, dass du so dick wirst wie deine Brüder«, sagte sie regelmäßig und verbot Antonie, der Köchin, schlichtweg, ihrem Mann morgens mehr als fünf Eier zu servieren. Auf Gut Lindicken, wo Albert geboren und mit seinen Geschwistern aufgewachsen war, war es wie bei Georg Henkiel üblich, schon zum Frühstück mindestens ein Dutzend Eier sowie Berge von Fleisch und Wurst zu essen und darauf mehrere Schnäpse zu trinken. Und dementsprechend waren dann auch die Figuren.

»Ich will keinen dicken Mann«, betonte Ida immer wieder, und Albert gewöhnte sich an sein, wie er immer wieder lamentierte, »karges« Frühstück.

Inzwischen waren Walter und Alfred aus der Schule gekommen, und Antonie hatte zum Mittagessen geläutet. Albert hatte zur Feier des Tages eine Flasche Rheinwein geöffnet, sogar die beiden Jungen bekamen einen Schluck, um auf den zu erwartenden Nachwuchs anzustoßen. Die Begeisterung ihres Vaters über ein neues Baby konnten sie aber beim besten Willen nicht teilen. Da waren doch schon zwei, mit denen sie nun gar nichts anfangen konnten, und sie waren sich einig mit ihrer Mutter, deren Freude sich merklich in Grenzen hielt.

Wochenlang herrschte ein geheimnisvolles Treiben in der Küche, wo Antonie unter Mithilfe von Fritz und den beiden Hausmädchen ein halbes Schwein zerwirkt und diverses Federvieh geschlachtet hatte, um daraus Pasteten, kalte Braten, Sauer- und Pökelfleisch sowie Sülzen zuzubereiten. Fische wurden gebraten und eingelegt und all diese Köstlichkeiten wurden für das bevorstehende Weihnachts- und Silvesterfest in der Kühlkammer gelagert. Und vor allem wurde gebacken: Gebäck, Stollen und Kuchen.

Von den köstlichen Gerüchen angelockt, waren die Kinder von Antonie immer sofort wieder vertrieben worden, aber nie ohne einen warmen Butterkeks im Mund. Und nun war es endlich so weit. Endlich war Weihnachten!

Heiligabend war das einzige Fest im Jahr, an dem nur Albert, Ida, die Kinder und die Hausleute teilnahmen. Seit Beginn ihrer Ehe wiederholte sich dieses Ritual: Am vierundzwanzigsten Dezember wurde in der Halle ein riesiger Tannenbaum aufgestellt und von Albert geschmückt. Als Walter vier Jahre alt war, durfte er Papa helfen und ein Jahr darauf auch Alfred. Für die Kinder jedes Jahr aufs Neue ein Erlebnis. Dann wurden sie in ihre Zimmer geschickt und mussten dort bis zur Bescherung bleiben. Das Warten erschien ihnen immer endlos. Sie vertrieben sich die Zeit mit Spielen, aber irgendwie machte es nicht so viel Spaß wie sonst. Sie waren zu aufgeregt. Wenn die Dämmerung hereinbrach und Asta, das Kindermädchen, kam, um sie festlich anzuziehen, wussten sie, dass es nicht mehr lange dauern konnte.

Nicht nur die Eltern – Ida war immer im Abendkleid und Albert im Cut –, auch die Kinder mussten sich, wie Asta das nannte, »anständig« anziehen. Ohne Widerrede ließen sie sich in ihre Matrosenanzüge stecken, die sie abgrundtief hassten, die

Haare mit einem geraden Scheitel versehen und mit Wasser glatt an den Kopf kleben, was bei Alfred längere Zeit und etwas Seife benötigte. Er hatte Locken, die er genauso verabscheute wie den Matrosenanzug. Alfred war ein besonders wildes Kind, von Ida ihr »Rabauke« genannt. Er war klein und stämmig, im Gegensatz zu Walter, der zwar hoch aufgeschossen, aber eher zart war, und immer ein wenig zu blass.

Paula hatte bereits ihr neues langes Taftkleid an, in Altrosa, mit Rüschen an Hals, Saum und Ärmeln, und Charlotte sah in dem hellblauen Kleid, aus dem Paula herausgewachsen war, etwas verloren aus. Beide Mädchen hatten riesige Schleifen im Haar und wirkten wie übergroße Puppen mit ihren riesigen Augen und den zu Locken aufgedrehten Haaren.

Während Asta die Kinder, wie Walter in seiner etwas altklugen Art zu sagen pflegte, »verkleidete«, half Agathe Ida beim Ankleiden. Agathe war Idas erstes Dienstmädchen. Knapp fünfzehnjährig war sie vor neun Jahren aus einem ostpreußischen Dorf mit einem unaussprechlichen Namen zu ihnen gekommen, ungeschliffen, linkisch und ein fast unverständliches Platt sprechend. Sie war klein und mollig, mit immer knallroten Bäckchen, bienenfleißig und ungeheuer fröhlich. Sie hatte das gleiche Naturell wie Ida und war durch fast nichts zu erschüttern. Inzwischen hatte sie im Haus eine absolute Vertrauensstellung. Sie war glücklich über ihre Unentbehrlichkeit, hielt das Silber und die Wäsche in Ordnung und gab das Regime über Küche und Speisekammer erst ab, als die Mamsell eingestellt wurde.

»Aus einem Rohdiamanten habe ich einen Brillanten gemacht«, pflegte Ida zu Albert zu sagen.

Worauf Albert antwortete: »Jaja, mein Liebes, nach einem ungeheuren Schleifprozess.«

»Hoffentlich bleibt sie noch lange bei uns, was soll ich bloß ohne sie machen«, war dann Idas ständige Antwort. Aber ihre Sorge war unbegründet. Agathe liebte ihre Herrschaft, vor allem Ida, und wenn sie einen ihrer seltenen Besuche bei ihrer Familie in dem Dorf mit dem unaussprechlichen Namen machte und ihr Vater fragte: »Nu, wat is denn mit heiraten, mien Deern?«, dann war ihre immer gleiche Antwort: »Nur keene Eile nich, dat hat noch Zeit, Vadder.«

Nach Alfreds Geburt wurde ein zweites Dienstmädchen eingestellt, Lena, inzwischen zwanzig, hübsch und kokett. Auch sie war, wie fast alle Dienstmädchen, vom Land, wo es einen unerschöpflichen Nachschub gab. Mit ihrer »Erziehung« hatte Ida nicht viel zu tun, das hatte sofort Agathe in die Hand genommen. Niemand ahnte etwas von Lenas Träumen, mal so zu werden wie die »Jnädige«. Agathe hätte ihr das auch sofort ausgetrieben.

Nach Paulas Geburt war noch Asta als Kindermädchen dazugekommen, von den Kindern heiß geliebt, und als die gesellschaftlichen Verpflichtungen immer mehr wurden, noch Antonie, die Mamsell und ihr Mann Fritz, dessen Aufgaben darin bestanden, das Automobil zu fahren. Lackners gehörten zu den ersten in Insterburg, die ein solches besaßen. Fritz pflegte den Garten, machte kleinere Reparaturen am Haus und half gelegentlich als Diener aus.

Ida hatte lange überlegt, was sie am Weihnachtsabend anziehen sollte und zwei Kleider in die engere Wahl genommen. Heimlich Albert verfluchend, dass er sie schon wieder geschwängert hatte und bei jeder Mahlzeit laut schimpfend, dass sie kaum was essen und vor allem gar nichts mehr trinken durfte, hatte sie es aber geschafft, nur geringfügig zuzunehmen.

»Was soll ich anziehen, Agathchen, das schwarze oder das grüne?« Ida, das noch nicht zugeschnürte Mieder in der Taille festhaltend, stand vor ihrem Kleiderschrank.

»Nehmen Sie dat jrüne, dat hebt Ihnen.« Agathe war vor Aufregung wieder in ihren unsäglichen Dialekt verfallen, den Ida ihr seit Jahren versuchte auszutreiben. »Dat is auch nich so eng, da muss ich Ihnen nich so feste schnüren.« Und bevor Ida antworten konnte, zog Agathe schon das Mieder lose zu, nahm das grüne, von oben bis unten bestickte Samtkleid vom Bügel und half Ida hinein.

»Jut sehen die Jnädige aus, einfach unjlaublich!« Agathe war mal wieder überwältigt, ihre Bewunderung für Ida war grenzenlos. Auch Ida war mit ihrem Anblick zufrieden, und nachdem Agathe ihr die langen braunen Haare hochgesteckt hatte, legte sie ihre Smaragdohrringe an, ein Geschenk Alberts zu Walters Geburtstag, und ging, nach einem letzten Blick in den Spiegel, hinunter in die Halle. Dort war Albert, die Jacke des Cuts hatte er abgelegt, zusammen mit Fritz damit beschäftigt, die unzähligen Kerzen an dem riesigen prachtvollen Baum anzuzünden. Es roch bereits nach Tannen und Wachs. Rechts neben der Freitreppe stand ein Tisch mit den Geschenken für das Gesinde, auf der linken Seite das Klavier, das bereits am Vortag von Fritz unter Mithilfe aller verfügbaren Geister des Hauses aus dem Empfangssalon herübergeschafft worden war. Und auf dem Fußboden, unter dem Baum, lagen die Geschenke für die Kinder, verpackt in buntes Papier und versehen mit großen Schleifen.

Als die letzte Kerze brannte, Ida hatte bereits auf dem Klaviersessel Platz genommen, läutete Albert mit der silbernen Glocke. Fritz öffnete die große Flügeltür zum Besuchszimmer, hinter der die Kinder mit Asta, Agathe, der Mamsell und Lena schon ungeduldig gewartet hatten. Gemeinsam, von Ida am Klavier begleitet, wurde »Stille Nacht, heilige Nacht« gesungen, von Fritz besonders laut und falsch, was Walter, der ein ganz feines Gehör hatte, fast körperliche Schmerzen bereitete. Er verdrehte die Augen und zog Grimassen, was seinen Bruder wie immer zum Lachen brachte. Aber als Alberts Zwicker sich zu bewegen begann, sangen sie, starr geradeaus blickend, das Lied zu Ende.

Und dann war es endlich so weit. Die Kinder stürzten sich auf die Päckchen, die alle mit einem Namen versehen waren. Wie jedes Jahr hatten sie schon Wochen vor Weihnachten ihre Wunschzettel abgegeben und hofften natürlich, dass sich all ihre Wünsche erfüllen würden. Auch das Personal wurde immer reichlich beschenkt. Neben einem Kuvert mit Geld gab es für jeden etwas Persönliches. Fritz bekam in diesem Jahr ein Paar neue Lederschuhe und eine Strickweste, seine Frau Antonie ein Duftwasser und ein warmes Schultertuch, da sie ständig über Rückenschmerzen klagte, und Lena und Agathe Schals, Mützen und Handschuhe. Die Winter waren kalt und lang.

Für Asta gab es eine Spitzenbluse für ihre bevorstehende Verlobung. Ida graute schon vor dem Tag, an dem Asta sie verlassen würde. Die Kinder liebten sie. Man hatte es ihnen noch nicht gesagt, aber da es auf keinen Fall vor Ostern nächsten Jahres sein sollte, verdrängte Ida diesen Gedanken immer sofort. Kommt Zeit, kommt Rat, dachte sie bei sich.

Ida hatte von Albert einen Smaragdring, passend zu ihren Ohrringen, bekommen. Sie strahlte. Er hatte mal wieder genau ihren Geschmack getroffen. Sie hatte ihm eine goldene Taschenuhr mit einer passenden Kette geschenkt. Bei ihrem letzten Besuch in Königsberg hatte sie sie bei Juwelier ›Große‹ im Schaufenster entdeckt, trotz des Preises sofort gekauft und eine Widmung eingravieren lassen. »In Liebe Ida«.

Das Personal hatte sich zurückgezogen. Agathe hatte einen kalten Imbiss serviert, dem Albert sofort als Einziger eifrig zusprach, von Ida neidisch beobachtet. Gott, hatte sie einen Hunger! Aber ihr Kleid für Silvester ... Sie musste sich zusammennehmen.

Die Kinder lagen auf dem Boden, sie waren viel zu aufgeregt, um an Essen zu denken. Sie waren umgeben von Papier, Bändern und aufgerissenen Kartons. Mittendrin Charlotte, das Baby, mit dicken roten Bäckchen und leuchtenden Augen und einer Spieluhr auf dem Schoß, die von Schwesterchen Paula geduldig immer wieder aufgezogen wurde. Sie starrte verzückt in den glitzernden Baum.

Alfred spielte schon begeistert mit seiner neuen Eisenbahn, nur Walter wurde immer stiller. Wunderbare Sachen hatte er bekommen, Abenteuerbücher von Karl May, ein Whistkartenspiel in einem Lederetui und als Hauptgeschenk einen Säbel. Aber wo war das, was er sich am meisten gewünscht hatte, wo war er, der Taktstock!?! Walter liebte Musik. Er wusste, dass er Offizier werden sollte, aber sein heimlicher Wunsch, den er noch niemandem verraten hatte, nicht einmal seiner über alles geliebten Mutter, war, Dirigent zu werden, und ein Dirigent brauchte doch unbedingt einen Taktstock!

Seine Liebe zur Musik hatte vor etwas über einem Jahr begonnen. Ida hatte ihren kleinen Liebling auf eine zweitägige Reise nach Königsberg mitgenommen, wo sie einige Besorgungen machen und ihre geliebte Freundin Feda besuchen wollte.

Für den letzten Abend war zusammen mit Feda ein Konzertbesuch im Luisenthaler Operettentheater geplant, als diese sich von einer Minute auf die andere entschloss, mit dem Nachtzug nach Berlin zu reisen, um am nächsten Abend an einem Ball teilzunehmen. Es wurde der schöne Hesso von Alvensleben erwartet, und den wollte sie nun schon seit langem kennen lernen.

»Nimm Walter mit in das Konzert, er wird es genießen«, sagte sie zu ihrer enttäuschten Freundin und weg war sie. Feda war verrückt, aber das war für Ida ja nun nichts Neues!

Man gab die Symphonie Nr. 95 von Joseph Haydn und die Klavierkonzerte Nr. 19 und 23 von Wolfgang Amadeus Mozart, und Ida hatte größte Bedenken, dass Walter darüber einschlafen würde. Aber er, der seine von der Klavierlehrerin aufgetragenen Übungen immer äußerst widerwillig und nur nach mehrmaligem Auffordern machte, war wie elektrisiert. Er war weit entfernt davon einzuschlafen und Ida hatte große Mühe, ihn überhaupt ins Bett zu bekommen. Er hatte eine neue wunderbare Welt entdeckt.

Schon letztes Jahr hatte Walter sich einen Taktstock gewünscht und nicht bekommen, also hatte er ihn dieses Jahr ganz oben und dick unterstrichen auf seine Wunschliste gesetzt. Er war den Tränen nahe. Noch einmal kroch er unter den Baum. Sollte er ihn übersehen haben?

»Walter, Liebling, was ist, was suchst du?«, hörte er die Stimme seiner Mutter.

»Ich finde meinen Taktstock nicht, Mama«, sagte er mit tränenerstickter Stimme. Seine Mutter nahm ihn in die Arme. Auch ihr war zum Weinen zu Mute. Wie hatte sie mit Albert gekämpft. »Schenk doch dem Jungen einen Taktstock, er wünscht ihn sich so sehr«, hatte sie ihn beschworen.

»Nein«, hatte Albert immer wieder geantwortet, »das Kind wird Offizier, dafür braucht es keinen Taktstock.«

Bereits bei Walters Geburt stand fest, dass er Offizier werden würde. Die Tradition bei den Lackners, dass der älteste Sohn dem Kaiser und Vaterland dienen sollte, entstammte einer tiefen Dankbarkeit. 1732 waren ihre Vorfahren, mit Tausenden anderen Protestanten aus dem Salzburgischen wegen ihres Glaubens vertrieben, nach Preußen gezogen und dort von Friedrich Wilhelm I. aufgenommen worden.

»Ihr sollt's gut haben, Kinder, ihr sollt's gut bei mir haben«, begrüßte er die ersten Emigranten in Potsdam, bevor sie nach Ostpreußen weiterzogen. Und eine der bekanntesten Überlieferungen aus dem Munde seines Nachfolgers, Friedrich des Großen lautete: »Hier kann jeder nach seiner Façon selig werden.«

Die Lackners hatten ihre Chance genutzt. Aus den kleinen Bauernhöfen, die sie erhalten hatten, waren große Güter geworden und ihre Nachkommen wohlhabende, gut situierte Bürger Ostpreußens und dankbare Untertanen des preußischen Königs. Alberts ältester Bruder Karl war Generalmajor bei den Ulanen gewesen, inzwischen pensioniert, lebte er bei seiner Mutter auf Lindicken, sein Bruder Hermann besaß das herrliche Gut Harpenthal, zwischen Insterburg und Königsberg gelegen, und sein Bruder Franz das Gut Kallnelischken in der Nähe von Gumbinnen.

Die Familien pflegten enge Kontakte, man besuchte sich regelmäßig, verbrachte die Ferien mal auf diesem und mal auf dem anderen Gut, und alle Familienfeste wurden gemeinsam gefeiert.

Die ersten Jahre ihrer Ehe hatten die Lackners in einem verhältnismäßig kleinen Haus in der Nähe von Alberts Kanzlei in der Stadtmitte Insterburgs gelebt. Aber als Ida ihr zweites Kind erwartete und Alberts Kanzlei und ihre gesellschaftlichen Verpflichtungen immer größer wurden, drängte Ida auf den Bau eines größeren Hauses.

»Albert, wir können hier nicht mehr lange wohnen, wir brauchen ein größeres Haus. Agathe schläft in der Abstellkammer, sie beklagt sich nicht, das weißt du, aber im Winter ist es eiskalt, ein Wunder, dass sie sich noch nicht den Tod geholt hat, und wo soll das Baby schlafen, in Walters Zimmer passt kein zweites Bett.« Ida hatte sich in Rage geredet. Es war nicht das erste Mal, dass sie dieses Thema angesprochen hatte, Albert hatte ihr immer zugestimmt, aber bisher noch nichts, aber auch gar nichts unternommen.

»Du hast ja Recht, Idachen, wir sollten uns mal nach einem geeigneten Grundstück umsehen, und einen guten Architekten brauchen wir auch. In Königsberg soll es einen jungen, talentierten Mann geben. Er hat das neue Haus von Staatsanwalt Hecht gebaut. Ich werde mich jetzt wirklich sofort darum kümmern.«

»Das will ich auch hoffen, sonst kracht's«, sagte Ida und musste schon wieder lachen, weil Alberts Zwicker auf seiner Nase tanzte.

Ein paar Tage nach diesem Gespräch hatte Albert Ida berichtet, dass einer seiner Klienten, Hajo von Orlov, beabsichtigte, mit seiner jungen Frau Indien zu verlassen und nach Insterburg zurückzukommen. »Er hat mir geschrieben, dass sie dort das Klima nicht verträgt«, erzählte er, »und sie werden sich hier ein Haus bauen.«

»Aha«, hatte Ida trocken geantwortet, »wahrscheinlich ist deren Haus schneller fertig als unseres, bei der Geschwindigkeit, die du an den Tag legst.«

Sie hatte keine genauen Vorstellungen, wie das Haus aussehen sollte. Aber eins wusste sie: groß und repräsentativ musste es sein, mehrere Kinderzimmer und einige Gästezimmer haben. Immerhin hatten sie eine zahlreiche Verwandtschaft, die bei den Stadtbesuchen dann bei ihnen logieren konnte. Denn Ida liebte es, Gäste zu haben.

1891–1893

Die Sommer in Indien waren die Hölle. Aber dieser Sommer 1893 schien die der vergangenen Jahre noch zu übertreffen. Marisa Orlov, im sechsten Monat schwanger, fühlte sich hundeelend. Sie lag auf einer breiten Schaukel auf der überdachten, mit Bougainvillea überwucherten Terrasse ihres Hauses in Ranaji. Wie ein nasses Tuch lag die Feuchtigkeit über dem Land. Nichts regte sich, kein noch so kleiner Windzug brachte Erleichterung. Tief und schwarz hingen die Monsunwolken am Himmel. Mensch und Tier waren wie erstarrt. Alles schien nur zu warten auf das sich ankündigende Gewitter, das die ersehnte Abkühlung bringen würde.

Das prachtvolle Anwesen der Orlovs lag in einem exotischen Park voller Mango- und Jakarandabäumen, bevölkert von Papageien und Mungos, an den sich in allen vier Himmelsrichtungen eine riesige Teeplantage anschloss. Hajo Orlovs Mutter, eine Engländerin, hatte diese und noch eine Tabak- und Indigoplantage als Mitgift erhalten, und nun wurden sie von ihm bereits seit einigen Jahren verwaltet. Sein älterer Bruder Anton sollte später das Orlovsche Rittergut in der Nähe von Insterburg übernehmen, während der abenteuerlustige Hajo begeistert war, die ausländischen Besitztümer zu verwalten und später natürlich zu erben. Gleich nach dem Abitur war er nach

Ida im Fotoatelier Schmidt, 1890.

Die Brüder Karl, Franz, Albert (stehend) und Hermann Lackner, 1890 beim Fotografen Schmidt in Insterburg. Bei dieser Gelegenheit lernten sich Albert und Ida kennen.

Hermann und Grete Lackner, Besitzer von Gut Harpenthal, mit Sohn Johannes, 1891.

Franz und Edda Lackner, Besitzer von Gut Kallnelischken.

Vorderansicht vom Gutshaus Kallnelischken.

Walter Lackner.

Alfred, Walter und Paula Lackner.

Walter (2. von links), Paula (ganz rechts) mit Cousins und Cousinen.

Das einzige erhaltene Bild von Ida Lackner mit ihren Kindern Walter, Paula und Alfred.

Martha Morell, früher genannt »Pünktchen«, bei ihrem ersten Ausritt.

— Ueber eine Kohlenoxydgasvergiftung geht uns folgendes Telegramm zu:

Insterburg, 1. April. Rechtsanwalt Lackner und Frau sind, wie die „Ostdeutsche Volkszeitung" meldet, gestern Nacht auf dem Gute Harpenthal, das dem Bruder des Genannten gehört und wo sie zu Besuch weilten, durch Kohlenoxydgas erstickt.

— Die tieferschütternde aus Insterburg gekommene Trauerkunde von dem durch Kohlengasvergiftung herbeigeführten Tode des Rechtsanwalts Lackner und seiner Gattin hält dort fortgesetzt die Gemüther in Erregung und erweckt für die Angehörigen des Ehepaares tiefes Mitleid. Zu dem schrecklichen Unglücksfall erfahren Insterburger Blätter nachstehende Einzelheiten: Rechtsanwalt Lackner hatte sich mit seiner Gattin, mit der er in der glücklichsten Ehe lebte, am zweiten Ostertag nach dem Gute Harpenthal zum Besuche seines Bruders begeben und dort den Tag und Abend in der aufgeräumtesten Stimmung verlebt. Spät Abends wollten sich die Herrschaften wieder nach der Stadt begeben, doch gaben Sie dem Drängen des Gastgebers nach und blieben in Harpenthal. Zunächst sollten sie in einem ungeheizten Zimmer schlafen, schließlich begaben sie sich aber in ein Zimmer, das bereits um 4 Uhr Nachmittags angeheizt worden war, um 1 Uhr Nachts zu Bett. Als am nächsten Morgen Herr Rechtsanwalt Lackner und Frau zu lange auf sich warten ließen und sich der Bruder des ersteren, Herr Hermann Lackner, in das Schlafzimmer begab, um die Schlafenden zur Heimfahrt zu wecken, fand er Bruder und Schwägerin todt. — Tiefes Mitgefühl erwecken die fünf Kinder der Verstorbenen, die so jäh der Eltern beraubt sind. Das jüngste ist erst wenige Monate, das älteste 12 Jahre alt. Sie wissen vielleicht noch nicht, daß sie elternlos geworden, da sie sich, wenigstens die älteren, zur Zeit auf Ferien bei Verwandten, den Gutsbesitzern Henkys in Gerwischkehmen, Kreis Gumbinnen, bezw. Abschruten, Kreis Insterburg, befinden. Die Leichen sind noch in Harpenthal, sollen aber nach Insterburg geschafft und in der Loge, dessen Mitglied der Verstorbene war, aufgebahrt werden.

Für die überaus zahlreichen Beweise warmer und aufrichtiger Theilnahme bei dem Leichenbegängniß meines lieben Bruders **Albert** und meiner Schwägerin **Ida Lackner**, ganz besonders für die trostreichen Worte der Herren Geistlichen spreche ich Namens der Hinterbliebenen meinen tiefgefühltesten Dank aus.

H. Lackner,
Harpenthal.

Einige der Zeitungsberichte über den Tod und die Beerdigung von Ida und Albert Lackner.

m. **Insterburg,** 4. April. Die Beisetzung des Rechtsanwalt Lackner'schen Ehepaares gestaltete sich heute zu einer großartigen Trauerkundgebung, an welcher sich außer den Verwandten und Freunden der Dahingeschiedenen alle Schichten der Bürgerschaft Insterburgs in herzlichster und innigster Weise betheiligten. Es sei von vorn herein festgestellt, daß hier jede Ceremonie in den Hintergrund trat. Die Särge hatte man in einem Saale der Loge aufgebahrt. Die Trauerfeier wurde mit dem von dem Oratorienverein vorgetragenen Choral aus Joh. Seb. Bach's Matthäuspassion: „Wenn ich einmal soll scheiden" eingeleitet. Gleich nach Beginn des Vortrages, welcher ungemein ergreifend wirkte, brach ein Strom von Thränen aus den Augen der anwesenden Damen. Man stand unter dem Eindruck, daß sich erst nun die Herzen in ihrer tiefsten Trauer Luft machten. Nach den letzten Tönen ergriff der Bruder der Frau Lackner, Herr Pfarrer Henkys, das Wort zu der Gedächtnißrede auf Grund des Schlusses von Lukas, Kap. 24, 36: „Friede sei mit Euch". Der Geistliche führte in warmen, zu Herzen gehenden Worten des Näheren aus, in welch' glücklichen Verhältnissen die Verstorbenen in ihren besten Jahren gelebt, wie sie bei aller Anspruchslosigkeit und Menschenfreundlichkeit großen Sinn für alles Schöne und Gute entwickelten und wie der Tod den Kranz, den dieses glückliche Ehepaar mit seinen fünf Kindern, den schönsten Blüthen eines Kranzes, bildete, zerrissen habe. Nachdem der Geistliche die Kinder und Geschwister, und ganz besonders den Bruder und die Schwester, in deren Haus das Paar verunglückt, getröstet und nachdem der Oratorienverein den Choral: „Dein Will, o Herr, gescheh' allzeit" gesungen, fand die Kondolenz der Angehörigen durch die Honorationen statt. Hierauf wurden die Särge auf die Leichenwagen gehoben. An der Spitze eines unabsehbaren Trauergefolges stand die Schützenabtheilung des Kriegervereins mit der Kapelle des lithauischen Ulanen-Regiments Nr. 12 und nunmehr setzte sich der Trauerzug unter den Klängen des Chopinschen Trauermarsches nach dem reformirten Kirchhof in Bewegung. Mindestens tausend Herren aus allen Ständen der Bevölkerung (wir unterlassen absichtlich das Aufführen der Standespersonen) folgten den Särgen. Nach Tausenden zählten aber die Menschen, vom Kinde bis zum Greise, die rechts und links an den Straßen standen. Der Andrang zu dem Kirchhof war so groß, daß eine polizeiliche Absperrung desselben erfolgen mußte. Auf dem Friedhofe wurden die Särge mit dem Choral: „Jesus meine Zuversicht" durch die Ulanenkapelle empfangen. Hier richtete Herr Superintendent Hundertmark ergreifende Worte an die Trauerversammlung, indem er nochmals beklagte, daß das schöne Osterfest durch diesen überaus schweren Unglücksfall einen so tieftraurigen Abschluß hat finden müssen. Die Särge wurden dann in die Gruft gehoben, welche bis gestern die sterblichen Ueberreste unseres hochverehrten Dr. med. Crüger, der gestern nach Berlin übergeführt wurde, bargen. Nachdem sich der Hügel über dem Grabe gewölbt, sprach Herr Prediger [...]

* **Gumbinnen** [...]

Unterfertigter C. C. erfüllt hiermit die traurige Pflicht, seine lieben a. H. a. H. und auswärtigen i. a. C. B. C. B. von dem am 1. April zu Harpenthal bei Insterburg erfolgten Ableben seines lieben a. H.

des Rechtsanwalts

Albert Lackner

W. S. 1800/81

geziemend in Kenntnis zu setzen.

Der C. C. der Littuania.

I. A.:

Funk.

Provinzielles.

* **Insterburg**, 4. April. [Trauerfeier für das Rechtsanwalt Lackner'sche Ehepaar.] Ein Trauerzug, wie er nur selten einem Todten folgt, geleitete heute Nachmittag die irdischen Ueberreste des weil. Rechtsanwalts und Notars Lackner und seiner Gattin zur letzten Ruhestätte. Gegen 3 Uhr versammelten sich, wie das „Ostpreußische Tageblatt" berichtet, die Familienangehörigen und ein engerer Kreis von Leidtragenden im großen Saale der Loge, wo inmitten eines prächtigen Trauer-Arrangements die Särge mit den im Tode vereinten Ehegatten aufgebahrt stehen. Im Nebenzimmer stimmte der Oratorienverein den Choral aus Joh. Seb. Bach's Matthäuspassion an: „Wenn ich einmal soll scheiden", dann ergriff Herr Pfarrer Henkies, der Bruder der verewigten Frau Lackner, das Wort zu einer ergreifenden Trauerrede. Nachdem der Choral „Dein Will', o Herr, gescheh' allzeit", gesungen vom Oratorienverein, verklungen war, nahmen die Träger die Särge auf und trugen sie zu den Leichenwagen. Vor der Pforte hatte sich inzwischen ein außerordentlich zahlreiches Trauergefolge eingefunden, darunter Generalleutnant v. Brietzke, Generalmajor Gronau, Oberbürgermeister Dr. Kirchhoff, Landgerichtspräsident von der Trenck, Landgerichtsdirektor Kuhn, Landrath Brasch, Staatsanwalt Geheimrath Hecht und viele andere. Der Leichenzug setzte sich unter den Klängen des Chopin'schen Trauermarsches in Bewegung. Auf dem Friedhof sprach Herr Superintendent Hundertmarck die Grabrede.

Alfred und Walter Lackner, kurz nach der Einkleidung in der Kadettenanstalt Köslin, 1900.

Walter Lackner als Leutnant des Ersten Grenadierregiments Kronzprinz, 1910.

Faschingsfeier in der Kadettenanstalt Köslin. Walter Lackner 2. von links.

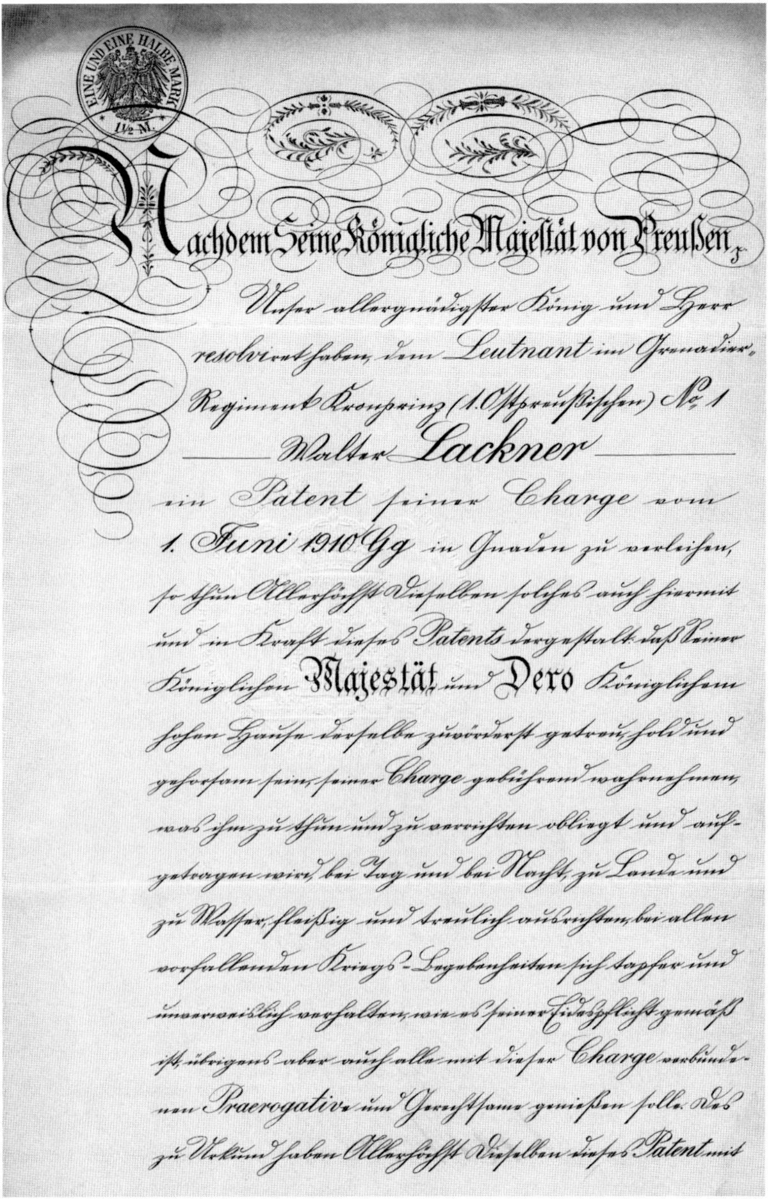

Nachdem Seine Königliche Majestät von Preußen,
Unser allergnädigster König und Herr
resolviret haben, dem Leutnant im Grenadier-
Regiment Kronprinz (1. Ostpreußisches) No 1
Walter Lackner
ein Patent seiner Charge vom
1. Juni 1910 Gg in Gnaden zu verleihen,
so thun Allerhöchst Dieselben solches auch hiermit
und in Kraft dieses Patents dergestalt, daß Seiner
Königlichen Majestät und Dero Königlichem
hohen Hause derselbe zuvörderst getreu, hold und
gehorsam sein, seiner Charge gebührend wahrnehmen,
was ihm zu thun und zu verrichten obliegt und auf-
getragen wird, bei Tag und bei Nacht, zu Lande und
zu Wasser, fleißig und treulich ausrichten, bei allen
vorfallenden Kriegs-Begebenheiten sich tapfer und
unverweislich verhalten, wie es seiner Eidespflicht gemäß
ist, übrigens aber auch alle mit dieser Charge verbunde-
nen Praerogative und Gerechtsame genießen solle. Das
zu Urkund haben Allerhöchst Dieselben dieses Patent mit

Auszug aus dem Leutnantspatent von Walter Lackner, 1910.

Alfred und Walter (obere Reihe, 4. und 5. von links) im Kreise ihrer Kameraden mit dem Erzieher in der Hauptkadettenanstalt Berlin-Lichterfelde, ca. 1909.

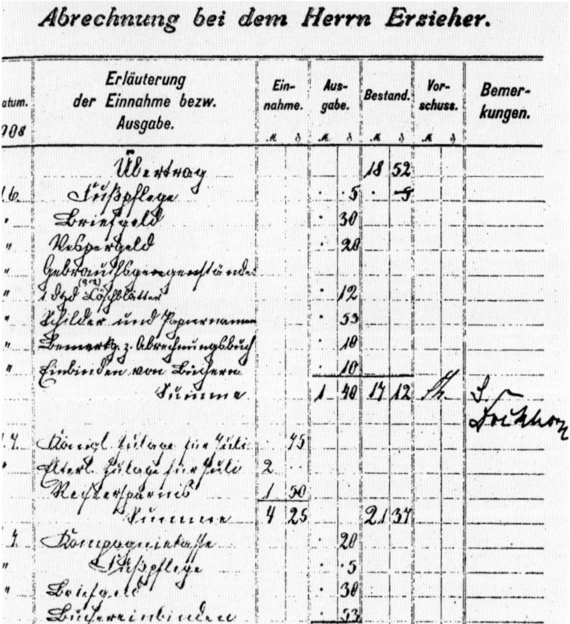

Abrechnung bei dem Herrn Erzieher.

[D]atum. [1]908	Erläuterung der Einnahme bezw. Ausgabe.	Einnahme. M	Einnahme. ₰	Ausgabe. M	Ausgabe. ₰	Bestand. M	Bestand. ₰	Vorschuss. M	Vorschuss. ₰	Bemerkungen.
	Übertrag					18	52			
[1].6.	Fußpflege			·	5	·	5			
"	Briefgeld			·	30					
"	[illegible]			·	20					
"	Gebrauchsgegenstände									
"	1 Dtzd Löschblätter			·	12					
"	[illegible]			·	53					
"	[illegible]			·	10					
"	Einbinden von Büchern			·	10					
	Summe			1	40	17	12	[illegible]		[illegible]
[1].7.	Königl. Zulage für Juli	·	75							
"	Elterl. Zulage für Juli	2	·							
	[illegible]	1	50							
	Summe	4	25			21	37			
[1].[illegible]	Kompaniekasse			·	20					
"	Fußpflege			·	5					
"	Briefgeld			·	30					
	Büchereinbinden			·	53					
	Summe			[illegible]	08					

Abrechnung der monatlichen 75 Pfennig Taschengeld von Walter Lackner.

Indien gegangen und hatte bei befreundeten Plantagenbesitzern eine fundierte Ausbildung erhalten. Vor zwei Jahren, bei einem seiner seltenen Deutschlandbesuche, hatte er in Berlin die bildschöne Marisa von Stumm kennen gelernt. Sie hatten sich unsterblich ineinander verliebt und bereits nach einer Woche beschlossen zu heiraten. Die Hochzeit wurde in kleinem Kreis im Hotel Adlon gefeiert, dann reiste das junge Paar nach Ostpreußen. Marisa sollte, bevor sie für Jahre nach Indien verschwanden, das Orlovsche Gut und die große Verwandtschaft kennen lernen.

Marisa freute sich auf Indien. Obwohl Hajo ihr alles in den glühendsten Farben geschildert und auch Fotografien seines Hauses und der Plantage gezeigt hatte, machte sie sich keine Vorstellung davon, was sie erwartete.

Das erste halbe Jahr war aufregend. Als sie in Kalkutta eintrafen, erwartete sie im Hotel bereits eine Einladung zu einem Ball des englischen Gouverneurs, einem Cousin von Hajo, zu Ehren des jungen Paares. Alles, was in der Stadt zur oberen Gesellschaft gehörte, war geladen. Man war ja so gespannt auf die junge Baronin Orlov, hatten sich doch einige heiratsfähige Töchter der englischen Gesellschaft und vor allem deren Mütter Hoffnungen auf den gut aussehenden und ungeheuer reichen deutschen Baron gemacht, die nun mit einem Mal dahin waren. Wie ein Lauffeuer hatte sich die Nachricht dieser Hochzeit verbreitet.

»Wieder einer weniger«, hatte Lady Hunnincut, deren drei Töchter noch unverheiratet waren, bei einer der zahlreichen Burra Kanas geseufzt. »Wie schrecklich, ich muss meine Töchter wohl nach England schicken, um sie standesgemäß zu verheiraten.«

Mrs. Columbat, ihre Freundin, hatte sich nun schon tagelang das Gejammer angehört. Am liebsten hätte sie ihr gesagt, dass eine solche Investition mit Sicherheit nicht von Erfolg gekrönt sein würde, wenn es ihr schon nicht gelungen war, ihre alberne und nicht besonders attraktive Brut mit einem der langweiligen englischen Tunichtgute zu verkuppeln, die von ihren reichen Eltern nach Indien geschickt worden waren. Dort konnten sie weniger gesellschaftlichen Schaden anrichten als zu Hause.

»Was sie wohl so Besonderes hat«, lamentierte Lady Hunnincut weiter, »das kann ja wohl nicht gut gehen, so eine überstürzte Hochzeit.« Sie konnte gar nicht aufhören, die düstersten Prognosen für diese Ehe zu stellen.

Jeden Abend waren Hajo und Marisa in einem anderen Palast oder wenigstens palastähnlichen Haus eingeladen. Marisa, die immerhin aus einem begüterten Elternhaus stammte, war sprachlos über diesen unvorstellbaren Luxus, der sich ihr darbot. Teller, Schüsseln und Bestecke aus purem Gold, Porzellan von einer Feinheit, wie sie es noch nie gesehen hatte. Hajo hatte nicht übertrieben, es war wie in Tausendundeiner Nacht. Aber am meisten beeindruckte sie der Schmuck der indischen Frauen und auch Männer. Als sie der Maharani von Brunjai vorgestellt wurde, flüsterte sie ihrem Mann zu: »Wie ist es nur möglich, dass sie noch aufrecht gehen kann, das Gold muss ja Tonnen wiegen«, und als sich der Maharadscha von Angadar vor ihr verbeugte, hatte sie die größte Befürchtung, dass der taubeneigroße Rubin, der vorn an seinem Turban hing, in ihren Ausschnitt fallen könnte.

»Was meinst du wohl, hätte er ihn eigenhändig herausgefischt oder hätte ich ihn vor aller Augen herausfingern müssen?

Vielleicht hätte ich ihn ja auch behalten dürfen.« Sie konnte gar nicht aufhören, sich über derartige Situationen zu amüsieren.

Die Schönheit der indischen Frauen machte ihr beinahe Angst.

»Warum hast du mich geheiratet«, fragte sie Hajo immer wieder. »Hier gibt es die schönsten Frauen der Welt.«

»Weil ich dich liebe«, antwortete dieser dann lachend, »und weil du für mich die Allerschönste bist.«

Dass ein Ausländer nie eine Inderin heiraten würde, versuchte er ihr gar nicht zu erklären. Sie hätte es nicht verstanden, und es hätte nur zu endlosen Diskussionen geführt. Und die heiratsfähigen Engländerinnen, von ihren Müttern vorgeführt wie frische und zum Teil auch schon leicht verdorbene Ware, waren ihm allesamt zuwider. Von seiner wunderschönen Geliebten Manja hatte er ihr natürlich nichts erzählt. Sein Verwalter hatte die Angelegenheit bereits diskret und mit Hilfe eines größeren Geldbetrages erledigt.

In der Tat war Marisa Orlov bezaubernd. Sie war witzig, intelligent und von unglaublichem Charme. Sie brachte Hajo zum Lachen, und er liebte sie von Tag zu Tag mehr.

Die Gesellschaft Kalkuttas war entzückt von ihr. Angezogen nach der neuesten Pariser Mode, war sie bei allen Gesellschaften der absolute Mittelpunkt. Ihre Kleider, angefertigt von dem Pariser Couturier Worth, waren fast noch eine größere Sensation als ihre Schönheit. Jedenfalls für die Damen. Nach ihrem ersten Auftritt bei dem Ball des Gouverneurs, wo sie in einem tief dekolletierten Ballkleid aus schwarzem Tüll über weißer Duchesse erschien, hatten bei jeder folgenden Einladung fast alle weiblichen Gäste einen Stift und ein Blatt Papier in ihrem Abendtäschchen und Kalkuttas Schneiderinnen in den nächsten Monaten Hochkonjunktur. Bis die neuesten Modejournale

Kalkutta erreichen würden, und das konnte Monate dauern, waren sie bereits up to date.

Marisa genoss diese Tage mit all ihrem Prunk und den Abwechslungen. Ein kleiner Wehmutstropfen war nur die Armut, die ihr überall in den Straßen begegnete. Bettelnde Kinder, verkrüppele Alte, verhungerte Hunde, schreckliche Bilder, die sie tagelang verfolgten. Und der Gestank! Nach Wochen meinte sie ihn noch zu riechen.

Ihre Plantage, auf der sie künftig leben sollte, war eine Tagesreise von Kalkutta entfernt. Die Fahrt in der Kutsche war beschwerlich. Die Straßen hatten Furchen und Löcher, und obwohl die Kutsche gefedert war, wurden sie ständig hin und her geschüttelt. Kalkutta, geprägt von den Briten, war faszinierend gewesen, aber was ihr Auge jetzt sah, entzückte sie. Leuchtende grüne Reisfelder, soweit das Auge reichte, Bambushaine, Blüten, die in allen Farben des Regenbogens leuchteten, dazwischen Bauern mit ihren Kindern auf den Reisfeldern, geschützt von der Sonne durch große Strohhüte. »Mein Gott, ist das schön«, flüsterte sie Hajo zu. Mehr konnte sie nicht sagen, sie war überwältigt. Aber nach einigen Stunden begann die Hitze sie zu lähmen, sie schien ihr alle Energie zu entziehen, und als sie endlich, die Fahrt erschien ihr endlos, ankamen, war sie nicht mehr fähig, sich zu freuen oder über irgendetwas Begeisterung zu zeigen. Sie sehnte sich nur noch nach Kühle. Ein riesiger Punkah über ihrem Bett bewegte die träge, heiße Luft und verschaffte ihr zumindest die Illusion von ein wenig Kühle.

Sie fiel in einen bleiernen Schlaf. Am nächsten Morgen ging es ihr besser, und als Hajo mit ihr über die Plantage ritt und ihr alles zeigte, war sie tief beeindruckt. Das Haus gefiel ihr auf Anhieb. Gebaut im englischen Kolonialstil, war rundherum eine breite, über und über mit Bougainvillea bewachsene Holzterrasse, auf der man zu jeder Tageszeit einen schattigen Platz finden konnte. Überall bequeme weiße Korbmöbel und tropische Pflanzen in großen, farbigen Übertöpfen, die einen betäubenden Duft verströmten. Auf der Nordseite hing an schweren Eisenketten eine mit dicken weißen Polstern belegte Bank in Form eines zweisitzigen Sofas, von der man einen traumhaften Blick in den exotischen Garten und auf die am Horizont auftauchenden Berge hatte.

Der Boden der Eingangshalle, von der eine Treppe in den ersten Stock führte, war aus schwarzweißem Marmor und durch eine Tür, die von Fresken in Pastelltönen umrahmt war, trat man in den großen Salon. Auch hier die vorherrschende Farbe Weiß, Polstermöbel, Voilevorhänge und Fußboden. An einer Wand zwei riesige Elefantenzähne und auf dem Fußboden Felle von Pantern und Tigern, Jagdtrophäen des Hausherrn. Wandbemalungen in zarten Tönen, die Pfauen, Pfauenfächer und Blumen darstellten, gaben dem Raum die einzige Farbe. An den Salon schloss sich ein großes Esszimmer an, und im ersten Stock befanden sich mehrere Schlafzimmer, so auch das Eheschlafzimmer mit einem großen Himmelbett.

»Es ist hinreißend«, sagte Marisa, als sie mit Hajo auf der Schaukel saß und genüsslich einen Eistee trank. »Nach all dem überladenen Luxus in den Palästen von Kalkutta habe ich das Gefühl, zu Hause zu sein.«

In den folgenden Wochen waren sie nacheinander auf allen Nachbarplantagen eingeladen. Natürlich waren auch hier alle äußerst gespannt auf die Frau, die den jungen Orlov dermaßen beeindruckt hatte, dass er sie Hals über Kopf geheiratet hatte. Marisa genoss es, herumgereicht zu werden. Die ständige Abwechslung und die damit verbundenen Anstrengungen ließen sie das schreckliche Klima noch nicht so spüren. Natürlich war es heiß und die hohe Luftfeuchtigkeit ermüdete sie, aber erst als alle Nachbarn besucht waren und der Alltag einkehrte, begann sie richtig darunter zu leiden. Und die Einsamkeit machte ihr zu schaffen. Sie kam aus Berlin, war jung und Trubel gewöhnt, und nun war sie plötzlich schrecklich viel allein. Das Personal sprach kaum Englisch und Hindustani begann sie erst zu lernen.

Hajo war manchmal tagelang unterwegs, um die anderen Plantagen zu inspizieren, und ihre Idee, mit ihm mitzureiten, wurde von Hajo zu Recht sofort verworfen. Diese Anstrengung, stundenlang bei der sengenden Sonne auf dem Pferd, das war schon für ihn kaum auszuhalten, geschweige denn für eine so zarte Person wie Marisa. Und dann kam die Zeit des Monsuns. Nach stundenlanger brütender Hitze türmen sich drohende schwarze Wolken am Himmel, jede Bewegung erzeugt Schweißausbrüche. Die Luft steht, dann gehen wolkenbruchartige Regenfälle nieder, die kurze Zeit später von der Sonne in dampfende Feuchtigkeit verwandelt werden. Marisa fing an, unter den Klimabedingungen dermaßen zu leiden, dass sie jede Fröhlichkeit verlor. Sie war ohne Appetit, litt unter Schlaflosigkeit und wurde immer dünner.

Seit über zwei Jahren war sie jetzt in Indien. Als Hajo im Frühjahr des Jahres 1893 von einer seiner zahlreichen Reisen zurückkam, fand er seine Frau in Tränen aufgelöst.

»Was ist, mein Liebling, was hast du?« Er war entsetzt. Sie war noch dünner geworden, ihre großen blauen Augen erschienen ihm noch riesiger, und ihr Gesicht war schneeweiß.

»Hajo, ich liebe dich so, aber ich kann hier nicht bleiben«, brach es aus ihr heraus. »Ich halte es nicht mehr aus, bring mich hier weg.« Schluchzend warf sie sich in seine Arme. Hajo Orlov hatte sich schon lange vor diesem Tag gefürchtet. Er wusste, wie unglücklich seine Frau in Indien war, und ihr körperlicher Verfall war nicht zu übersehen. Schon lange hatte er sich Gedanken darüber gemacht, was er tun könnte, um seine Frau wieder lachen zu sehen. Er liebte sie doch mehr als alles auf der Welt! Er drückte sie an sich. »Hör zu, was würdest du dazu sagen, wenn wir nach Deutschland zurückgehen und in Insterburg leben würden? Ich weiß, es ist nicht Berlin, aber wir würden so oft du willst dorthin reisen und …« Marisa stieß einen Entzückensschrei aus. »Was, das willst du für mich tun, aber was wird aus den Plantagen?«

»Ich habe mich schon umgehört, es gibt sehr gute Angebote, und ich könnte sie sofort sehr gut verkaufen. Aber vielleicht lasse ich auch erst einmal meinen Verwalter ein paar Jahre die Geschäfte führen, er ist ein sehr fähiger Mann. Ich weiß noch nicht genau, was ich mache. Und noch etwas: Ich habe bei dem berühmten Architekten Josef Maria Olbrich bereits Pläne für ein Haus in Auftrag gegeben, sie müssten in den nächsten Tagen hier eintreffen. Eigentlich wollte ich dich damit überraschen, aber nun weißt du es eben schon jetzt.«

Marisa war wie umgewandelt. Sie sprühte vor Charme, strahlte, lachte und machte Pläne.

Fast wie früher, dachte Hajo.

In dieser Nacht schliefen sie nach langer Zeit wieder miteinander. Marisa, die immer öfter ihre Lustlosigkeit mit Unwohlsein entschuldigt hatte, war es, die ihren Mann verführte. Sie liebten sich wie in den ersten Tagen ihrer Ehe. Ekstatisch trieben sie von einem Höhepunkt zum nächsten, als wollten sie alles in den letzten Monaten Versäumte nachholen.

»Bleib in mir, Liebling«, flüsterte sie ihm mit rauer Stimme ins Ohr, wenn er ermattet in ihren Armen lag, und schon nach kurzer Zeit begannen sie von neuem und ihre wollüstigen Schreie trieben ihn an den Rand des Wahnsinns. Die Sonne ging schon auf, als sie schweißgebadet und eng aneinander geschmiegt in einen erschöpften Schlaf fielen. Bevor Marisa wegtauchte in das Land der Träume, war ihr letzter Gedanke die Gewissheit, in dieser Nacht schwanger geworden zu sein.

Die folgenden Wochen vergingen wie im Traum. Marisa war wie verwandelt, lachte und sang, und ihre gemeinsamen Nächte waren schöner als alles Vorhergegangene. Es gab – anders als in den Monaten davor – wieder nur ein Schlafzimmer, und als Marisa sicher war, dass sie schwanger war, schien ihr Glück vollkommen. Die Pläne für das Haus waren angekommen, Kinderzimmer wurden geplant, Stoffe und Möbel ausgesucht, das Haus sollte bezugsfertig sein, wenn sie in Deutschland ankommen würden.

Doch dann fing die Schwangerschaft an, ihr Beschwerden zu machen. Sie litt unter ständiger Übelkeit, hatte kaum Appetit und konnte das Wenige, was sie zu sich nahm, ganz selten bei sich behalten. Ganz besonders litt sie unter der feuchten Hitze. Es war jetzt die heißeste Zeit des Jahres, sengende Sonne wurde von plötzlichen Platzregen abgelöst, und die sofort wieder scheinende Sonne ließ die feuchte Erde dampfen.

Mein Gott, freue ich mich auf den deutschen Winter, dachte Marisa. Schnee und Eis, wie herrlich, geradezu paradiesisch erschien ihr diese Vorstellung.

Heute war es nun ganz besonders schlimm. Ein schwerer Monsunregen kündigte sich an. Marisa hatte sich schon mehrere Male umgezogen, und schon wieder klebte ihr das weiße, federleichte Musselinkleid am Körper. Sie saß auf ihrem Lieblingsplatz, der Schaukel auf der Terrasse. Samir, der Hausboy, versuchte ihr mit einem riesigen Palmwedel Luft zuzufächeln.

»Lass gut sein, Samir, es hilft doch nichts«, sagte sie mit matter Stimme, und dieser ließ mit einem Seufzer der Erleichterung das für ihn so schwere Ding sinken. Er war erst zwölf Jahre alt, aber überglücklich, diese wunderbare Stelle zu haben. Die Memsahib war immer freundlich zu ihm und die Arbeit nicht besonders schwer.

»Hol mir einen Eistee«, bat sie den Jungen, »er wird mir gut tun.« Sie hatte schon den ganzen Vormittag ein so eigenartiges Ziehen im Unterleib gespürt, dem aber keine große Bedeutung beigemessen, ihr Allgemeinzustand war so schlecht, was sollte denn nun noch sein!

Hajo war für drei Tage nach Kalkutta gefahren. Unaufschiebbare Geschäfte waren der Grund, und ein Interessent für die Plantage machte Station dort, alles Sachen, die er nicht delegieren konnte. Äußerst ungern hatte er Marisa allein gelassen. Sie war in den letzten Wochen immer weniger geworden als mehr, wie er entsetzt bemerkt hatte.

Als Samir mit dem Eistee zurückkam, fand er seine Herrin auf dem Fußboden in einer großen Blutlache liegend. Er schrie wie am Spieß, und von allen Seiten lief das Gesinde herbei. Aus dem nahe gelegenen Küchenhaus war die Köchin Sisha als Erste bei Marisa. Mit einem Blick erkannte sie, sie hatte selbst vier Kinder, dass Marisa eine Fehlgeburt hatte, und übernahm sofort das Kommando.

»Hol eine Decke, Samir, wir müssen die Memsahib in ihr Zimmer bringen.« Vorsichtig legten zwei der Diener Marisa auf ihr Bett. Sie blutete stark, ihr Atem ging ganz flach, und aus ihrem Gesicht war alle Farbe gewichen.

»Hol den Verwalter«, befahl Sisha einem der ratlos herumstehenden Diener auf Hindustani, »die Memsahib stirbt.«

In diesem Moment löste sich ein tiefer Seufzer aus der Brust von Marisa, und dann herrschte nur noch Stille.

Seit einiger Zeit hatte sich Ida die »Deutsche Bauzeitung« und das »Blatt für Architektur und Kunsthandwerk« abonniert. Bevor sie einen Architekten engagieren würden, wollte sie eine ungefähre Vorstellung haben, wie ihr Haus aussehen sollte, von innen und außen.

Eines Abends, Ida hatte gerade wieder eine neue Sendung ihrer bestellten Hefte erhalten und saß mit glühenden Wangen und glänzenden Augen über dieser interessanten Lektüre, als Albert früher als gewohnt ganz aufgeregt aus der Kanzlei nach Hause kam.

»Ida, Liebling, stell dir vor, Baron Orlov will sein Haus verkaufen.«

»Du meinst seine neue große Villa, die gerade fertig geworden ist, direkt hinter dem Gawehner Teich?«, fragte sie ungläubig.

Seit einem Jahr war der Bau des Orlovschen Hauses Stadtgespräch. Am Stadtrand, direkt neben dem Stadtpark gelegen, geplant von Josef Maria Olbrich, dem jungen und bereits so berühmten Architekten, war es das erste Haus in Insterburg mit Gasbeleuchtung, einem Badezimmer und Toiletten mit Wasserspülung. Es war außergewöhnlich modern, nicht gebaut aus den gewohnten roten Klinkersteinen, sondern außen weiß verputzt und ohne die üblichen Türmchen und Erker. Eine breite fünfstufige Treppe führte zur Eingangstür, fünf Säulen trugen eine Terrasse des ersten Stockes, die den Eingangsbereich überdachte. Auf ihren sonntäglichen Ausfahrten in ihrem Landauer waren sie öfter daran vorbeigefahren, ohne auch nur im Entferntesten an den Bau einer solchen Prachtvilla zu denken.

»Albert, du hast den Verstand verloren«, sagte Ida lapidar. »Es ist das schönste Haus, das ich je gesehen habe, nicht mal in den Zeitschriften habe ich etwas Ähnliches gefunden, aber das übersteigt doch wohl unsere finanziellen Möglichkeiten. Und warum will er es denn verkaufen?«

Und nun erzählte Albert ihr, was passiert war. Heute Nachmittag war Orlov in der Lacknerschen Kanzlei in der Wilhelmstraße erschienen. Albert, schon seit Jahren der Rechtsbeistand der Familie, war tief betroffen gewesen über den Zustand des jungen Mannes, den er so strahlend und gut aussehend in Erinnerung hatte. Aschfahl, abgemagert und mit unendlich traurigen Augen hatte er vor ihm gestanden.

»Um Gottes willen, Baron Orlov, was ist mit Ihnen?«, hatte er entsetzt gefragt.

Als dieser ihm seine traurige Geschichte erzählt hatte, hatte er hinzugefügt, der Sinn seines Aufenthaltes hier sei lediglich, das Haus zu verkaufen und sich von seinen Eltern zu verabschieden, um für den Rest seiner Tage im Ausland zu leben. »Könnten Sie die Angelegenheit für mich in die Hand nehmen, lieber Lackner? Ich will so schnell wie möglich verkaufen, egal zu welchem Preis.«

»Wir sind gerade auf der Suche nach einem größeren Haus«, hatte Albert gesagt, »aber Ihre Villa ist leider viel zu groß und mit Sicherheit auch zu teuer für uns.«

»Sie suchen ein Haus, ja das ist ja direkt eine Fügung«, hatte der junge Baron Orlov erfreut erwidert. »Wenn Sie dort wohnen würden, wäre das eine ganz besondere Freude für mich. Wir haben alles mit so viel Liebe geplant.« Seine Augen hatten sich mit Tränen gefüllt. »Verzeihen Sie, ich bin schrecklich unglücklich, ich verliere sehr schnell meine Fassung. Bitte schauen Sie sich das Haus doch wenigstens an, ich bin sicher, dass wir uns einigen können.«

»Ja, mein Liebes, und morgen Früh um zehn Uhr werden wir es besichtigen.«

Ida war sprachlos, was äußerst selten vorkam. Als sie sich wieder gefangen hatte, redeten sie stundenlang, wie es wohl innen aussehen würde, und als sie endlich zu Bett gingen, konnte sie vor Aufregung nicht einschlafen. Sie schwankte zwischen »Albert ist total verrückt« und »ein Traum geht in Erfüllung« und endlich fiel sie dann doch in einen unruhigen Schlaf.

Um Punkt zehn erschienen die Lackners vor der Orlovschen Villa, bereits von Orlov und seinem Bauleiter Garken erwartet. Als Orlov die strahlende, hochschwangere Ida sah, wich die letzte Farbe aus seinem Gesicht. Marisa, mein Engel, warum hast du mich verlassen, dachte er, und laut: »Garken wird Ihnen alles zeigen, ich treffe Sie in zwei Stunden in Ihrer Kanzlei, und machen Sie sich keine Sorgen, wir werden uns einigen.« Mit diesen Worten stürmte er davon.

Ida, Albert und Garken betraten die Halle. Sie erschien Ida so groß wie ihr ganzes Haus. Der Boden war mit hellem italienischen Marmor ausgelegt, in der Mitte mit einem Stern aus roten, weißen und schwarzen Steinen. Ungefähr von der Mitte der Halle führte von rechts und links eine breite, geschwungene Treppe in das erste Stockwerk, wo sich die Schlafräume befanden. Das schmiedeeiserne Geländer war kunstvoll mit Messing verziert. An der Decke hing ein riesiger Kristallkronleuchter, dessen Lampen mit Gas gespeist wurden und der die Halle am Abend in helles Licht tauchte. Das Haus war U-förmig angelegt.

Rechts und links neben den Treppenaufgängen befanden sich große Doppelflügeltüren aus geschliffenem Facettenglas, durch die warmes weiches Tageslicht in die Halle fiel. Durch die linke Tür gelangte man in den Empfangssalon, dessen Decken mit weißem Stuck verziert und die Wände mit blauem Damast bespannt waren. Die hohen Fenster waren eingerahmt von bodenlangen gerafften Vorhängen aus dem gleichen Stoff. Schwere Sitzmöbel, blauweiß bezogen, beherrschten den Raum. Unter dem Fenster stand ein Steinway-Flügel, einer der ersten in Hamburg gebauten Exemplare.

»Die verstorbene Baronin war eine begeisterte Pianistin«, sagte Garken, was Ida in diesem Moment nun wirklich nicht hören wollte, berauscht von dem Luxus, der sich ihr darbot.

Der nächste Raum war ein riesiger Speisesaal, der sich bis zur Rückfront des Hauses erstreckte, die Wände vom Fußboden etwa eineinhalb Meter hoch rundherum mit Paneelen aus Kirschholz bedeckt, darüber bis zur Decke eine Tapete, weiß mit zarten goldenen Blüten, die wiederum in üppigem Stuck endete. Die Vorhänge waren aus weißem Damast mit einer goldenen Bordüre. An den Wänden zwischen den Fenstern befanden sich sechsarmige goldene Kerzenleuchter, um den Saal abends festlich zu beleuchten.

»Der Tisch ist ausziehbar für bis zu vierzig Personen, die dazugehörigen Stühle werden in den nächsten Tagen geliefert. Die Orlovs hatten vor, ein großes Haus zu –« Garken brach ab, als er Idas eisige Miene sah. Man sah ihr förmlich an: noch eine Bemerkung über die unglücklichen Orlovs und sie würde fluchtartig das Haus verlassen, oder, was Albert noch mehr fürchtete, einen ihrer berüchtigten Tobsuchtsanfälle bekommen, mit Ausdrücken, die jedem Droschkenkutscher zur Ehre gereicht hätten.

Aber Garken hatte verstanden, von jetzt an enthielt er sich jeden persönlichen Kommentars, er erklärte sachliche Details, zum Beispiel, wie der Speiseaufzug und die Gaszufuhr funktionierten. Am Ende des Speisesaales führte im rechten Winkel eine Tür in den Salon, in dem das Familienleben stattfinden sollte. Durch eine große Flügeltür gelangte man auf die Terrasse, von der man in den Garten gehen konnte. Inmitten einer ovalen Blumenrabatte plätscherte ein Springbrunnen.

»Die Bepflanzung des Gartens wird in den nächsten Tagen erfolgen«, so Garken vorsichtig an Ida gerichtet, »und im hinteren Teil ist ein Teepavillon geplant.«

Mein Gott, ich kann es nicht fassen, dachte Ida, ich glaube, ich träume.

Der Salon war mit einem orientalischen Teppich ausgelegt, die Wände mit hellgrauem Moiree bespannt und die Fenster mit Vorhängen aus graurosa gestreiftem Moiree eingerahmt. Mehrere kleine Sitzgruppen waren in dem Raum verteilt, und in einer Ecke stand ein mit grünem Filz bezogener Spieltisch, auf dem bereits die Whistkarten lagen. In allen Räumen standen Stechpalmen und exotische Pflanzen in wunderschönen Kübeln und Marmorsäulen mit Büsten.

Ida sagte nichts, ihr war schwindlig. Sie hatte noch nicht einmal die Hälfte des Hauses gesehen und sie, die mit beiden Beinen auf der Erde stand, war sich sicher, dass dieser »Palast« für sie unerschwinglich sein würde. Aber wenn ich schon mal da bin, will ich auch alles sehen, wenigstens habe ich meinen Freundinnen dann was zu erzählen, dachte sie sich im Stillen.

An den Salon schloss sich das Rauchzimmer an mit schweren roten Samtportieren und dunkelrotem Teppichboden, danach die Bibliothek, Wände und Decke mit dunklen Holzpaneelen, einer riesigen Bücherwand und einem großen offenen Kamin mit gemütlichen Sesseln davor. Das letzte Zimmer, es war wohl als Frühstückszimmer gedacht, hell mit Blümchentapete und farblich passenden Vorhängen, führte sie wieder zurück in die Halle.

Ida schwirrte der Kopf. Von der Besichtigung des oberen Stockwerkes mit den Kinder- und Schlafzimmern behielt sie nur das Badezimmer mit Wanne und dem Wasserklosett in Erinnerung, nie hatte sie dergleichen vorher gesehen! Die Anzahl der Zimmer, es waren zwölf, wie sie später lernen sollte, hatte sie nach zehn Minuten vergessen.

Das Souterrain bestand aus einer riesigen Küche, einem großen Vorratsraum, einer abschließbaren Silberkammer, einer Waschküche, einem Raum für die Weißzeugplätterin sowie mehreren Zimmern für das Personal.

Die Lackners fuhren in ihrem Landauer zurück in die Stadt. Ida schwieg, für Albert ein bedrohliches Zeichen.

»Was ist, Liebling, hat dir das Haus nicht gefallen?«

»Was«, schrie Ida, »nicht gefallen, du bist wohl verrückt! Nie mehr wird mir ein anderes Haus gefallen, nachdem ich dieses gesehen habe. Warum hast du mir das angetan!« Sie brach in Tränen aus und Alberts Zwicker vollführte verwegene Sprünge auf seiner Nase, was aber diesmal seine erheiternde Wirkung verfehlte, Ida war einfach außer sich. Als sie sich halbwegs wieder beruhigt hatte, sagte sie: »Bring mich nach Hause. Ich will zu Walter und wieder zurück auf den Boden der Realität. Rede allein mit Orlov, das Haus ist für uns zu groß und unbezahlbar.«

Albert wusste, dass er jetzt besser schwieg.

Orlov erwartete ihn schon in der Kanzlei: »Nun, mein lieber Lackner, gefällt Ihnen das Haus?«

»Gefallen ist wohl nicht das richtige Wort, wir sind tief beeindruckt, aber meine Frau und ich sind übereingekommen, dass es für uns zu groß und vor allem zu teuer sein wird.«

»Nennen Sie einen Preis, ich werde ihn akzeptieren«, sagte Orlov.

Nach kurzer Zeit des Verhandelns und einem gemeinsamen Gang zu der gegenüberliegenden Reichsbank wurde die Orlov'sche Villa die »Villa Lackner«.

1899

Weihnachten war trotz Walters Tränen harmonisch und friedlich verlaufen. Ida hatte ihrem Liebling ins Ohr geflüstert, dass sie ihm heimlich und unter der Bedingung, dass er es weder Papa noch sonst jemandem verraten dürfe, demnächst einen Taktstock schenken würde.

Ida liebte alle ihre Kinder, aber mit Walter verband sie etwas Besonderes. Vielleicht weil er ihr so ähnlich war, fröhlich, unkompliziert und diszipliniert und die Dinge nahm, wie sie kamen. Andererseits war er übersensibel, vergötterte seine Mutter, und sie zitterte schon davor, ihn in einem Jahr in die Kadettenanstalt gehen lassen zu müssen. Sie wusste, dass es sein musste. Es gehörte zu seiner Ausbildung, aber wie eine Löwin hatte sie darum gekämpft, dass er erst mit zehn und nicht wie üblich schon mit neun Jahren das Haus verlassen sollte.

»Du verzärtelst den Jungen, wie soll aus ihm jemals ein Mann werden«, musste sie sich immer wieder von Albert anhören, wenn sie stundenlang mit Walter vierhändig Klavier spielte oder voller Entzücken seine Gedichte las. Aber sehr ernst gemeint war Alberts Tadel nicht. Er war stolz auf seinen Sohn, und er wusste, dass dieser seine Pflicht tun würde, wenn es so weit war.

Er und Ida hatten ein Abkommen geschlossen. Dafür, dass sie ihren Ältesten ein Jahr länger bei sich behalten durfte, würde sie ihn in diesem Sinne erziehen. Und eines wusste Albert, auf Ida war Verlass!

Nach den friedlichen Weihnachtstagen brach im Hause Lackner die Hölle los. Ida wurde täglich nervöser. Sie war jetzt im sechsten Monat schwanger und hatte das Gefühl, stündlich dicker zu werden. Ihr sonstiges Mittel gegen Stress, nämlich unmäßig zu essen, hatte sie auf ein Minimum eingeschränkt. Sie hatte Albträume, dass ihr sündhaft teures Abendkleid am Silvesterabend nicht mehr passen könnte! Schon zum zweiten Mal hatte Madame Yvette bei den Anproben die Taille weiter machen müssen. Gestern war es geliefert worden und nur mit großer Mühe und mit Hilfe von Agathe hatte Ida es zubekommen. Sie durfte bis Silvester kein Gramm mehr zunehmen. Noch vier Tage! Danach konnte sie zu einer Tonne mutieren, das war ihr egal.

Aber trotz Nervosität, nagendem Hunger und den Kindern, die ständig im Weg waren, war Ida in ihrem Element. Sie war überall im Haus und gab ihre Anweisungen. Möbel wurden gerückt und das Silber auf Hochglanz poliert.

»Lena, die Silberleuchter haben noch Streifen«, und »wo sind die Sektkühler, mein Gott, die sehen ja aus wie schwarze Eimer! Blitzen müssen die, blitzen!!« Und zu Agathe: »Die Damasttischdecken und -servietten müssen gestärkt und gebügelt werden, bitte kümmere dich darum.«

Fritz, der Chauffeur, hatte die Aufgabe zugeteilt bekommen, den riesigen Kristalllüster in der Halle zu putzen. Auf einer meterhohen Leiter balancierend, musste er jedes einzelne Kristallteil mit einem feuchten Lappen abwischen und trocken nachpolieren. Er hasste diese Arbeit. Er war nicht schwindelfrei und fürchtete, jeden Moment in die Tiefe zu stürzen. Als dann auch noch Alfreds Ball vom ersten Stock die Freitreppe hinunter in die Halle sauste und gegen die Leiter knallte, war es mit seiner Fassung vorbei. Zitternd und kreidebleich hing er in dem schwankenden Kronleuchter und, wie er später immer wieder erzählte, nur Idas beherztes Eingreifen rettete ihm das Leben!

»Kommen Sie sofort da runter, Fritz«, befahl sie ihm. »Ich halte die Leiter fest, dann kann Ihnen nichts passieren.«

Während Fritz, immer noch um sein Leben fürchtend, ganz langsam herunterstieg, rief Ida bereits nach Asta. »Richte bitte die Sachen der Kinder. Wenn Fritz sich von seinem Schock erholt hat, soll er dich mit den Kindern schon heute nach Harpenthal bringen.«

Eigentlich war geplant gewesen, diese am Silvestermorgen dort abzuliefern, wo sie mit all ihren Cousins und Cousinen die Jahreswende verbringen würden, und Fritz sollte auf der Rückfahrt Hermann Lackner und seine Frau Grete mit in die Stadt nehmen. Blitzschnell hatte Ida umdisponiert. Unvorstellbar, wenn Fritz von der Leiter gefallen wäre. Schwer verletzt oder noch schlimmer, womöglich tot! Das Fest hätte abgesagt werden müssen, was für ein grauenhafter Gedanke! Ida wollte das gar nicht zu Ende denken.

Ohne ein Wort der Widerrede fügten sich die Kinder und Asta Idas Anweisung. Wenn sie, was ganz selten vorkam, in diesem Ton sprach, stand sie kurz vor einer ihrer Explosionen. Dann brüllte sie, dass das Geschirr in den Vitrinen wackelte, und wenn sie sich endlich beruhigt hatte, war sie für Stunden nicht mehr ansprechbar. Dann mussten die Kinder ganz ruhig in ihren Zimmern bleiben und das Personal bewegte sich nur noch flüsternd durch das Haus. Sogar das Porzellan war dann nervös, fand Antonie.

Gott sei Dank fand die befürchtete Explosion nicht statt. Ida hatte kurz und mit vor Schreck weißer Nase ermattet auf der Récamiere gelegen, aber dann sofort wieder das Kommando übernommen. Antonie, die Fritz ihr kostbares neues Duftwasser unter die Nase hielt, bekam die Anweisung, Brote für die Fahrt zu schmieren.

»Für Walter eine Extraportion Schmalzbrote«, ordnete Ida an. Antonies Griebenschmalz mit Äpfeln, Zwiebeln und Majoran gehörte zu seinen Leibspeisen. Und das sollte auch noch hundert Jahre später zu den Leibgerichten seiner Kinder und Enkel gehören. Das Mittagessen fiel aus und vor allem die obligatorische Mittagsruhe, was die beiden Jungen mit der überstürzten Abreise schon fast wieder versöhnte. Charlotte und Paula hatten von der ganzen Aufregung ohnehin nichts mitbekommen.

Ida wollte, dass die Kinder so früh wie möglich in Harpenthal ankamen, damit ihre Zimmer noch für die Nacht vorgeheizt werden konnten. Sie schrieb eine kurze Notiz für Hermann und Grete mit der Bitte, den verfrühten Überfall zu entschuldigen und dem Versprechen, dass Fritz sie an Silvester mittags wie verabredet abholen würde.

Während Antonie den Korb mit den Broten, Kuchen und Getränken herrichtete, saß Fritz bei ihr in der Küche, eine Tasse Melissentee in der noch immer zitternden Hand.

»Ich habe dem Tode ins Auge geblickt«, flüsterte er mit dramatischer Stimme.

»Nun übertreib mal nicht so, Fritz«, antwortete sie. »Ras lieber nicht so mit dem Automobil, sonst blickst du bald niemandem mehr ins Auge.« Antonie hasste das neumodische Gefährt und hatte nach einer von Albert erlaubten Spazierfahrt geschworen, dieses nie mehr in ihrem Leben zu besteigen. Sie war der festen Meinung, dass ihr Mann, seitdem Lackners dieses knatternde Ungetüm angeschafft hatten, täglich in Lebensgefahr schwebte und fand somit die Kronleuchtergeschichte geradezu lachhaft.

Als Albert am Abend nach Hause kam, fand er Ida in der Bibliothek an seinem Schreibtisch. Endlich konnte sie sich in Ruhe mit der Tischordnung für das Silvesterdiner beschäftigen. Ida hatte das Gefühl, vor einer unlösbaren Aufgabe zu stehen, als Albert vor ihr stand und erstaunt fragte: »Was hast du mit den Kindern gemacht, hast du sie eingeschläfert, was ist das für eine beängstigende Stille?«

Ida musste lachen. »Sie sind schon in Harpenthal«, gab sie zu, und nachdem sie von Fritzens dramatischer Rettung aus dem schwankenden Kronleuchter berichtet hatte, musste Albert zugeben, dass die schnelle Entscheidung seiner Frau wohl das Beste für alle war.

Ida läutete nach Antonie. »Du bekommst jetzt abends nur eine kalte Platte.«

Alberts Gesicht sprach Bände! Er war es gewöhnt und vor allem liebte er es, abends üppig zu speisen.

»Du brauchst gar nicht so ein Gesicht zu ziehen: Erstens bist du sowieso zu dick, zweitens esse ich gar nichts, und drittens ist Antonie noch nicht mit allem fertig für unser Fest.« Und um auch die letzte unangenehme Nachricht loszuwerden: »Ab morgen bis Silvester iss bitte mittags im Gasthaus, nur für dich zu kochen lohnt sich nicht«, und noch mal mit spitzem Ton: »Ich esse nämlich nichts!!«

Nun musste Albert schon wieder lachen.

»Ich weiß, du Armes, sonst passt du nicht in dein Kleid.«

In diesem Moment brachte die Mamsell ein riesiges Tablett mit Schinken, Wurst, Pastete und anderen Köstlichkeiten. Albert strahlte schon wieder, und Ida lief das Wasser im Mund zusammen. Was für eine Qual, alles in Alberts Mund verschwinden zu sehen und nichts, aber auch gar nichts davon essen zu dürfen.

»Albert, beeil dich, ich bin kurz davor, dich umzubringen.« Ida litt.

Endlich war er fertig.

Unglaublich, was in den Mann reingeht, dachte sie, und nachdem er genussvoll zwei große Verdauungsschnäpse getrunken hatte und die kärglichen Reste abgeräumt waren, sagte Ida: »Jetzt musst du mir bei der Tischordnung helfen, ich brüte schon seit Stunden darüber.« Neben wen sollte sie General von Briezke setzen, der, steinalt, am liebsten seine Kriegsgeschichten von 70/71 erzählte, die jeder schon kannte und die niemanden interessierten außer Alfred?

»Das letzte Mal hat Grete ihn ertragen müssen, und sie hat die wüstesten Drohungen ausgestoßen, wenn ich ihr das noch mal antue.« Ida hasste es genau wie ihre Schwägerin, sich stundenlang zu langweilen. »Ich werde sie neben den reizenden Landrat von dem Knesebeck setzen, was meinst du?«

Albert war es herzlich gleichgültig, wer wo saß, aber er hütete sich, seine Frau das merken zu lassen. »Eine wunderbare Idee«, murmelte er, sich den nächsten Schnaps einschenkend.

»Und was mache ich mit Staatsanwalt Hecht? Nach dem dritten Glas Champagner macht er jedem weiblichen Wesen unsittliche Anträge und seine Frau ist immer kurz vor einem

Nervenzusammenbruch.« Ida überlegte und sprach laut mit sich selbst, erwog diese und jene Möglichkeit. Albert war wirklich keine große Hilfe. Erst als sie fragte: »Soll ich Feda neben dich setzen?«, wurde er lebhaft.

»Ja, wunderbar, sie ist zwar total verrückt, aber gelangweilt habe ich mich mit ihr noch nie.«

Es war schon weit nach Mitternacht, als endlich alle Gäste zu Idas Zufriedenheit platziert waren und sie zu Bett gingen. Albert, vom schweren Essen und den Schnäpschen überwältigt, schlief sofort ein. Ida lag neben ihrem selig schnarchenden Mann, zwar mit einer Sorge weniger, aber einem heftig knurrenden Magen. Sie träumte davon, nach dem Silvesterfest so viel zu essen wie in ihrem ganzen Leben vorher nicht.

Die nächsten Tage konnte sie ungestört die letzten Vorbereitungen für den großen Abend anordnen und überwachen. Leihtische und Stühle wurden gebracht, Möbel gerückt und entfernt. Neunzig Gäste mussten bei Tisch sitzen und auch später Platz haben, um sich nach dem Essen und zwischen dem Tanzen auszuruhen. Idas Augen waren überall. Pflanzen wurden umgestellt und Blumenarrangements von Zimmer zu Zimmer geschleppt, bis sie endlich den Platz hatten, der ihr gefiel.

Obwohl das Kühlhaus schon überquoll, war Antonie immer noch von morgens bis abends damit beschäftigt, Unmengen von Köstlichkeiten zuzubereiten. Aber es wurde viel gegessen in Ostpreußen, die harte Landarbeit verlangte es, und es war einfach undenkbar, nicht alles im Überfluss im Haus zu haben.

Albert hatte sich damit abgefunden, sein Mittagessen im Gasthaus einzunehmen statt wie üblich zu Hause. Er murrte zwar ein bisschen, auch die Kinder fehlten ihm, aber wenn er abends nach Hause kam, empfing ihn eine strahlende und zufriedene Ida, und so verbrachten sie ein paar ungestörte und harmonische Abende allein in der Bibliothek, der einzige Platz, der ihn noch an sein Haus erinnerte. Kein anderer Raum sah mehr aus wie vorher!

Und nun war er da, der letzte Tag des neunzehnten Jahrhunderts. Ida hatte gerade die letzten, von ihr selbst von Hand auf weißem Bütten geschriebenen Tischkärtchen verteilt, als auch schon die ersten Hausgäste eintrafen.

Jedes Zimmer im ersten Stock, auch die Kinderzimmer, beherbergte Familienmitglieder, die von überall her gekommen waren. Der einzige nicht verwandte, aber trotzdem zur Familie gehörende Gast war Feodora von Harden, Idas geliebte Freundin. Sie waren zusammen zur Schule gegangen und seit dieser Zeit unzertrennlich. Feodora, genannt Feda, galt als exzentrisch, was sie zweifellos auch war. Mit achtzehn Jahren von ihren Eltern in eine Ehe gedrängt, war sie mit zweiundzwanzig bereits Witwe. Ihr wesentlich älterer Mann war bei einem Jagdunfall ums Leben gekommen, was sie beim allerbesten Willen nicht in allzu tiefe Trauer stürzen konnte. Ihren Eltern zuliebe benahm sie sich während des Trauerjahres noch halbwegs anständig, überließ dann aber das von ihrem Mann geerbte Gut treuhänderisch ihrem Verwalter und zog nach Königsberg.

Jung, schön und finanziell unabhängig führte sie fortan das Leben, von dem sie immer geträumt hatte. Sie wollte alles, nur nie wieder heiraten. Die Garnisonsstadt Königsberg war voll mit jungen, gut aussehenden Offizieren, und Feodora nahm sich, was sie wollte. Wenn ihr der Sinn danach stand, reiste sie nach Venedig oder London, egal wohin, immer in Begleitung eines schönen jungen Mannes, und jeden Sommer verbrachte sie mehrere Wochen auf ihrem Gut, umgeben von ihrer Königsberger Entourage. Die nach ihrer Abreise kursierenden Geschichten reichten dem Landkreis als Gesprächsstoff bis zum nächsten Jahr.

Als Erste kamen Hermann und Grete, von Ida und Albert auf das Herzlichste begrüßt.

»Hermann, alter Lorbass, gut siehst du aus!« Alfred umarmte seinen Bruder, was bei dessen Leibesfülle gar nicht so einfach war und Ida veranlasste, ihrer von ihr sehr geliebten Schwägerin ins Ohr zu flüstern:

»Wie kannst du das nur zulassen, er wird ja immer dicker.«

Grete musste lachen: »Es stört mich nicht, Idachen, das weißt du doch.« Sie war eine hübsche, auch ein wenig zur Fülle neigende Person, nicht besonders chic, aber mit einem großen Herzen. Ihren Mann dazu bringen zu wollen, weniger zu essen, würde ihr nicht im Traum einfallen und wäre außerdem auch ein sinnloses Unterfangen.

»Du kennst ihn doch, er isst für sein Leben gern!«, sagte sie schmunzelnd. Sie liebte ihren Mann so wie er war. Sie fand ihn stattlich und gut aussehend, was er zweifelsohne war, nur eben zu fett, wie Ida immer wieder feststellen musste.

Kurz danach trafen Franz und Edda aus Kallnelischken ein. Sie waren mit dem Pferdeschlitten gekommen, und als sie sich gerade aus ihren turmhohen Felldecken befreit hatten, kamen auch schon Karl mit Großmutter Lackner und deren Schwester Anika, alle drei mit der Eisenbahn aus Gut Lindicken angereist. Fritz hatte sie mit dem Automobil vom Bahnhof abgeholt.

Großmutter Lackner, stattlich und trotz ihrer achtundsiebzig Jahre weder einem deftigen Scherz noch einem ordentlichen Schnaps abgeneigt, hatte ihre früh verwitwete Schwester zu sich genommen, als Großvater Lackner vor elf Jahren gestorben war. All ihre früheren Versuche, ihre schon seit zwanzig Jahren allein lebende Schwester zu sich zu holen, waren an Mathias Lackners Veto gescheitert. »Die Dörrpflaume kommt mir nicht ins Haus, nicht solange ich lebe!«

Die höchsten moralischen Grundsätze und das ewige In-Ohnmacht-Fallen seiner Schwägerin bei seinen zugegebenermaßen etwas derben Scherzen gingen ihm derartig auf die Nerven, dass bei ihren sporadischen Besuchen auf Lindicken immer »dicke Luft« herrschte, wie die Dienerschaft fand, und alle erleichtert waren, wenn sie wieder abreiste.

In der Halle herrschte ein ungeheurer Trubel. Alle umarmten sich und redeten durcheinander, während sie sich von ihren Mänteln, Hüten und Schals befreiten. Überall lagen Gepäckstücke herum. Fritz, Lena und Agathe wurden angewiesen, alles auf die den Gästen zugeteilten Zimmer zu bringen.

»Lena, pack die Kleider der Damen aus und bügel sie auf, wenn es nötig ist und Sie, Fritz, hängen Sie die Cuts der Herren auf Kleiderbügel.« Ida war in ihrem Element. Gäste, wie sie das liebte! »Und Agathe, du hilfst der Mamsell beim Servieren.«

Ida klatschte in die Hände. »Im Besuchszimmer ist ein Imbiss angerichtet. Ihr müsst ja halb verhungert und durstig sein und vor allem durchgefroren.« Es herrschte, wie jedes Jahr in Ostpreußen, ein eiskalter Winter.

In dem Moment hielt vor dem Haus eine Pferdedroschke, die zuerst die in einen bodenlangen russischen Zobel gehüllte Feodora und dann eine Unzahl von Gepäckstücken ausspuckte.

»Feda, willst du bis Ostern bleiben?«, fragte Ida lachend, während sie ihre geliebte Freundin umarmte.

»Du kennst mich doch, Idachen, ich konnte mich nicht entscheiden, was ich heute Abend anziehen soll, na ja, und nun ist alles in den Koffern.«

Feda wurde von allen mit großem Hallo begrüßt, nur Tante Anikas Begeisterung hielt sich in Grenzen. Was hatte sie nicht schon alles über diese Person gehört! Und nun wohnte sie auch noch unter einem Dach mit ihr. Eigentlich war das schon wieder ein Grund für eine ihrer Ohnmachten.

Nun ging man gemeinsam in den Salon, wo Antonie einen großen Tisch mit kalten Köstlichkeiten angerichtet hatte. Gespickter Kalbsrücken, Pasteten, kaltes Geflügel, Würste, Speck und natürlich Kuchen.

Als hätten sie seit Tagen nichts zu essen bekommen und für die nächste Zeit auch nichts in Aussicht, stürzte sich die ganze Gesellschaft auf das Buffet. Dabei erwartete sie in ein paar Stunden ein 6-Gänge-Menü.

»Feda, du frisst ja wie ein Scheunendrescher«, lachte Hermann gutmütig, »wie machst du das bloß, dass du so schlank bleibst?«

»Wenn ich dir das verrate, fällt Tante Anika in eine lebenslange Ohnmacht«, flüsterte sie ihm ins Ohr und als sie dann auch noch sagte: »Kann ich einen Schnaps haben, möglichst einen ganz großen«, wurde Tante Anikas Mund noch schmaler – sie war nämlich in keinster Weise schwerhörig – und sie zischte ihrer Schwester ins Ohr: »Diese Person ist ridikül!«

»Halt die Klappe«, zischte diese zurück und prostete Feodora begeistert zu. Sie fand Feda umwerfend und bewunderte deren Mut, sich über alle Konventionen hinwegzusetzen.

Nach einer Stunde Lachen und Plaudern und dem Austausch von Familientratsch, bat Ida kurz um Aufmerksamkeit: »Es ist jetzt fünf Uhr. Ihr habt drei Stunden Zeit, euch auszuruhen, frisch zu machen und euch umzuziehen. Um acht Uhr kommen die weiteren Gäste, bitte seid doch alle um Viertel vor acht in der Halle, damit wir die Gäste gemeinsam begrüßen können.«

In bester Laune, Franz und Hermann waren schon leicht angeheitert, zog man sich auf seine Zimmer zurück. Auch Ida legte sich hin und fiel sofort in einen bleiernen Schlaf. Sie konnte fast immer schlafen, egal ob Tag oder Nacht, eine Gabe, um die man sie nur beneiden konnte.

Punkt sechs Uhr kam Agathe, um ihr beim Ankleiden und Frisieren zu helfen. Mit allergrößter Mühe und auch nur mit Alberts tatkräftiger Hilfe bekamen sie die Haken ihres Kleides zu, aber als sie fertig hergerichtet vor Albert stand, nahm er sie in seine Arme und flüsterte ihr »Du bist die Allerschönste und ich liebe dich« ins Ohr. Sie sah einfach bezaubernd aus in ihrem reich bestickten, tief dekolletierten Kleid.

Das fand an diesem Abend nicht nur ihr Ehemann. Mancher der geladenen Herren wäre einem Flirt mit ihr nicht abgeneigt gewesen, aber Ida stand der Sinn nicht nach anderen Männern. Sie liebte nur ihren Albert.

Ihre dunkelbraunen Locken waren zu einer kunstvollen Hochfrisur gesteckt. Agathe hatte im Laufe der Jahre eine dermaßene Fertigkeit darin entwickelt, die tollsten Frisuren zu kreieren, dass Ida keinen Frisör mehr brauchte. Ihre weiße Haut schimmerte wie Alabaster, und ihre großen Augen strahlten mit dem Brillantkollier, einem »Collier de Chien«, das ihr Albert zu Charlottes Geburt geschenkt hatte, um die Wette.

Um sieben Uhr erschien Ida in der Küche und gab dem Personal letzte Anweisungen. Dann schritt sie mit dem Majordomus noch einmal alle Räume ab, um zu sehen, ob auch wirklich alles gerichtet war. Waren die Tischkarten an der richtigen Stelle und die Tischdekoration noch in Ordnung? Lagen genug Ersatzkerzen bereit und waren der Likörkasten und die Zigarrenkiste im Rauchzimmer aufgefüllt?

»Von jetzt an haben Sie die Verantwortung, Gustav, dass der Abend reibungslos verläuft. Ich will keine betrunkenen Diener, keine ausgebrannten Kerzenleuchter und vor allem keine leeren Gläser sehen!«, sagte sie streng. Sie hatte alles bis hierher organisiert, und nun wollte sie sich um nichts, aber auch gar nichts mehr kümmern. »Haben Sie mich verstanden, Gustav?« Gustav hatte sehr wohl verstanden. Sollte etwas schief gehen, darüber war er sich im Klaren, konnte er in Zukunft wieder als Kellner arbeiten.

Inzwischen war das Musikorchester eingetroffen und hatte seinen Platz hinten in der Halle eingenommen. Geigen wurden gestimmt, der Klavierspieler machte leichte Fingerübungen auf den Tasten und der Klarinettist spielte sich mit einer Tonleiter warm. In allen Räumen brannten die Kerzen, und als die ersten Hausgäste, Karl in Uniform, die anderen Herren im Cut und die Damen in großer Abendtoilette, die Treppe herunterschritten, setzte bereits die Musik ein. Sogar Tante Anika hatte sich fein gemacht. Ihr enges schwarzes, aber selbstverständlich hoch geschlossenes Spitzenkleid stand ihr ausgezeichnet. Ihre weißen Haare hatte sie hochgesteckt und an den Ohren schimmerten große Perlen. Sie sah richtig hübsch aus.

»Du hast ja noch eine Figur«, hatte Großmutter Lackner spitz bemerkt, als ihre Schwester etwas verlegen vor ihr stand.

»Warum hängst du dich eigentlich immer so zu?« Sie hatte nie verstehen können, dass Anika seit zwanzig Jahren Witwe spielte, immer in sackartige graue Gewänder gehüllt. Mit ein bisschen Mühe hätte sie bei ihrem Aussehen leicht noch einen Mann kriegen können.

Die Diener servierten den ersten Champagner, als Feodora als Letzte und völlig außer Atem erschien. Ida hatte es nicht anders erwartet. Sie kannte ihre Freundin. Wahrscheinlich hatte sie in den vergangenen drei Stunden nichts weiter gemacht als Kleider probiert. Ida hatte, da ihr einige Tischherren für die allein stehenden Damen fehlten und – aber das verriet sie nicht einmal Albert! – um den Abend für alle, auch die verheirateten weiblichen Gäste, etwas unterhaltsamer zu gestalten, einige Leutnants aus der Königsberger Garnison eingeladen, zu damaligen Zeiten durchaus üblich. Diese Einladungen waren bei den jungen Männern einerseits äußerst beliebt, da das gute Essen und der Champagner eine wunderbare Abwechslung war zu ihrem »Kasinopamps«, wie sie ihre tägliche Kost nannten. Andererseits wussten sie, dass sie sich vorbildlich benehmen mussten, sich nicht betrinken durften und vor allem die Damen »betanzen« mussten, wie ihnen von ihrem Garnisonskommandeur von Pfuehl eingeschärft wurde. Und nicht nur die jungen hübschen, sondern auch die weniger attraktiven und älteren hatten aufgefordert zu werden!

Die Gastgeberin schlug damit sozusagen zwei Fliegen mit einer Klappe. Viele, wenn nicht sogar die meisten älteren männlichen Gäste waren entzückt, dass sie nach einem Pflichttanz mit ihrer Tischdame und ihrer mehr oder weniger geliebten Gattin dieses Problem vom Hals hatten und sich Gesprächen über Politik, Landwirtschaft oder einfach nur dem Alkohol hingeben konnten, während ihre Frauen, statt ihnen strafende Blicke zuzuwerfen, begeistert mit jungen Leutnants Walzer tanzten.

Natürlich war die Begeisterung manchmal eher einseitig, welcher Neunzehnjährige schiebt schon gern eine alternde Matrone über das Parkett? Aber das gehörte dazu, und es wurde weder vorher noch hinterher darüber lamentiert. Walter sollte später seinen Kindern viele lustige Geschichten über solche »Pflichteinladungen« erzählen.

Punkt acht setzte der Strom der Gäste ein. Alle Damen in großer Toilette, die Herren entweder in Uniform, Frack oder Cut. Sämtliche Schneiderinnen und Couturières, wie sich inzwischen einige nannten, das war »chicer«, waren in den letzten Wochen damit beschäftigt gewesen, die Roben für diesen Abend anzufertigen oder wenigstens einem alten Stück neuen Glanz zu verschaffen. Die Ergebnisse waren höchst unterschiedlich. Gräfin Donnersmarck war äußerst elegant in einem grauen Samtmodell von Worth, wie Ida fachkundig feststellte. Sie hatte es in der »Berliner Zeitung« an der Schauspielerin Sarah Bernhardt gesehen.

»Madame Yvette hat gute Arbeit geleistet«, flüsterte sie ihrer Schwägerin Grete zu, die sich redlich bemüht hatte, ihr altes Kleid vom vorletzten Jahr mit ein paar Straußenfedern aufzupeppen.

Zumindest hat sie sich Mühe gegeben, dachte Ida gutmütig. Aber wie Agnes aussieht, ist ein Skandal. Agnes war die Frau von Pfarrer Johann Henkiel, Idas Bruder. Sie war eine sauertöpfische, blässliche Person, die ihrer Schwägerin mit unverhohlenem Argwohn begegnete, fand sie doch deren Lebensstil, ihre ansteckende Fröhlichkeit und, wie sie fand, ungeheuerliche Verschwendungssucht äußerst unpassend und unchristlich.

»Schau dir Agnes an«, flüsterte Ida Feda ins Ohr, die gerade neben ihr stand. »Sie sieht wieder aus wie eine Vogelscheuche. Wie hat sie es bloß geschafft, fünf Mal schwanger zu werden, oder besser, wie hat mein Bruder das geschafft?«

Feda musste lachen. Sie war die Einzige, mit der Ida so frivole Reden führen konnte. Idas Bruder Johann war ein großer, schlanker Mann, und wäre da nicht seine zu große Nase gewesen, hätte man ihn für sehr gut aussehend halten können.

»Übrigens, du siehst hinreißend aus, Feda, dein Kleid ist phantastisch, die Ausgabe hat sich gelohnt.« Feda hatte das Kleid von Poiret gewählt, das sie sich bei ihrem Parisbesuch gekauft und von dem sie Ida so vorgeschwärmt hatte. Es war Idas Kleid zwar sehr ähnlich, wirkte aber ganz anders, da es eine andere Farbe hatte und nicht bestickt war. Der Ausschnitt des cremefarbenen Seidenkleides war atemberaubend, ihre Taille so eng geschnürt, dass zwei Hände sie umfassen konnten und der Rock, vorn schmal, war nach hinten zu einer kunstvollen Tournure gerafft, auf der eine cremefarbene Tüllschleppe befestigt war. In der Hand hielt sie einen gleichfarbigen Fächer, über dessen Rand sie die eintreffenden Herren taxierte. Bisher war noch keiner darunter gewesen, der sie interessierte.

Langsam füllte sich die Halle. Jeder männliche Gast, als Erstes von Ida und Albert am Portal begrüßt, bekam von Gustav ein Kärtchen mit dem Namen seiner Tischdame mit der Bitte, dieselbe nach dem Aperitif zu Tisch zu führen. Die meisten Gäste kannten sich, und die wenigen, die neu in den Kreis dazugekommen waren, wurden gleich von Ida oder Albert mit jemandem bekannt gemacht, der sie wiederum den in der Nähe Stehenden vorstellte. Das war ein Spiel, das alle beherrschten.

Als die jungen Leutnants eintrafen, alle in Uniform und einer attraktiver als der andere, schwebte plötzlich eine Spannung im Raum, die vorher nicht da war. Ida spürte das sofort. Die Damen, jung und alt, bekamen glänzende Augen, warfen sich verstohlene Blicke zu und lachten lauter als sonst. Ida war klar, der Abend würde ein Erfolg!

Feodora hatte sofort ihre Wahl getroffen. Sie wusste, dass sie das Diner zwischen Albert und Landgerichtspräsident von der Trenck, der ein großer Verehrer von ihr war, durchstehen musste, aber danach würde sie schon dafür sorgen, dass sie sich richtig amüsierte! »Ida, stell mir den Burschen vor, der da gerade mit dem Geheimrat Brasch redet«, flüsterte sie ihrer Freundin zu.

»Feda, benimm dich«, konnte diese eben noch antworten, als der junge Mann bereits auf sie zusteuerte. »Leutnant von Hülst, meine Freundin Feodora von Harden«, sagte Ida und schon hatte Feda ihn am Arm mit sich fortgezogen.

Inzwischen waren alle Gäste eingetroffen. Viele hatten sich lange nicht gesehen und begrüßten sich mit Umarmungen und Schulterklopfen. Die Halle war erfüllt mit dem Duft schwerer Parfüms und lautem Stimmengewirr.

Um neun Uhr, die Herren hatten bereits alle ihre Tischdamen gefunden, bat Albert seine Gäste zu Tisch. Als alle ihre Plätze eingenommen hatten, erhob er sich, um einen Toast auszusprechen. Ida hatte ihm eingeschärft, damit zu warten, bis jeder ein volles Weinglas vor sich hatte, bloß nicht zu lange zu reden und seinen Zwicker abzunehmen.

»Du weißt, Albert, wenn du aufgeregt bist …« Feda hatte den Auftrag, ihn zu kneifen, wenn seine Rede zu ausschweifend werden sollte. Die Gefahr bestand, wenn er ein Glas zu viel erwischt haben sollte. Und darauf konnte Ida heute Abend ja wirklich nicht auch noch achten! Aber alles lief nach Plan. Albert hatte zu Idas Erleichterung seinen Zwicker in der Hand und klopfte mit diesem an sein Glas, um sich Gehör zu verschaffen.

»Mamachen, liebe Familie und Freunde. Ida und ich schätzen uns sehr glücklich, mit euch diesen besonderen Jahreswechsel zu feiern. Möge das zwanzigste Jahrhundert euch allen Glück, Zufriedenheit und Gesundheit schenken. Und auf dass wir noch viele solche Feste zusammen feiern werden. Prosit!« Wie aus einer Kehle erklang ein »Prosit« als Antwort, und sofort setzte wieder ein lautes Stimmengewirr ein.

Die meisten hatten sich lange nicht gesehen. Man fragte nach den Kindern, sprach über Politik und Krankheiten. Gesprächsfetzen wie: »Was, dein Sohn ist nach Berlin gezogen?« oder »Mein Jagdhund ist gestorben, du hast doch gerade einen jungen Wurf, kann ich einen haben?« schwirrten über den Tisch. Man unterhielt sich glänzend.

Die Diener begannen die Speisen zu servieren. Erst gab es Schleie in Dill, dann diverses Geflügel, Braten und Wild und zum Schluss eine riesige Eisbombe. Wein und Schnaps flossen in Strömen und die Stimmung war hervorragend. Auch Ida hatte alle Vorsätze über Bord geworfen. Sie aß, so viel sie konnte, sollte ihr Kleid doch platzen, sie hatte endgültig genug von der Hungerei!

Es wurde gelacht und geflirtet und der Klang der aneinander stoßenden Kristallgläser wurde untermalt von der gedämpften Musik des Orchesters. Idas Augen waren überall, und was sie sah, stimmte sie äußerst zufrieden. Tante Anika, die Dörrpflaume, wie sie inzwischen heimlich von der ganzen Familie genannt wurde, saß zwischen Oberbürgermeister Dr. Kirchhoff und Generalmajor Gronau, was die beiden Herren aber in keinster Weise daran hinderte, sich über ihren Kopf hinweg die deftigsten Zoten zu erzählen. Darob erlitt sie kurzzeitig eine ihrer berühmten Ohnmachten, was die beiden Herren nicht zu bemerken schienen. Aber sie war wie die meisten ohnmächtigen Frauen nicht ohnmächtig genug, um nicht alles mitzukriegen und es ihrer Schwester am nächsten Morgen voller Empörung zu berichten. Und nicht nur das! Mein Gott, in was für ein Tollhaus war sie geraten!

Feda flirtete über alle Köpfe hinweg hemmungslos mit Leutnant Hülst und Ida schwante schon Böses. Mit einem Flirt würde sich ihre Freundin nicht zufrieden geben, das war ihr klar.

Dank der ständig vollen Gläser, der Majordomus machte seine Arbeit ausgezeichnet, man konnte ihn weiterempfehlen!, wurde der Abend immer ausgelassener.

Ida hatte die Tafel mittlerweile aufgehoben und es wurde eifrig getanzt. Auf ein Zeichen von Ida stimmte die Musik einige Zeit später eine Polonaise an, und die ganze Gesellschaft folgte Ida und Albert tanzend durch alle Räume. Es war einige Minuten vor Mitternacht, als die Polonaise auf der Terrasse endete. Dort standen die Diener mit den Pelzen der Damen und Tabletts mit gefüllten Champagnergläsern und als alle Kirchenglocken der Stadt das neue Jahrhundert einläuteten, begann im Park ein Feuerwerk. Es knallte und zischte, Raketen wurden in die Höhe geschossen und ließen Tausende bunter, glühender Lichter herunterregnen. Minutenlang leuchtete der Himmel in allen Farben des Regenbogens, begleitet von den »Ahs« und »Ohs« der Gäste. Und als Abschluss erstrahlte groß die Zahl 1900.

Über das Feuerwerk redeten die Insterburger noch lange, bis eine ungeheure Tragödie alles überschatten sollte.

Aber davon ahnte an diesem Abend niemand etwas. Man umarmte sich, versicherte sich seiner gegenseitigen Zuneigung und jeder wünschte jedem alles Gute für das Jahr 1900.

Das Orchester hatte begonnen, Wiener Walzer zu spielen, und die jungen Leutnants taten ihre Pflicht und tanzten ohne Pause, während die älteren Herren sich in das Rauchzimmer verzogen hatten, um eine »gute Zigarre« zu rauchen und ihren Rausch komplett zu machen.

Ida tanzte mit Staatsanwalt Hecht, der ihr Komplimente machte, die am Rande der Schicklichkeit waren. »Der Mann hat Nerven«, sagte sie kurz darauf zu Grete, die erhitzt und strahlend nach einem Walzer mit Leutnant Bronski neben ihr stand.

»Ein schönes Fest, Idachen, du weißt ja, so viel Abwechslung habe ich nicht in Harpenthal.« Sie lächelte glücklich.

Auf den Gütern gab es keine solch eleganten Feste, da ging es schon wesentlich rustikaler zu. Man lud die Nachbarn zum Essen ein, dazu trug man dann das Kleid, das man sonntags in die Kirche anzog, aber ein Abendkleid wie für den heutigen Abend, das brauchte man so gut wie nie.

Irgendwann bemerkte Ida, dass Feodora verschwunden war. Auf der Suche nach ihr fand sie in der Bibliothek zwar den selig schnarchenden General Briezke, aber weder Leutnant von Hülst noch Feodora waren zu sehen.

Gott sei Dank sind die Kinder nicht im Haus, dachte sie gerade, als ihre Freundin etwas zerzaust die Treppe aus dem ersten Stock herunterkam.

»Ein Leckerbissen, dieser kleine Leutnant«, flüsterte sie ihrer entgeisterten Freundin ins Ohr, um am Arm eines Fähnrichs davonzuwalzen. Ida, die ihrer Freundin den »Leckerbissen« von Herzen gönnte – sie war äußerst zufrieden mit ihrem Albert und hatte keinerlei Appetit auf junge Leutnants –, konnte nicht ahnen, dass Tante Anika, völlig erschöpft von den Gesprächen ihrer Tischherren, sich bereits kurz nach Mitternacht auf ihr Zimmer zurückgezogen hatte. Sie war unbemerkt auf ihr Zimmer gelangt. Fassungslos hatte sie mit angesehen, wie ihre fast zehn Jahre ältere Schwester getanzt, sogar geflirtet und, wie sie fand, unmäßig getrunken hatte. Ihre viktorianischen Moralbegriffe waren auch durch das Zusammenleben mit ihrer lebenslustigen Schwester nicht zu erschüttern gewesen, und sie hatte sich geweigert, den Wandel der Zeit zur leichtlebigen Belle Epoque zur Kenntnis zu nehmen.

Gerade hatte sie sich ermattet auf ihrem Bett ausgestreckt, als sie aus dem Nebenzimmer Geräusche hörte. Sie traute ihren Ohren nicht. Was ging da vor?

»Gott, bist du süß«, hörte sie die Stimme Fedas, und eine Männerstimme sagte: »Was für herrliche Brüste du hast.« Es folgten spitze Schreie und lautes Stöhnen, und es drangen Gesprächsfetzen zu Anika herüber, die ihr das Blut in den Adern gefrieren ließen.

Es ist nicht überliefert, ob sie von einer Ohnmacht in die andere fiel. Was sie aber Großmutter Lackner am nächsten Morgen erzählte, lässt darauf schließen, dass die Ohnmachten, wenn überhaupt, nur Sekunden gedauert haben können. Auf jeden Fall lehnte sie es ab, mit »dieser Person« noch eine Nacht unter einem Dach zu verbringen, geschweige denn das Frühstück zusammen mit ihr einzunehmen. Das hatte sich aber erübrigt, da Feodora bereits den 10-Uhr-Zug nach Königsberg nahm, um abends dort auf einem Neujahrsball zu erscheinen, und das gemeinsame Frühstück war erst für elf Uhr angesetzt.

Das Fest war ein rauschender Erfolg gewesen. Als die letzten Gäste um vier Uhr morgens weinselig gegangen waren, saßen Ida und Albert mit allen Hausgästen, natürlich bis auf Tante Anika, noch auf einen »letzten Schluck« zusammen. Sogar Großmutter Lackner hatte durchgehalten und war, wie sie wiederholt versicherte, noch überhaupt nicht müde.

1900

Die letzten Hausgäste waren abgereist, alle Möbel wieder auf ihrem Platz, und innerhalb von ein paar Tagen war die Normalität in die Villa Lackner zurückgekehrt. Die untere Etage war, bis auf die Bibliothek und das Blümchenzimmer, es hieß so wegen seiner Tapete, sozusagen in den Winterschlaf versetzt worden. Man erwartete in den nächsten Wochen keine Gäste, wozu also die Zimmerfluchten beheizen? Im Blümchenzimmer nahm die Familie die gemeinsamen Mahlzeiten ein und Albert liebte es, mit Ida abends in der Bibliothek vor dem Kamin zu sitzen und die Tagesereignisse zu besprechen. Er teilte alles mit ihr und schätzte ihren Rat. Tagsüber spielte sich das Familienleben in den Kinderzimmern und in Idas Boudoir ab, einem gemütlichen Raum neben dem elterlichen Schlafzimmer. Vor den Fenstern hingen blaue Samtvorhänge, auf dem Sofa lagen zahlreiche Kissen, und überall standen kleine Tischchen mit Nippes und Silbersachen.

Idas Nervosität der letzten Wochen war wie weggeblasen. Sie bediente sich wieder des in Ostpreußen üblichen Diminutivs, an alles ein »chen« anzuhängen. Antonie, die Mamsell, hieß wieder Mamsellchen, Lena Lenchen, Agathe Agathchen. Nur Fritz blieb Fritz. Die Dienerschaft atmete auf, die »Jnädige« war wieder normal.

Sie war damit beschäftigt, die Dankesbriefe ihrer Gäste zu lesen, einige zu beantworten und mit ihren Kindern zu spielen. Alfred und Walters Hausaufgaben überwachte sie persönlich. Es war ihr unbegreiflich, dass einige ihrer Freundinnen dieses Hauslehrern und Kindermädchen überließen.

Hingebungsvoll las sie Fontanes »Effie Briest« und schmolz dahin vor Mitleid mit der armen Effie. Sie machte sich ernsthaft Gedanken darüber, ob sie auch vor Kummer dahinsiechen und sterben würde, wenn Albert sie verstieß und hatte da so ihre Bedenken.

Und Ida aß nicht, sie fraß! Sie holte alles nach, was sie in den letzten Monaten versäumt hatte. Sie aß und aß und verwandelte sich in eine Tonne. Nach vier Wochen befürchtete sie, Zwillinge zu bekommen, und einige Wochen später hatte sie Albträume, dass es womöglich Drillinge werden könnten. Dr. Grüben vermochte zwar mit seinem Hörrohr nur einen Herzton zu erkennen, aber Ida glaubte ihm nicht und steigerte sich in ihr Drillingstrauma hinein.

Sie ging kaum noch aus dem Haus, sie fand sich fett und unattraktiv. Niemand sollte sie so sehen, außer ihren Freundinnen, die oft nachmittags zu Besuch kamen.

So vergingen Tage und Wochen. Der ostpreußische Winter hatte Land und Leute fest in seinem Griff. An den Fenstern glitzerten dicke Eisblumen und schon um drei Uhr nachmittags mussten die Lampen angezündet werden, so früh brach die Dämmerung herein. Es war klirrend kalt und das Land ertrank in Schnee. Herrlich nur für die Kinder, die im Garten tobten, Schneeballschlachten veranstalteten und Schneemänner bauten. An den Wochenenden ging Albert mit den Jungen auf dem nahe gelegenen Gawehner Teich zum Schlittschuhlaufen, und wenn sie dann nach Hause kamen, mit roten Nasen und kalten Händen, gab es in der Bibliothek vor dem prasselnden Kamin Tee mit Rum für Albert und heiße Schokolade für die Kinder. Und dazu die wunderbaren, von Mamsellchen gebackenen Kekse.

Ida war glücklich. Es war ihr inzwischen egal, wie viele Babys in ihrem Bauch heranwuchsen. Albert hatte sie überzeugt, je mehr, desto besser, und sie genoss die Ruhe und Harmonie mit ihrer Familie.

Eines Nachmittags war Alfred verschwunden. Ida hatte mit Walter musiziert, als Agathe den Tee servierte. Ida bat, alle Kinder zu ihr zu schicken, doch Alfred war im ganzen Haus unauffindbar. Ida war äußerst beunruhigt.

»Wo kann er bloß sein, Agathe?« Nachdem diese in der Küche nachgefragt hatte, stellte sich heraus, dass Lena ihn vor zwei Stunden hatte weggehen sehen, mit seinen Schlittschuhen über der Schulter.

»Was, das hast du zugelassen?«, fragte Ida ungläubig. Auf ihrer Stirn begann eine dicke Ader anzuschwellen.

Jetzt ist es gleich wieder so weit, dachte Agathe, jetzt dreht sie gleich durch.

»Bist du denn total verrückt geworden, du dumme Gans?« Ida begann zu schreien.

Jeder im Haus wusste, dass es den Kindern strengstens untersagt war, ohne Aufsicht zum Teich zu gehen. Letztes Jahr war ein Kind dort im Eis eingebrochen und ertrunken. Seitdem herrschte dieses eiserne Gebot.

Idas Stimme steigerte sich zum Stakkato. »Wenn Alfred was passiert ist, bringe ich dich eigenhändig um, du dumme Kuh. Was steht ihr alle hier rum, los, geht ihn suchen!« Ida zitterte am ganzen Körper.

Inzwischen war das ganze Haus durch das Geschrei zusammengelaufen. Fritz, Lena und Asta rannten los. Vor Schreck zogen sie sich nicht einmal etwas über, aber die Angst ließ sie die Kälte kaum spüren. Die Dämmerung war inzwischen hereingebrochen und alle fürchteten nun auch, dass etwas passiert sein könnte. Antonie rannte in die Küche, um einen Beruhigungstee zu kochen. »Ojottojott, hoffentlich kommt die Jnädige nich nieder, wie die ihr uffregt«, murmelte sie vor sich hin. Agathe redete beruhigend auf Ida ein.

»Wird schon nüscht passiert sein, nu beruhigen Sie Ihnen mal wieder.« Auch sie hatte die schlimmsten Befürchtungen, dass Ida vorzeitig niederkommen könnte.

Die war inzwischen in Tränen aufgelöst. Bei ihren sonstigen so gefürchteten Wutanfällen schrie und tobte sie, bis ihr die Luft ausging, aber heute war plötzlich alle Kraft aus ihr gewichen, und sie hatte nur noch Angst. Walter saß neben ihr, streichelte ihr das Gesicht und hielt ihre Hand. »Wird schon nichts passiert sein, Mamachen«, sagte er immer wieder hilflos. Auch er hatte schreckliche Angst um seinen Bruder.

Eine bange halbe Stunde war vergangen, als aufgeregte Stimmen am Eingang zu hören waren. Ida stürzte, so schnell ihre Leibesfülle es erlaubte, nach draußen. Fritz hatte Alfred auf dem Arm. »Er lebt, er ist nur bewusstlos, wir haben ihn auf dem Eis gefunden.«

Es wurden Wärmflaschen und heiße Steine, die gab es im Winter immer im Küchenofen, herbeigeschleppt und zu Alfred, der sofort in seinen flanellenen Schlafanzug gesteckt worden war, ins Bett gelegt. Dieser hatte mittlerweile das Bewusstsein wiedererlangt und erzählte, was passiert war. Der Teich war voller Kinder gewesen, und er und seine Freunde hatten eine Schanze gebaut, über die sie mit großem Anlauf gesprungen waren. Als die Dämmerung eingesetzt hatte, waren die Kinder nach und nach nach Hause gegangen. Alfred war der Letzte gewesen und wollte nur noch ein einziges Mal über die Schanze springen. Dabei war er gestürzt und ohnmächtig liegen geblieben.

Inzwischen war Dr. Grüben, von Fritz eilig herbeigeholt, eingetroffen. Er stellte eine schwere Unterkühlung und eine leichte Gehirnerschütterung fest und verordnete Mutter und Sohn eine zweitägige Bettruhe.

Alfred erhielt von seinem Vater am Abend eine gehörige Strafpredigt. Dieser setzte sich, aber erst, nachdem er seinen Zwicker abgenommen hatte, zu Alfred ans Bett.

»Du hast uns und vor allem deiner Mutter heute große Sorgen bereitet«, begann er, »willst du mir versprechen, dass du das nie wieder tun wirst?«

Alfred blickte seinen Vater schuldbewusst an. »Ja, Papa, ich verspreche es dir, ganz fest«, sagte er mit dünner Stimme. Er hatte Kopfschmerzen und fühlte sich gar nicht wohl. In diesem Moment hätte er alles versprochen, so elend fühlte er sich.

»Du wirst eine Woche nicht Schlittschuh laufen gehen, die Nachmittage zu Hause verbringen und Schulaufgaben machen.« Das war das Äußerste, was Albert schließlich als Strafe verhängen konnte. Der kleine Kerl tat ihm schon wieder Leid, wie er da lag und mit einer schrecklichen Übelkeit kämpfte, die übliche Begleiterscheinung einer Gehirnerschütterung.

Agathe hatte von Ida den Auftrag bekommen, Lena mitzuteilen, dass ihr bei der nächsten Verfehlung gekündigt würde und sie sicher sein könnte, im Kreis Insterburg keine Stelle mehr zu finden. Ansonsten wurde der Vorfall nicht mehr erwähnt.

Am fünften Februar war Walters neunter Geburtstag. Er durfte seine Freunde einladen, Asta hatte sich einige Ritterspiele ausgedacht und Antonie würde alle seine Leibspeisen kochen. Für die Spiele wurde extra der Speisesaal aufgesperrt und beheizt, und Walter sollte später erzählen, dass die Monate vor und nach diesem Geburtstag zu den schönsten Erinnerungen seiner Kindheit gehörten. Nur den Taktstock, mit dem er fest gerechnet hatte, den hatte er wieder nicht bekommen.

»Er ist nicht vergessen, nur verschoben bis nach der Geburt, Ehrenwort!«, flüsterte Ida ihm zu. Er sollte ihn nie bekommen, seinen Taktstock, aber das ahnte niemand.

Auch die Mütter seiner Freunde waren eingeladen, Ida wollte ein paar Menschen um sich haben. Besonders freute sie sich auf ihre Schwägerin Grete, die mit ihrem neunjährigen Sohn Johannes kommen wollte. Er war schon für diesen Herbst in der Kadettenanstalt Köslin angemeldet, und Grete, auch eine Glucke wie Ida, tat alles, Johannes sein letztes Jahr zu Hause so schön wie möglich zu machen. Johannes war ein kräftiger, groß gewachsener Junge, der gern raufte und bei den Zweikämpfen meist als Sieger hervorging. Den morgigen Tag hatte Grete für ihn schulfrei erkämpft. »Ach, lass ihn doch, Hermannchen, er freut sich so, mit mir einmal allein was zu unternehmen und nicht immer mit den Kleinen am Rockzipfel«, entgegnete sie auf die Einwände ihres Mannes. Sie hatten noch drei Kinder: Lucie sechs, Mathias vier, benannt nach Großvater Lackner, und Alexa zwei.

Für Johannes war diese Abwechslung so aufregend, dass er nächtelang davor kaum schlafen konnte und seine Mutter bei jedem kleinen Huster fragte: »Mamachen, du wirst doch wohl nicht krank werden?« Sie wurde nicht krank, sie freute sich nämlich genauso auf diesen Ausflug in die Stadt wie ihr Großer. Gegen zwei Uhr trafen sie in Insterburg ein. In einem Schlitten, von zwei Pferden gezogen, und bis über die Ohren in Pelzdecken gewickelt. Auf dem Kutschbock der alte Grenzow, seit Jahren in Hermanns Diensten.

Während Grete und Johannes von Ida herzlich begrüßt wurden, durften Alfred und Paula mit Grenzow in die Remise fahren, wo dieser die Pferde versorgen und dann den Rest des Tages in der Küche verbringen würde. Er und Fritz, der schon so oft in Harpenthal übernachtet hatte, verstanden sich bestens, und auch Grenzow hatte sich sehr auf diese Abwechslung gefreut. Mit Paula auf den Schultern und Alfred an der Seite, der ihn nach allem Möglichen ausfragte, kamen sie nach einiger Zeit zum Haus zurück.

»Was macht der alte Jagdhund Hasso und wie geht es dem Schwein Suse?« Suse war der Liebling aller Kinder und würde wohl auch dem »Verwursten« entkommen, da sämtliche Familienmitglieder, außer Hermann, verkündet hatten, wenn Suse geschlachtet würde, niemals mehr ein Stück Fleisch zu essen. »Suse jeht es hervorragend und Hasso ist leider an Altersschwäche jestorben«, wusste Grenzow in breitestem Ostpreußisch zu berichten. »Aber es jibt schon wieder einen neuen Hund, Rega, die Hündin des Verwalters, hat Junge bekommen und einer davon ist jetzt der neue Jagdhund. Er heißt Herr Meyer.« Alfred war beruhigt. Grenzow lieferte die Kinder bei Asta ab und begab sich sofort in die Küche, wo er von Antonie und Fritz mit Schnaps und Schmalzbroten erwartet wurde.

»Grenzow, alter Junge, wir geht es dir, was macht das Landleben«, wurde er von Fritz begrüßt.

»Wenn ich aufjetaut bin, wird es mir bestens jehen«, sagte er und griff als Erstes zum Schnapsglas, was seine steif gefrorenen Finger kaum halten konnten. Es dauerte nicht lange, da wurde geratscht und getratscht, erst mal über die Dienerschaft von Harpenthal. Das neue Stubenmädchen war gleich von einem der Knechte geschwängert worden und der gnädige Herr bestand darauf, dass geheiratet wurde. Die Stute Zora stand kurz vor dem Fohlen und die alte Mamsell war krank, »ihr zwickt et janz firchterlich in die Jedärme«, und würde den Winter wohl nicht überleben. Und natürlich wurden die Lackners nicht ausgelassen. Es war ein gutmütiger Tratsch, alle mochten ihre Herrschaft, standen schon jahrelang in deren Diensten und fühlten sich zur Familie gehörig. Es wäre ihnen nicht im Traum eingefallen, etwas wirklich Schlechtes über sie zu sagen. Antonie, die sich rege an der Unterhaltung beteiligte, richtete dabei Kuchenplatten, belegte Brote und kannenweise Säfte her, die von Lena nach oben geschleppt wurden, um die hungrigen Mäuler zu stopfen. Agathe kümmerte sich um Paula und Charlotte, während Asta die Horde der tobenden Jungen beaufsichtigte. Sie hatte fünf Brüder und kannte sich mit dererlei aus.

Währenddessen saß Ida mit ihren Freundinnen in ihrem Boudoir bei Tee und Petits Fours. Grete, die vor allem im Winter nicht oft Gelegenheit hatte, sich mit Frauen ihres Alters zu treffen und über Mode und Klatsch zu reden, strahlte. Sie liebte Ida, und sogar jetzt als Schlachtschiff fand sie sie umwerfend. Ihre alte Freundin Delia Hundertmark, die Frau des Superintendanten, die immer nach der neuesten Mode gekleidet war und die abenteuerlichsten Hüte trug, war da, dann die Frau des Apothekers, Zara Markow, die immer gut gelaunt die tollsten Geschichten erzählte. Nur mit Idas Schwägerin Agnes Henkiel, der Frau des Pfarrers, konnte Grete nicht so viel anfangen. Sie fand sie mit Recht etwas sauertöpfisch, aber das hatten Pfarrersfrauen wohl so an sich. Doch da diese nur wenig zur Unterhaltung beitrug, vergaß man fast ihre Anwesenheit.

Zuerst wurde natürlich noch einmal ausführlich das Silvesterfest besprochen. »Meine Güte, waren die Leutnants süß!«, meinte Zara, und man sah Agnes an, dass sie das ziemlich unpassend fand. Aber als das Gespräch unweigerlich auf Feda kam und ihren wohl kaum einem verborgen gebliebenen Ausflug in den ersten Stock, bekam sie rote Flecken im Gesicht und verabschiedete sich, einer Ohnmacht nahe, mit »Unwohlsein«. Ihren Sohn Franz sollte Fritz später nach Hause bringen. Nun konnte man ungeniert die halbe Provinz durchhecheln.

»Die Frau des Bürgermeisters soll ein Verhältnis mit dem Mann ihrer besten Freundin haben«, berichtete Delia und »Stellt euch vor, Anton Orlov, der ältere Bruder des unglücklichen Hajo, hat in Berlin heimlich geheiratet, eine ›Frau mit Vergangenheit‹!«, wusste Zara. Mein Gott, wie aufregend!

»Übrigens, die alte Baronin Orlov ist todkrank, Hajo Orlov ist auf dem Weg hierher, er wird in den nächsten Wochen erwartet, seine Mutter will ihn noch einmal sehen, bevor sie stirbt«, erzählte Ida. Sie wusste das von Albert. »Das ist der erste Besuch in Europa seit dem tragischen Tod seiner Frau vor sieben Jahren.«

»Hat er denn nie wieder geheiratet?«, erkundigte sich Grete.

»Soweit ich weiß, nicht«, sagte Ida.

»Meine Güte, ein soo schöner Mann, was für ein Jammer«, seufzte Zara, deren Mann ein geborener Langweiler und außerdem nicht besonders attraktiv war. Sie wäre nicht abgeneigt, ihn ein wenig zu trösten, man sah es ihr förmlich an. Um das

Thema zu wechseln, fragte Ida: »Habt ihr schon ›Effie Briest‹ gelesen?« Alle außer Grete kannten das Buch, sie wurde kurz über die Tragik aufgeklärt, Ida versprach, ihr das Buch mitzugeben, und es begann eine längere Diskussion darüber, ob Effies Ehemann, der Baron von Innstetten, richtig gehandelt hatte. Man kam zu dem Schluss, dass er gar nicht anders gekonnt hatte, als sie zu verstoßen. Die Einzige, die da heimlich so ihre Zweifel hatte, war Ida.

Inzwischen hatte Lena Sherry serviert, und die Stimmung wurde regelrecht ausgelassen. Grete war selig, was konnte sie Hermann nicht alles erzählen! Für Wochen würden sie Gesprächsstoff haben.

Als Albert nach Hause kam, wurde er mit großem Hallo begrüßt, noch eine Runde Sherry wurde gereicht, und dann verabschiedeten sich alle bis auf Grete, sammelten ihre erschöpften Kinder ein und gingen nach Hause. Zur Feier des Tages und um dem Geburtstag einen würdigen Abschluss zu geben, durften die großen Jungen mit den Erwachsenen zu Abend essen.

Danach saßen Ida, Grete und Albert noch in der Bibliothek bei einem Gläschen Wein.

»Ich möchte gern, dass du Patin von meinem Baby wirst, wenn es man nur eins ist«, sagte Ida zu ihrer Schwägerin. Diese erklärte sich sofort bereit und versprach, Hermann zu überreden, der Pate des zweiten Kindes zu werden, wenn es tatsächlich Zwillinge werden sollten. Ida hatte schon bei Walters Geburt gehofft, Feda würde Patentante ihres ersten Kindes werden, aber diese hatte geradeheraus gesagt: »Idachen, dazu eigne ich mich nicht. Ich werde bestimmt nie wieder heiraten, und kann und will keine Verantwortung übernehmen, für keinen Menschen außer mir selbst, bitte sei mir nicht böse« und Silvester hatte sie Feda noch einmal gefragt.

»Feda, du wirst ja wohl nie eigene Kinder haben …«

»Da sei Gott vor«, fiel ihr diese gleich ins Wort.

Und als Ida fortfuhr: »Möchtest du nicht doch Patin von meinem hoffentlich letzten Kind werden?«, sagte Feda lachend: »Nein, wirklich nicht, und da es, wie du meinst, ja wohl dein letztes sein wird, wirst du mich ja Gott sei Dank auch nicht mehr darum bitten müssen.« Ihre Worte waren ein wenig zu scharf gewesen und gleich fügte sie in versöhnlichem Ton hinzu: »Ich wäre wirklich nicht die richtige Person, mich um ein Kind zu kümmern, wenn irgendetwas passiert.«

Ja, was sollte denn passieren? Ida war völlig konsterniert, und als sie die Sache mit Albert besprach, tröstete er sie. »Du weißt doch, wie Feda ist, sie will keinen Mann, kein Kind, keine Familie und keine Verantwortung. Nimm sie, wie sie ist.« Sie diskutierten noch eine Weile über dieses Thema, und Ida musste Albert Recht geben und entschloss sich, Feda nicht mehr böse zu sein. Aber innerlich hoffte sie, dass diese eines Tages zur Ruhe kommen und ihr Glück finden würde. Sie konnte nicht ahnen, wie bald ihre Hoffnung in Erfüllung gehen sollte. Und noch weniger konnte sie ahnen, dass sie der indirekte Anlass dazu sein würde.

Ida korrespondierte eifrig und überaus regelmäßig mit Feodora. Sie konnte nicht alles billigen, was ihre Freundin so tat, aber verurteilen konnte sie es auch nicht. Feda schrieb ihr alles, und manches war so, dass Ida die Briefe schnell in dem Geheimfach ihres Sekretärs verschwinden ließ, aus Angst, Albert könnte sie lesen und ihr womöglich den weiteren Kontakt mit ihrer Freundin verbieten. Er war zwar äußerst tolerant, aber alles hatte seine Grenzen und Ida wollte diese nicht überstrapazieren. Sie fühlte sich mit ihrer Freundin seelenverwandt, und wenn sie Albert nicht so lieben würde und ihre wunderbaren Kinder hätte, wer weiß … Aber das wollte sie nun wirklich nicht zu Ende denken.

Eines Abends, Mitte Februar, kam Albert früher als gewöhnlich nach Hause. Ida merkte schon daran, wie er die Haustür hinter sich schloss, dass etwas nicht stimmte. Sie hatte einen aufregenden Nachmittag hinter sich. Alfred, der kleine Rabauke, war die Treppe heruntergefallen, Dr. Grüben musste geholt werden, um eine Platzwunde am Kopf zu verbinden, und sie hatte sich gerade, total erschöpft von der ganzen Aufregung, in die Bibliothek zurückgezogen, als Albert hereinstürmte. In der Hand hielt er die »Ostdeutsche Grenzpost«, die Zeitung, die ganz Insterburg täglich las, da dort alles, was zwischen Königsberg, Gumbinnen und Insterburg passierte, berichtet wurde. Sein Zwicker »tobte« auf der Nase!

»Lies!«, sagte er und reichte Ida den bereits aufgeschlagenen Teil »Provinzielles«.

»Gestern ereignete sich folgende skandalöse Begebenheit in Königsberg. Feodora von Harden, eine Dame der Gesellschaft, ritt am helllichten Tag nackt auf einem Schimmel durch die Innenstadt. Zwei berittene Gendarmen, aufmerksam gemacht von aufgebrachten Bürgerinnen, geleiteten sie zur Hauptwache, wo sie in Gewahrsam genommen wurde. Nach einem zweistündigen Verhör durch den Leiter der Wache, Ober-

wachmann Krunke, in dem die Dame erklärte, dass es sich um die Einlösung einer Wette gehandelt habe, wurde sie wieder entlassen. Um weiteres Aufsehen zu vermeiden, wurde sie in einer Droschke, bekleidet mit dem Mantel eines Gendarmen und eskortiert von berittenen Offizieren, nach Hause gebracht. Feodora von Harden muss mit einer Anzeige wegen Verursachung öffentlichen Ärgernisses rechnen.«

Ida schüttelte sich vor Lachen. Die Tränen liefen ihr die Wangen hinunter, und es dauerte nicht lange, da stimmte Albert in ihr Gelächter ein. Seine ganze Empörung löste sich in Luft auf.

»Sie ist total verrückt, deine Freundin«, stieß er hervor. »Da muss ich ja wohl demnächst nach Königsberg.« Albert vertrat Feda in allen juristischen und geschäftlichen Angelegenheiten. »Willst du nicht mitkommen, Idachen?«

»Nichts würde ich lieber tun, aber da die Gefahr besteht, dass ich in der Eisenbahn niederkomme, lasse ich das wohl besser«, lachte sie. »Was soll denn dann für ein Geburtsort in der Geburtsurkunde stehen, Erster-Klasse-Abteil?« Kurzfristig geriet sie ins Träumen. Ein paar Tage Königsberg, Theater, Restaurants und von Feda persönlich hören, was und wie sich alles zugetragen hatte. Aber sie kam ganz schnell zurück auf den Boden der Tatsachen. Sie würde wohl mit Fedas schriftlichem Bericht vorlieb nehmen müssen, und der würde in den nächsten Tagen eintreffen, da war sie sich ganz sicher.

Eine Woche später kam dann auch der von Ida so sehnlich erwartete Brief. Endlich.

»Astachen, bitte bring mir eine heiße Schokolade in mein Boudoir und sorge dafür, dass ich die nächste Stunde nicht gestört werde.« Es war ein dickes Couvert mit zwei verschlossenen Umschlägen, einer beschriftet »Für Ida« und einer »Für Albert«.

Aha, dachte Ida, das ist ja wohl wieder was für den Sekretär. Die dampfende Schokolade vor sich, begann sie zu lesen.

»Idachen, meine liebste Freundin, mit Sicherheit hast du schon aus der Zeitung erfahren, was ich mir wieder geleistet habe. Ich sehe Albert förmlich vor mir, wie er mit derselben fuchtelnd, außer sich vor Empörung, zu Hause erschienen ist, natürlich vor Kanzleischluss, so lange konnte er nicht warten! Hast du ihn beruhigen können? Was frage ich, natürlich, ich weiß doch, wie du ihn um den Finger wickelst! In beiliegendem Brief schildere ich ihm die Angelegenheit mit dem Sachverhalt, den er braucht, um mich vor Gericht zu vertreten. Ich hoffe doch, dass er das tun wird. Es geht mit Sicherheit aus wie das Hornberger Schießen, verdienen daran werden das Gericht und Gott sei Dank auch Albert, und eine Spende an eine der zahlreichen wohltätigen Vereinigungen der vertrockneten Geheimrätin Merz wird die aufgebrachten Gemüter schon wieder beruhigen. Wenn ich die Gerichtsverhandlung hinter mich gebracht habe, werde ich für eine Weile die Stadt verlassen, bis Gras über die Sache gewachsen ist.«

Ida nahm schnell einen Schluck von ihrer Schokolade und las weiter.

»Nun zu der unsäglichen Wette. Du weißt, dass ich in einem ständigen Krieg mit Marion Revenau liege. Wie du dich sicher erinnerst, hat Hasso, ihr ›reizender‹ Ehemann, mich jahrelang regelrecht verfolgt, obwohl ich ihn wirklich in keinster Weise

dazu ermutigt habe. Aber seitdem weigert sie sich, bei gemeinsamen Einladungen mit mir an einem Tisch zu sitzen, grüßt mich nicht und lässt keine Gelegenheit aus, Hasstiraden gegen mich loszulassen. ›Unmoralisch und verkommen‹ sei ich!«

Na ja, dachte Ida, unmoralischer als die Revenau bist du ja wohl allemal. Es war ein offenes Geheimnis, dass Hasso die arme Marion nur wegen ihres Geldes geheiratet hatte. Aus verarmtem Adel stammend, das Familienvermögen war von seinem Vater, dem alten Grafen, in jahrelangen Spielexzessen bei Roulette und Baccarat durchgebracht worden, hatte er nur die Wahl zwischen einer unstandesgemäßen Arbeit oder einer genauso unstandesgemäßen reichen Heirat. Er wählte den für ihn bequemeren Weg. Er ehelichte Marion Heinke, die zwar eine stattliche Mitgift, aber ansonsten nicht viel mehr mit in die Ehe brachte. Sie war nicht besonders hübsch und auch ihr Charme hielt sich in Grenzen, und nach der Geburt ihrer Tochter Elsa, sie sollte ihr einziges Kind bleiben, war die Ehe wohl keine richtige Ehe mehr. Zwar erschienen sie bei gesellschaftlichen Anlässen noch ab und zu gemeinsam, aber nach dem zweiten Glas Champagner hatte Hasso nur noch Augen für die jungen weiblichen Gäste, und wenn auch noch Feda da war, wich er ihr nicht von der Seite und machte ihr unsittliche Anträge.

Ich hätte ihm längst den Geldhahn zugedreht, dachte Ida, oder ihn wenigstens kastriert, kein Wunder, dass Marion so bösartig geworden ist, und wandte sich wieder ihrer spannenden Lektüre zu.

»Vor einigen Monaten ging ich mit Leutnant Granzoff auf einen Empfang, wo auch die Revenaus mit ihrer Tochter Elsa wa-

ren. Sie ist jetzt achtzehn und sehr süß, erstaunlich bei der Mutter!! Jedenfalls muss mich wohl der Teufel geritten haben. Ich habe mit Granzoff gewettet, dass ich nackt durch Königsberg reite, wenn er es schafft, die kleine Revenau zu verführen. Natürlich hatte ich die ganze Sache am nächsten Tag schon wieder vergessen. Und nun stell dir vor, Elsa ist im dritten Monat schwanger! Granzoff steht kurz vor der Hochzeit mit einer reichen Berliner Kaufmannstochter, er kann und will Elsa nicht heiraten und hat sich schon nach Berlin versetzen lassen. Der Skandal ist perfekt. Königsberg spricht von nichts anderem. Elsa tut mir Leid, das musst du mir glauben, aber ihrer Mutter gönne ich die Schmach, nun kann sie vor ihrer eigenen Tür kehren. Allerdings wird ihr Hass auf mich jetzt tödlich sein, nachdem über die Wettgeschichte der ganze Landkreis lacht. Aber ›Rache ist süß‹. Gott sei Dank sind meine Eltern für ein paar Monate im Ausland. Wenn sie zurückkommen, werde ich nicht da sein, und in einem halben Jahr ist der Skandal hoffentlich von einem anderen abgelöst.

Übrigens war es eisig kalt, so nackt auf dem Pferd. Ich war froh, dass dem Ganzen schon nach kurzer Zeit von den Gendarmen ein Ende bereitet wurde.

Bitte, Idachen, sag jetzt nicht: Wie konntest du nur! Wett- und Spielschulden sind Ehrenschulden, und mir blieb wirklich keine andere Wahl. So, nun weißt du alles, lass bald von dir hören.

Deine dich liebende Feda«

Idas Schokolade war inzwischen kalt geworden. Einerseits fand sie es urkomisch, was Feda da wieder angestellt hatte, andererseits tat ihr die arme Elsa Leid. Ihr Leben war verpfuscht, der Skandal auch mit noch so viel Geld nicht aus der Welt zu schaffen. Die Revenaus waren erledigt, jedenfalls gesellschaftlich. Ganz sicher hatte Feda das nicht gewollt.

Anfang März fuhr Albert in der Angelegenheit Feodora von Harden nach Königsberg. Der erwartete Gerichtstermin stand an. Außerdem hatte er dort einen Termin mit Robert Morell, dem geschäftsführenden Teilhaber einer großen Berliner Versicherung. Seit Monaten hatten sie wegen eines Zusammentreffens korrespondiert, und zu Alberts großer Erleichterung hatte Morell in diesen Tagen in Königsberg zu tun, was Albert die beschwerliche Reise nach Berlin ersparte. Er ließ Ida äußerst ungern allein, die Niederkunft stand kurz bevor, aber beide Angelegenheiten duldeten keinen Aufschub.

Während sie gemeinsam das Frühstück einnahmen, redete Ida ununterbrochen, ohne dabei aufzuhören zu essen. Sich ein Leberwurstbrot nach dem anderen in den Mund schiebend, trug sie ihrem Mann alles Mögliche auf. »Also, grüß meine Feda, und sag ihr, dass ich sie so bald wie möglich besuchen komme, ich weiß ja nicht, wann sie wohin reist, und wenn sie wegfährt, soll sie sofort schreiben, und bitte erzähl mir alles haargenau, was bei Gericht passiert, und merk dir, was man trägt, ich meine abends, im Speisesaal im ›Königsberger Hof‹.« Dort logierte Albert immer, wenn er in Königsberg zu tun hatte.

»Und frag mal rum, was die Revenaus jetzt machen mit ihrer schwangeren Tochter, und und und …« Ida war ausgehungert nach Neuigkeiten, schließlich saß sie seit Januar als Schlachtross in ihrem Haus und brütete. Sie konnte es wirklich kaum erwarten, endlich wieder schlank und beweglich zu sein. Als Fritz an die Tür klopfte, erhob sich Albert.

»Sei tapfer, mein Mädchen, halte durch, in drei Tagen bin ich wieder da.« Mit diesen Worten umarmte er seine Frau und ging, um sich von Fritz zur Bahn fahren zu lassen.

Ida hatte gewunken, bis der Wagen außer Sicht war, als die ersten Wehen einsetzten.

Scheiße, dachte sie äußerst undamenhaft und rief nach Agathe. »Es geht los, Agathchen, Fritz wird gleich wieder da sein, er soll sofort die Hebamme holen und anschließend Dr. Grüben Bescheid sagen.«

Ida war ruhig und besonnen. Schließlich hatte sie schon vier Kinder bekommen, alle Geburten waren kurz und unkompliziert gewesen, was sollte heute anders sein. »Lena, bring Tücher und heißes Wasser und hilf mir dann beim Auskleiden.«

Agathe lief vor dem Tor auf und ab, und als Fritz um die Ecke bog, rannte sie ihm entgegen. »Fritz, es jeht los, hol die Hebamme und sach Dr. Jrüben Bescheid.«

Fritz raste los und Agathe ging direkt zu Ida, um ihr beizustehen. Diese lag im Bett, die Wehen kamen noch in größeren Abständen und waren einigermaßen zu ertragen.

Fritz hatte die Hebamme erst suchen müssen, auch Dr. Grüben war auf Hausbesuch. Seine Frau versprach, ihn sofort zu schicken, wenn er nach Hause kam, sie erwartete ihn zum Mittagessen zurück. Als Fritz endlich mit der Hebamme erschien, war bereits die Fruchtblase geplatzt und die Wehen kamen jetzt kurz hintereinander. Ida war schweißüberströmt und die Schmerzen waren so unerträglich, dass all ihre Selbstbeherrschung sich in lauten Schreien auflöste.

»Was ist?«, keuchte sie, »warum kommt es nicht?«

Die Hebamme, die schon bei den anderen vier problemlosen Geburten dabei war, war ratlos. »Ich fühle den Muttermund nicht, Fritz soll Dr. Grüben holen, sofort.« Der Ton ließ Agathe ahnen, dass es Komplikationen geben würde.

»Fritz, Fritz!« Agathe rannte schreiend die Treppe hinunter. »Hol sofort Dr. Grüben, er soll sofort kommen.« An der Tür stieß sie mit Walter und Alfred zusammen, die gerade aus der Schule nach Hause kamen. Die Kinder, die eben noch herumgealbert hatten, erstarrten.

»Was ist los, warum schreit Mama so, ich will zu ihr.« Walter stürmte an Agathe vorbei die Treppe hinauf, wo er Asta in die Arme lief. Tränen rannten ihm über das Gesicht, er zitterte am ganzen Körper. »Meine Mama stirbt, ich muss zu ihr.«

»Es geht jetzt nicht, Walterchen, beruhige dich. Glaub mir, sie stirbt nicht, sie bekommt nur das Baby und hat große Schmerzen.«

»Du lügst, Asta, ich glaube dir nicht.« Auch Alfred, den so leicht nichts erschüttern konnte, war jetzt in Tränen aufgelöst. Das Schreien hatte für einen Moment aufgehört.

»Kommt, wir gehen runter zu Antonie, sie wartet mit eurem Mittagessen.« Unten, im Souterrain würde man das Geschrei nicht hören, hoffte sie jedenfalls. Aber die beiden waren nicht dazu zu bewegen, die Halle zu verlassen. Und essen wollten sie schon gar nichts!

Fritz fand Dr. Grüben gemütlich am Esstisch, vor sich einen Lammbraten, dem er gerade kräftig zusprechen wollte. »Was ist, Fritz, kann ich nicht in Ruhe zu Mittag essen?« Er liebte es nicht, beim Essen gestört zu werden, und auf seinen Mittagsschlaf zu verzichten, hasste er geradezu.

»Bitte, Herr Jeheimrat, sie müssen kommen, die Jnädije schreit und schreit und Anna weiß nich weiter.«

Dr. Grüben, nun doch etwas beunruhigt, packte seine Tasche und sprang, so schnell es seine alten Knochen erlaubten, zu Fritz ins Auto. Wenn Anna, die erfahrene Hebamme, nicht weiterwusste, musste er wohl oder übel seinen köstlichen Braten am Abend essen.

Schon bevor er das Lackner'sche Haus betrat, hörte er die Schreie. Es muss tatsächlich schlimm sein, dachte er und lief nach oben.

»Die Gebärmutter scheint sich verdreht zu haben, ich kann den Muttermund nicht fühlen«, flüsterte Anna ihm zu.

»Heißes Wasser und Seife«, sagte der Arzt, »es ist eine Steißlage, ich werde operieren.« Während er sich die Hände wusch, sagte er zu Asta: »Kümmern Sie sich um die Jungen, versuchen Sie sie zu beruhigen.« Er hatte sie im Vorbeilaufen in der Halle gesehen, schneeweiß und zitternd. »Sagen Sie ihnen, es ist bald vorbei, ihrer Mutter wird nichts passieren.« Aber so sicher, wie er klang, war er sich nicht.

Asta nahm die beiden Kinder in den Arm. »Wenn Mama stirbt, will ich auch sterben«, stammelte Walter und Alfred, der sich unter Sterben nicht so viel vorstellen konnte, nickte, laut schluchzend: »Ich auch.« Erst als Idas Schreie nachließen, konnte sie Asta überreden, zu Antonie in die Küche zu gehen und doch etwas zu essen.

In Idas Schlafzimmer herrschte jetzt absolute Ruhe. Auf Anweisung des Arztes hatte Anna Ida ein chloroformgetränktes Tuch auf die Nase gedrückt, Ida versank in Bewusstlosigkeit und Dr. Grüben machte sich, assistiert von der bewährten Anna, an die Arbeit. Nach einer halben Stunde übergab er das schreiende kleine Wesen Asta zum Baden. Dr. Grüben war schweißgebadet und am Ende seiner Kräfte. »Das ist ja noch mal gut gegangen«, sagte er erleichtert.

Ida begann schon aus der Narkose zu erwachen, und als sie die Augen aufschlug, legte Asta ihr das winzige, friedlich schlummernde Baby in den Arm. »Es ist ein Mädchen«, sagte sie.

Gleich nach seiner Ankunft in Königsberg war Albert mit Robert Morell im »Berliner Hof« zum Mittagessen verabredet. Sie saßen an einem ruhigen Tisch im hinteren Teil des Restaurants und gingen Punkt für Punkt den Vertrag durch, den Albert mit der Viktoria-Versicherung abschließen wollte.

»Eine Million Goldmark ist viel Geld«, sagte Morell, als sie bei der Selbstmord-Klausel angelangt waren. »Bei jeder Lebensversicherung, vor allem in dieser Größenordnung, ist diese Klausel obligatorisch.«

»Ich habe nun wirklich nicht die Absicht, mich umzubringen, mein Lieber.« Albert musste lachen. »Das würde mir meine Frau verdammt übel nehmen, sie erwartet gerade unser fünftes Kind!« In diesem Moment erschien der Page mit einem Silbertablett. »Eine Depesche für Sie, Herr Lackner.« O Gott, wie Albert Depeschen hasste!

Sie verkündeten meistens Unheil, es war doch hoffentlich zu Hause nichts passiert? Sein Gesicht, eben noch sorgenvoll, begann zu strahlen, als er laut vorlas: »Mutter und Tochter wohlauf-stop-die erschöpfte Ida lässt grüßen-stop-Grüben.« Ida hatte Dr. Grüben gebeten, Albert zu telegrafieren, aber ohne beunruhigende Details. Es genügte, wenn er die Einzelheiten bei seiner Rückkehr erfuhr.

»Mensch, Morell, das müssen wir begießen«, rief Albert und bestellte eine Flasche Champagner. »Aber bevor wir auf meine kleine Tochter anstoßen, lassen Sie uns die Formalitäten erledigen.« Während er den Vertrag unterschrieb, sagte er: »Und Sie reden von Selbstmord, meine Güte, ich bin der glücklichste Mann der Welt.«

Inzwischen waren die Gläser gefüllt und Robert Morell prostete Albert zu: »Ich gratuliere Ihnen von Herzen, und ich beneide Sie zutiefst.« Seine Stimme klang unendlich traurig.

»Warum, mein lieber Morell, haben Sie keine Familie?«

»Meine Frau hatte vor einer Woche eine Totgeburt, im siebenten Monat. Ein Mädchen, Martha sollte es heißen.« Ihm versagte kurz die Stimme. »Es war ihre dritte Fehlgeburt, und der Arzt hat uns gesagt, dass sie wahrscheinlich keine Kinder mehr haben kann. Jede weitere Schwangerschaft könnte sie das Leben kosten.«

Albert fühlte tiefstes Mitleid. Ein Leben ohne Familie war für ihn unvorstellbar. »Und wo ist Ihre Frau jetzt, wie geht es ihr?«

»Sie ist zur Kur in Bad Pyrmont, ich reise morgen zu ihr. Sie wird dort bleiben, bis sie sich wieder halbwegs erholt hat.«

Alberts euphorische Stimmung hatte durch diese Geschichte einen Dämpfer bekommen. Fast schämte er sich, fünf Kinder zu haben. Aber er konnte den armen Morells ja schlecht eines von seinen schenken …

Sie plauderten noch eine Weile über dieses und jenes, und als Robert Morell fragte: »Wie soll sie denn heißen, Ihre kleine Tochter?«, sagte Albert spontan: »Wir werden sie Martha nennen.«

Als sie sich wenig später trennten, hatten beide das Gefühl, einen Freund gefunden zu haben.

Am Abend traf sich Albert mit Staatsanwalt Hecht. Nach der üblichen Begrüßung und einem Toast auf die kleine Tochter kam Albert auf den morgigen Prozess zu sprechen.

»Ich habe einen Vorschlag, lieber Hecht«, begann er, »ich schlage vor, dass du gegen Zahlung einer nicht unerheblichen Summe für einen der wohltätigen Vereine der Geheimrätin Merz den Prozess gleich morgen einstellen lässt.« Die Idee kam von Feda.

»Dann kann die Merz nicht mehr so furchtbar über mich lästern«, hatte sie zu Ida gesagt. Hecht nickte: »Wir sollten verhindern, dass die Interna dieser Wette öffentlich gemacht werden. Die armen Revenaus sind schon gestraft genug.« Er schmunzelte: »Die Freundin deiner Frau ist schon ein Teufelsbraten, sie sorgt wirklich immer für reichlich Gesprächsstoff.« Dann lachte er: »Es reicht ja, dass die ganze ostpreußische Gesellschaft darüber Bescheid weiß, aber es müssen ja nun nicht auch noch der Bäcker und Gemüsehändler erfahren, wie diese Wette zu Stande kam.«

Nach einem üppigen Mahl und unzähligen Toasts auf die jüngste Tochter trennten sich die beiden in bestem Einvernehmen. Albert ging zu Fuß zu seinem Hotel. Wie immer, wenn Ida nicht aufpasste, hatte er wieder viel zu viel gegessen. Und zu allem Übel hatte er auch noch sein Bullrichsalz zu Hause vergessen – oder hatte Ida es ihm absichtlich nicht eingepackt? –, das einzige Mittel, sein schreckliches Völlegefühl zu lindern.

Als Albert mit Feda Punkt zehn am nächsten Morgen den Gerichtssaal betrat, war dieser schon voll besetzt mit Zuschauern. Von einigen Gerichtsreportern abgesehen, sah man fast nur

Frauen. Man wollte das »Frauenzimmer« sehen, diese »schamlose Person«. Aber viel zu sehen war von ihr nicht. Auf Anraten Alberts trug sie einen riesigen Hut mit Schleier.

»Du musst reuig aussehen, beschämt«, hatte Albert gefordert, worauf Feda empört meinte, das könne und wolle sie nicht.

»Weil ich weder etwas bereue noch mich schäme!« Und so hatte man sich auf den Hut mit Schleier geeinigt.

»Da kann sie auch gar kein Gesicht machen«, hatte Ida lakonisch bemerkt.

Hecht hatte gute Arbeit geleistet. Das Gericht gab seinem Antrag sofort statt, die ziemlich hohe Geldbuße wurde von Feda gleich akzeptiert und die Verhandlung nach fünfzehn Minuten geschlossen. Das Publikum murmelte missbilligend. Man hatte sich einen unterhaltsamen Vormittag mit pikanten Einzelheiten erhofft und nun das!

»Dat ist doch keene Strafe nich für die«, sagte eine schmallippige Frau zu ihrer Nachbarin. »Die hat doch mehr Jeld als wie unsereins Flöhe.« Der Hammer des Richters sauste erneut nieder und sein zweites lautes »Die Verhandlung ist geschlossen« war unmissverständlich.

»Siehst du, Albertchen, ich wusste es doch. Die Einzigen, die von der ganzen Aufregung profitieren, sind die alte Merz und vor allem du mit deinem Honorar.«

»Das brauche ich auch«, lachte Albert, »wo ich jetzt ein Maul mehr stopfen muss.«

»Na ja, und ich hatte meinen Spaß«, sagte Feda. »Übrigens, Elsa Revenau hat in Berlin geheiratet. Einen jungen, mittellosen Arzt. Und Marion wird zukünftig in Berlin bei ihrer Tochter leben. Erzähl das Ida, es wird sie interessieren.« Sie hatte sich bei Albert eingehakt und begleitete ihn zum Bahnhof. Er hatte sich entschlossen, alle anderen Verabredungen zu verschieben und den nächsten Zug nach Insterburg zu nehmen. »Ich will zu Ida und den Kindern und vor allem will ich meine neue Tochter kennen lernen.«

»Wie soll sie denn überhaupt heißen?«, fragte Feda. Nicht dass es sie sonderlich interessiert hätte, aber da Albert so erfüllt war von seinem neuen Glück, hielt sie das für ein geeignetes Gesprächsthema.

»Wir werden sie Martha nennen«, sagte er.

Ida brauchte einige Zeit, um sich zu erholen. Tagelang hatte sie leichtes Fieber, schlief schlecht und litt unter Appetitlosigkeit. Wenn der besorgte Albert sagte: »Idachen, du musst was essen, damit du zu Kräften kommst«, erwachte sie für kurze Zeit aus ihrer Lethargie und war wieder fast die Alte.

»Du spinnst wohl, Albert, ich will nicht zu Kräften kommen, ich will abnehmen. Pünktchen ist ein Winzling und ich immer noch eine Walküre, einfach grässlich!!«

Das Baby wurde erst einmal Pünktchen genannt, da man sich immer noch nicht auf einen Namen geeinigt hatte. An der Suche danach war wochenlang die ganze Familie beteiligt gewesen. Listen waren angefertigt worden, und da Ida befürchtete, mit einem ganzen »Wurf« niederzukommen, war die Liste schon ziemlich lang.

Und nun war es da, das Baby, aber auf Grund der dramatischen Ereignisse und Idas noch nicht wieder erwachten Lebensgeister rückte die vorher so wichtige Namensfrage völlig in den Hintergrund. Walter und Alfred, die selig waren, dass ihre Mutter noch lebte, gingen wieder zur Tagesordnung über und waren froh, mit diesem leidigen Thema nicht mehr belästigt zu werden. Pünktchen war da, schrie, schlief und musste nur ab und zu bewundert werden.

»Wenn sie nicht brüllt, ist sie ja ganz niedlich«, meinte Walter großmütig, während Alfred sich nicht einmal bemühte, Interesse zu zeigen. Er war heilfroh, wenigstens einen älteren Bruder zu haben, mit dem man etwas anfangen konnte, seine kleinen Schwestern waren ja nun wirklich zu gar nichts zu gebrauchen.

Albert hatte einen gewaltigen Schock erlitten, als er von der dramatischen Geburt hörte. Dr. Grüben hatte ihn nach einem seiner Wochenbettbesuche beiseite genommen und ernsthaft vor einer erneuten Schwangerschaft gewarnt.

»Wenn ich nur eine halbe Stunde später gekommen wäre, hätte Ida das nicht überlebt«, erklärte er dem entsetzten Albert.

Ende März, es war eine Woche vor Ostern, beschloss Ida, ihrem »Siechtum« ein Ende zu bereiten. Als Albert abends nach Hause kam, empfing sie ihn in der Bibliothek. Der Kamin brannte, Antonie hatte ein üppiges Abendessen vorbereitet, und eine Flasche von Alberts Lieblingswein stand auf dem Tisch.

»Ich fühle mich pudelwohl«, strahlte Ida. »Ich habe mich den ganzen Tag auf diesen Abend gefreut.« Sie sah bezaubernd aus, fast hatte sie ihre alte Figur wieder. Agathe hatte sogar das Mieder, allerdings unter Aufbietung ihrer ganzen Kräfte, zubekommen. Aber da es noch etwas zwickte, hielt Ida sich mit dem Essen zurück.

»Ich will Ostern in Harpenthal in mein braunes Samtkleid passen«, sagte sie, als Albert sie ermunterte, noch etwas von dem köstlichen Kalbsfilet zu nehmen, »und ich habe keine Lust, dann den ganzen Tag die Luft anzuhalten. Aber iss du mal ordentlich, die letzten Wochen waren ja wirklich kein Zuckerschlecken für dich. Du bist ja direkt schlank geworden.« Albert musste lachen, das hatte er seit Jahren nicht von seiner Frau gehört. Im Gegenteil: »Wenn du weiter so frisst, wirst du eines Tages platzen« war ihre ständige Rede.

Als Antonie abserviert und noch eine neue Flasche Wein gebracht hatte, sagte Ida:

»Ich muss etwas mit dir besprechen, Albert. Ich darf und vor allem will auch kein Kind mehr haben. Dr. Grüben ...«

»Ich weiß, Ida, er hat auch mit mir gesprochen, Pünktchen wird unser Letztes sein, ich verspreche es dir.« Während er Feuerholz nachlegte, fiel ihm die Geschichte der Morells wieder ein, die er über das häusliche Geschehen ganz vergessen hatte. Er erzählte ihr alles, auch wie traurig ihn deren Schicksal gemacht und wie er sich fast für sein großes Glück geschämt hatte. Nur den Grund seines Zusammentreffens mit Robert Morell verschwieg er. »Was hältst du davon, wenn wir Pünktchen den Namen Martha geben?«

»Warum nicht, Martha ist ein schöner Name«, sagte Ida und somit war dieses Problem aus der Welt und die ellenlangen Listen Makulatur.

»Wenn wir Ostern in Harpenthal sind, müssen wir mit Hermann und Grete die Taufe besprechen.« Es war beschlossene Sache, dass die Taufe dort stattfinden sollte, Grete war Taufpatin und Harpenthal sehr geeignet für ein großes Familienfest.

»Was hältst du von Pfingsten? Dann wird ja hoffentlich Frühling sein.«

»Wunderbar, mein Mädchen, mach du nur.« Albert strahlte, ihm war alles recht. Er hatte seine alte Ida wieder, das war für ihn die Hauptsache. Sie machte Pläne und vor allem wollte sie jetzt alles wissen, was in der Zeit, als sie, wie sie es nannte, »dahindämmerte«, passiert war.

»Stell dir vor, mit der alten Baronin Orlov geht es nun wohl zu Ende. Sie wartet nur noch auf Hajo, der ja schon seit Wochen hierher unterwegs ist. Er hat telegrafiert, dass er in den nächsten Tagen eintreffen wird.«

»Mein Gott, auch so ein trauriges Schicksal, dieser Hajo Orlov, wie geht es uns doch gut.« Ida schmiegte sich an ihren Mann. »Weißt du was, Albertchen, ich liebe dich so sehr, und eigentlich ist es mir wurscht, wie fett du bist. Die Hauptsache ist, du bist bei mir.«

Nun war Albert sprachlos. Das hatte er von Ida noch nie gehört. Ganz konnte er das auch nicht glauben. Und am nächsten Morgen, als er beim Frühstück das sechste Ei aufschlug, traf ihn schon wieder Idas strafender Blick.

»Albert, willst du so fett werden wie deine Brüder?« Und dann brachen beide in schallendes Gelächter aus.

Seit Tagen herrschte große Aufregung im Hause Lackner. Walter, Alfred und Paula sollten in Begleitung von Asta für eine Woche verreisen. Erst nach Gerwischkehmen. Einer ihrer zahlreichen Cousins hatte Geburtstag. Und dann zu Franz und Edda Lackner nach Kallnelischken, nur eine Stunde Fahrt von Gerwischkehmen entfernt. Auch die Kinder von Hermann und Grete würden dort sein. Es wurde von nichts anderem mehr gesprochen als von den Abenteuern, die sie erwarteten, den herrlichen Spielen mit den Cousins und Cousinen in den Scheunen und Ställen und den vielen Tieren. Es gab dort keinerlei Zwänge. Außer den gemeinsamen Mahlzeiten konnten sie tun und lassen, was sie wollten. Onkel Franz, das wussten sie, hatte überhaupt keine Lust, die Brut seiner Brüder zu erziehen.

»Das sollen die mal schön selber machen«, lautete seine Maxime. Er war ein herzensguter, dicker Mann und wurde an Gutmütigkeit nur noch von Tante Edda übertroffen.

Und nun war Ostersamstag, der Tag der Abreise. Die Kinder rannten schon seit dem frühen Morgen durch das Haus und fragten alle Viertelstunde, wann es denn endlich losginge.

»Sollen wir nicht gehen, Asta, womöglich verpassen wir den Zug.« Alfred war ehrlich besorgt.

»Du gehst mir auf die Nerven, Alfred.« Asta war jetzt wirklich aufgebracht. »Wir gehen schon rechtzeitig los, wenn du noch einmal fragst, lasse ich dich hier.« Gott sei Dank fuhr Agathe mit dem gleichen Zug zur Hochzeit ihres Bruders in das Dorf mit dem unaussprechlichen Namen, sie würde ihr während der Fahrt helfen, die aufgeregten Kinder in Schach zu halten. Bei der Schlittenfahrt von der Station zum Gut würde der alte Knut, der sie abholen sollte, schon für Ordnung sorgen.

Die Mamsell hatte einen riesigen Korb mit Reiseproviant hergerichtet, »damit die Kinderchen man bloß nich verhungern«, die Koffer standen gepackt in der Halle und die Kinder, inzwischen dick und warm angezogen, an der Tür. Es war immer noch klirrend kalt.

Ida hatte die drei den ganzen Morgen in den Arm genommen, gedrückt und geküsst, was Alfred veranlasste, ihr möglichst aus dem Weg zu gehen. Er konnte diese Knutscherei auf den Tod nicht leiden. Und nun, als es endlich so weit war, wollte sie sie überhaupt nicht mehr loslassen.

»Was ist denn bloß mit dir?« Albert fand, dass seine Frau nun wirklich übertrieb. »In einer Woche hast du sie doch wieder oder glaubst du, Edda und Franz wollen sie für immer behalten?« Schweren Herzens riss sie sich von den Kindern los, sie wusste selbst nicht, was in sie gefahren war, und begleitet von den ermahnenden Sätzen Alberts: »Benehmt euch« und »Ich will keine Klagen hören« fiel die Tür hinter ihnen ins Schloss.

Ida war den Tränen nahe. »Ich weiß nicht, was mit mir los ist, Albert«, schluchzte sie, »ich weiß es wirklich nicht.« Dass sie Angst hatte, ihre Kinder nie wiederzusehen, verschwieg sie ihm. Er hätte sie für total verrückt erklärt.

»Nun beruhige dich mal, Idachen, du hast ja noch Charlotte und Pünktchen. Lass uns die himmlische Ruhe genießen, übermorgen wird ein anstrengender Tag.«

Ida hatte schlecht geschlafen. Alpträume hatten sie gequält und nun saß sie mit dunklen Schatten unter den Augen und einem müden Gesicht am Frühstückstisch. »Ich fühle mich nicht wohl, können wir nicht hier bleiben?«

»Ich glaube, du bist nicht ganz bei Trost!« Alberts Zwicker tanzte auf der Nase. Nun war er wirklich empört. Wie konnte Ida nur auf die Idee kommen, nicht nach Harpenthal fahren zu wollen. »Jetzt nimm dich zusammen. Wir werden erwartet, was sollen Hermann und Grete denken, wenn wir einfach nicht erscheinen. Die denken womöglich, wir sind gestorben! Außerdem sind wir abends ja wieder zurück. Mit dem Automobil ist das doch wirklich kein Problem, vor allem bei diesem herrlichen Wetter.«

Es war ein strahlender Tag, keine Wolke zeigte sich am Himmel. Das Barometer war zwar etwas gefallen, aber nichts kündigte einen Wetterwechsel an. Seine Stimme überschlug sich fast, so regte er sich auf. So kannte er Ida gar nicht und so gefiel sie ihm auch nicht! Was war bloß mit ihr los?

»Du hast ja Recht. Verzeih, aber ich weiß nicht, was mit mir ist. Vielleicht sollte ich mal Dr. Grüben konsultieren.« Mit diesen Worten erhob sie sich. »Ich werde mich jetzt anziehen, und in einer Stunde können wir fahren.«

Albert goss sich einen Schnaps ein. Es war zwar noch ein bisschen früh, aber das brauchte er jetzt, um sich zu beruhigen. Ida war wohl völlig übergeschnappt. Die Einladung am Ostermontag nach Harpenthal war seit Jahren Tradition. Diese wegen einer Laune Idas – was sollte es sonst sein – zu verpassen, das ginge doch wohl zu weit.

Die Fahrt durch die verschneite Winterlandschaft war wunderbar. Ida war, wie Albert fand, wieder normal, lachte, plauderte und schien sich jetzt zu freuen auf den Tag mit den Verwandten und Freunden. Kurz nach elf trafen sie in Harpenthal ein, eine Stunde, bevor die anderen Gäste erwartet wurden.

»Ich muss etwas mit Hermann besprechen«, hatte Albert gleich nach der herzlichen Begrüßung gesagt und sich mit seinem Bruder zu einem Glas Port in das Rauchzimmer zurückgezogen, während Ida Grete den neuesten Klatsch erzählte, den diese wie immer wie ein Schwamm aufsog. Für sie war Insterburg schon »Großstadt« und Königsberg die große Welt.

»Ich habe eine Lebensversicherung abgeschlossen: über eine Million Goldmark. Und dich habe ich als meinen Testamentsverwalter eingesetzt«, eröffnete Albert das Gespräch.

»Eine Million Goldmark!« Hermann verschlug es fast die Sprache. »Was ist mit dir los, bist du krank, wie bist du bloß auf die Idee gekommen?«

»Ach, weißt du, ich bin keineswegs krank. Aber wir haben jetzt fünf Kinder und keinen großen Besitz. Du weißt ja, wir führen doch ein recht aufwändiges Leben, und nun ja, man weiß ja nie, was kommt.« Er machte eine nachdenkliche Pause. »Jetzt bin ich beruhigt, wo ich meine Familie versorgt weiß, sollte wirklich etwas passieren. Und du hast sie dann wenigstens nicht am Hals.« Er musste schon wieder lachen.

»Sehr beruhigend«, lachte nun auch Hermann, »noch fünf Kinder und Ida mit ihren Ansprüchen wären wirklich nicht so leicht zu verkraften. Aber ich bin sicher, du wirst steinalt, alter Lorbas. Du bist gut in Schuss, Ida scheint dir nichts zu essen zu geben. Sieh mich an, ich bin doppelt so dick wie du.« Er umarmte seinen Bruder, irgendwie war ihm das Ganze unheimlich. »Komm, lass uns trinken. Auf ein langes Leben.«

Während sie noch über dies und das redeten, Hermann hatte ein Problem mit seinem Verwalter, was Albert versprach zu lösen, ein Knecht hatte sich ein Bein gebrochen und die alte Mamsell war an ihrem »Zwicken im Bauch« gestorben, besprachen Ida und Grete Pünktchens Taufe.

»Wir werden sie Martha nennen«, sagte Ida und erzählte die traurige Geschichte der Morells, die Grete zu Tränen rührte. Aber der Gedanke, in ein paar Wochen schon die ganze Familie um sich zu haben, zur Taufe von Pünktchen würden alle kommen, machte sie sofort wieder fröhlich.

Die Stunde war wie im Flug vergangen, und dann trafen kurz hintereinander die anderen Gäste ein.

Großmutter Lackner mit Karl und Wilhelmine, ihrer unverheirateten Tochter – die Dörrpflaume war zur Freude aller zu Hause geblieben –, kamen gleichzeitig mit Götz Hagen an. Er war ein enger Freund von Hermann. Wegen einer Affäre, man munkelte von Spielschulden, war er aus dem Offiziersdienst ausgeschieden, aber so genau wusste das keiner. Das Ganze hatte sich in Berlin zugetragen, und die Informationen von dort waren äußerst spärlich geflossen. Götz liebte es nicht, darauf angesprochen zu werden, und nach einiger Zeit fragte auch niemand mehr. Da seine Apanage, die seine Familie ihm ausgesetzt hatte, nicht sehr üppig war, pflegte er sich wochenlang auf den Gütern seiner Freunde aufzuhalten. Das war normal in Ostpreußen. Der Besuch kam und blieb, solange er wollte, und keiner wäre auf die Idee gekommen zu fragen, wie lange er denn zu bleiben gedenke. Götz war ein ungeheuer amüsanter Gesellschafter, sah blendend aus und war als Hausgast überall äußerst beliebt.

Als Carl und Maria Goelder eintrafen, wurden sie mit großem Hallo begrüßt. Ihr Gut, auf dem sie eine Pferdezucht betrieben, lag nur eine halbe Stunde von Harpenthal entfernt, man pflegte gute nachbarschaftliche Kontakte und besuchte sich häufig. Maria war eine sehr lustige Person, aber mit einem »Hang zum Höheren«, wie Ida zu sagen pflegte. Ihre Kinder hatten eine französische Gouvernante und mussten bei Tisch mit einem Stock im Rücken sitzen.

»Und mit angeklatschten Haaren, gewaschenem Gesicht und Händen«, wie Walter und Alfred, die dort im letzten Jahr eine Woche verbracht hatten, angeekelt erzählten.

»Und immer müssen sie französisch sprechen mit dieser doofen Francine!« Das fanden sie fast am allerschlimmsten. Mit

Händen und Füßen hatten sie sich gegen den Stock und den nassen Kamm gewehrt, nur die sauberen Hände hatte Mademoiselle Francine durchsetzen können. Ida hatte ihnen versprechen müssen, sie dort nie mehr hinzuschicken.

Man hatte sich inzwischen zu Tisch begeben. Die Unterhaltung war äußerst lebhaft.

»Auf eure große Reise«, prostete Hermann Carl und Maria Goelder zu, »wann soll es denn losgehen?«

»Sowie es anfängt zu tauen, ich denke in zwei Wochen.« Die Goelders fuhren seit Jahren im Frühjahr mit ihrer sechsspännigen Kutsche nach Venedig. In den ersten Jahren wurde dies von einigen belächelt und als exzentrisch abgetan, für Ida gehörte es in die Abteilung »Sinn für Höheres«. Inzwischen hatte man sich daran gewöhnt. Ida fand es zwar unmöglich, die Kinder zwei Monate unter der Fuchtel der Mademoiselle Francine mit den Stöcken zurückzulassen, ihr würde so etwas nicht im Traum einfallen, aber schließlich ging sie das nichts an.

Carl erzählte, wo sie überall Station machen und wen sie alles besuchen würden, und es wurden Grüße aufgetragen an Freunde, die man schon ewig nicht mehr gesehen hatte.

Man plauderte und lachte, trank heftig und vor allem wurden Unmengen gegessen. Es gab, wie immer Ostern, verschieden zubereitete Lammbraten mit diversen Beilagen und fetten Saucen.

»Es ist schon unglaublich, was in einen Menschen so reingeht«, dachte Ida bei sich, die sich wegen ihrer mit so viel Mühe wiedererlangten Figur äußerst zurückhielt. Ausnahmsweise unterließ sie ihre üblichen spitzen Bemerkungen in Alberts Richtung.

»Die Baronin Orlov ist letzte Woche gestorben, ein paar Stunden, nachdem Hajo eingetroffen war«, berichtete Götz. »Die Beerdigung findet heute im engsten Familienkreis statt, auf dem Gut.« Er hatte Hajos Bruder Anton am Bahnhof getroffen.

»Weißt du, wie lange Hajo bleibt?« Albert hätte ihn gern einmal wiedergesehen.

»Er reist morgen schon wieder ab, soviel ich weiß.«

Man wandte sich erfreulicheren Themen zu. Die Nachspeisen wurden aufgetragen, Unmengen von Puddings, Kuchen und Eis, begrüßt mit großem Hallo und Ausrufen wie »Ich kann nicht mehr« oder »Erst mal ein Päuschen«. Aber sie konnten alle noch, sogar Ida genehmigte sich ein großes Stück Torte.

Sie saß mit dem Rücken zum Fenster, deshalb bemerkte sie auch erst nicht, dass der Himmel sich zugezogen hatte. Mit einem Schlag war es dämmrig geworden, und ein wildes Schneetreiben hatte eingesetzt.

»Albert, es schneit, wir müssen sofort fahren.« In Idas Stimme vernahm man leichte Panik.

»Lass uns warten, bis es aufgehört hat.« Albert war gerade mit Götz mitten in einer interessanten Unterhaltung über Politik und wollte absolut nicht gestört werden. »Fritz wird uns schon sicher nach Hause bringen.« Mit diesen Worten wandte er sich wieder seinem Gesprächspartner zu.

Der Kaffee wurde serviert, für die Herren im Rauchzimmer, die Damen im Salon. Goelders hatten sich vorzeitig verabschiedet, sie wollten noch vor Dunkelheit nach Hause kommen, zumal das Schneetreiben immer noch nicht aufgehört hatte.

Ida war jetzt wirklich beunruhigt. »Albert, bitte lass uns fahren!« Ihre Stimme klang flehend.

»Wir warten noch eine Weile, es wird schon aufhören.« Albert war jetzt leicht ungehalten. Was war denn nur mit Ida los? Erst das Theater vorgestern, dann die Steigerung heute Morgen und nun wollte sie viel zu früh gehen.

Zwei Stunden später war aus dem Schneesturm ein Wintergewitter mit Blitz und Donner geworden. Vor dem Haus hatten sich schon hohe Schneewehen aufgetürmt und an eine Rückfahrt war nicht mehr zu denken.

»Ihr könnt bei diesem Wetter unmöglich fahren. Man sieht keine Straßen mehr, ihr würdet in einer Schneewehe stecken bleiben.« Hermann und die anderen redeten beruhigend auf Ida ein. »Deine Kinder sind bei der Amme und Lena bestens aufgehoben, was regst du dich so auf?« Sogar Grete, die äußerst langmütig war, reagierte jetzt gereizt. »Lasst uns einen lustigen Abend haben, und morgen Früh fahrt ihr gemütlich nach Hause.«

Hermann hatte bereits am Nachmittag Anweisung gegeben, noch ein Zimmer zu heizen. Das »Blaue Zimmer«, normalerweise Idas und Alberts Reich auf Harpenthal, war Großmutter Lackner zugewiesen worden.

Ida fügte sich, was blieb ihr auch anderes übrig. Albert strahlte. Es war schon wieder aufgedeckt für das Abendessen!

Man aß, trank und lachte. Alle waren ausgelassen und fröhlich. Nur Ida war, entgegen ihrer sonstigen Art, still und in sich gekehrt. Sie hatte gekämpft, wogegen eigentlich? Sie wusste es nicht. Sie wusste nur, dass sie verloren hatte.

Es war weit nach Mitternacht, als die Gesellschaft sich auflöste und zu Bett begab.

Es war ein strahlender Morgen. Nur der frische Schnee erinnerte an Blitz und Donner der vergangenen Nacht. Im ganzen Haus duftete es nach Kaffee und frisch gebackenem Brot. Im Frühstückszimmer saß bereits Großmutter Lackner, taufrisch und bestens gelaunt. Götz kam als Nächster mit einer Eisflasche auf dem Kopf und einem leidenden Gesicht, seine sonst so strahlend blauen Augen waren rot und verquollen.

»Gott, hab ich einen Kater«, stöhnte er. Einer nach dem anderen erschien, mehr oder weniger angeschlagen. »Bitte, könnt ihr nicht ein bisschen leiser sein, mir platzt gleich der Schädel.« Götz verdrehte gequält die Augen. »Wo sind denn Albert und Ida?«, fragte er plötzlich, »habe ich die Abreise verpasst, so betrunken war ich doch schließlich nicht, oder?«

»Ich werde nachsehen, wo sie bleiben.« Hermann erhob sich. Es war zehn Uhr, ungewöhnlich spät für seinen Bruder, der am Morgen wegen eines wichtigen Termins in Insterburg sein wollte. Kurz darauf stand er in der Tür. Alle Farbe war aus seinem Gesicht gewichen. »Sie sind tot!«, sagte er mit zitternder Stimme. »Albert und Ida sind tot.«

Es herrschte Totenstille. Fünf entsetzte Augenpaare starrten Hermann an.

Götz war von einer Sekunde zur anderen nüchtern. »Was ist passiert, wieso sind sie tot?«

»Ich weiß es nicht, sie liegen tot in ihren Betten.« Hermann hatte sich auf den Stuhl neben seiner Mutter fallen lassen, die ihn ungläubig ansah.

»Das glaube ich nicht«, sagte sie, »man stirbt nicht einfach so, ich werde jetzt gehen und sie aufwecken.« Aufrecht verließ sie das Zimmer, gefolgt von Wilhelmine und Karl. Hermann brach in Tränen aus, während Grete wie erstarrt dasaß, immer noch die Kaffeetasse in der Hand, die sie gerade zum Mund hatte führen wollen, als Hermann mit der schrecklichen Nachricht in der Tür stand.

»Ida hat es geahnt«, sagte sie mit tonloser Stimme, »sie wollte gar nicht kommen, hat sie mir erzählt, und dann wollte sie gestern unbedingt nach Hause. Sie hat es geahnt!« Jetzt brach auch sie in haltloses Weinen aus. »Meine geliebte Ida, mein Gott, wie konnte das passieren? Und ich habe sie auch noch überredet, über Nacht zu bleiben.« Weinkrämpfe schüttelten sie. »›Was ist nur mit mir, Grete‹, hat sie gesagt, ›ich bin so unruhig. Albert ist schon ganz böse mit mir.‹« Hermann hatte seine Frau in die Arme genommen und beide weinten jetzt hemmungslos.

Götz war der Erste, der seine Fassung wiederfand. »Wir müssen die Polizei benachrichtigen«, sagte er ruhig, »und die Kanzlei, und Depeschen an die Verwandten aufgeben. Mein Gott, die Kinder ... was für eine Tragödie.« Er konnte seine Tränen kaum zurückhalten. »Ich fahre sofort mit Fritz nach Insterburg, ich werde mich um alles kümmern. Mach mir eine Liste, Hermann, ich sage Fritz Bescheid, damit wir gleich loskönnen.«

In Windeseile hatte sich die schreckliche Nachricht bei den Hausleuten und dem Gesinde herumgesprochen. Überall standen Grüppchen, die leise mit entsetzten Blicken über das Unfassbare sprachen. Götz fand Fritz in der Küche, in Tränen aufgelöst, neben ihm den alten Grenzow, der unbeholfen versuchte, ihn zu trösten.

»Ich kann es nich jlauben, meine arme Herrschaft, ich kann es nich jlauben. Und wat wird nu mit die armen Kinderchen ...?«

Götz legte ihm die Hand auf die Schulter. »Fritz, wir müssen sofort nach Insterburg, die Polizei benachrichtigen, fassen Sie sich.«

Grenzow hielt ein volles Schnapsglas in der Hand. »Trink, alter Junge, dat wird dir beruhijen, man braucht dir jetzt.«

Großmutter Lackner hatte ihre Kinder gebeten, sie mit Albert und Ida allein zu lassen. Am frühen Nachmittag, es war kurz bevor die Polizei eintraf, hatte sie ihnen dann gesagt: »Ihre Seelen sind gegangen, sie brauchen mich nicht mehr.« Anschließend hatte sie sich in das blaue Zimmer eingeschlossen. Sie haderte mit Gott. Wie konnte Er so etwas zulassen? Die Trauer würde später kommen. Der Polizeiarzt stellte Tod durch Kohlenmonoxyd fest. Eine Abzugsklappe des Ofens war zugefallen oder versehentlich nicht geöffnet worden, genau konnte man das nicht feststellen, und die Leichen wurden zur Beerdigung freigegeben.

Die Nachricht von Albert und Ida Lackners Tod verbreitete sich wie ein Lauffeuer. Sämtliche Zeitungen berichteten darüber, in ganz Insterburg und Umgebung herrschte Fassungslosigkeit und Entsetzen. Die Loge, deren Mitglied Albert seit Jahren war, hatte sich angeboten, die Beerdigung zu organisieren. Götz als enger Freund der Familie war dabei behilflich.

»Endlich kann ich einmal etwas für euch tun«, hatte er zu Hermann gesagt, der die Hilfe dankbar annahm, »auch wenn der Anlass so schrecklich ist. Du hast genug anderes zu tun.«

Die vier Geschwister saßen im großen Wohnraum von Harpenthal. Franz war sofort nach Erhalt der Todesnachricht aus Kallnelischken angereist. »Habt ihr es den Kindern schon gesagt?« Wilhelmine hielt die Hand ihres Bruders, der zusammengesunken neben ihr auf dem Sofa saß.

»Ja, wir haben es versucht. Aber ich glaube, sie haben es irgendwie nicht begriffen. Alfred hat geweint, weil Edda so furchtbar geweint hat, aber Walter ist nur schneeweiß geworden und dann wortlos in sein Zimmer gegangen. Er isst nicht und will mit niemandem sprechen. Edda kommt Freitag mit den beiden Jungen zur Beerdigung. Paula ist noch zu klein.« Franz ging im Zimmer auf und ab. »Wie soll es jetzt bloß weitergehen? Was machen wir mit den Kindern? Der Hausstand muss aufgelöst werden und weiß der Himmel was noch …«

»Ich werde mich um alles kümmern, Albert hat mich zu seinem Testamentsvollstrecker ernannt«, sagte Hermann. Und nach einer Pause: »Finanziell wird es keine Probleme geben, Albert hat vor kurzem eine Lebensversicherung abgeschlossen, über eine Million Goldmark.«

Eine Sekunde herrschte absolute Stille, dann redeten alle durcheinander.

»Was hat er, eine Lebensversicherung abgeschlossen?« »Über eine Million Goldmark?« »Ja, wie ist er denn auf die Idee gekommen?« Es herrschte allgemeine Ungläubigkeit.

»Das habe ich ihn auch gefragt. Er wollte seine Familie versorgt wissen, falls ihm etwas passiert. Dass es nun so schnell gekommen ist und die armen Kinder beide Eltern verlieren, mein Gott, wer konnte das ahnen!«

Hermann musste sich erst wieder fassen, bevor er weitersprechen konnte. »Ich werde mich nach der Beerdigung um alles kümmern. Die Versicherung habe ich bereits telegrafisch benachrichtigt. Was, meint ihr, soll mit den Kindern geschehen?«

»Ich werde mit meinem alten Kameraden Kothe reden. Er ist seit kurzem Garnisonskommandeur in Köslin, hat Major von Ziglinski als Anstaltsleiter abgelöst. Er wird die beiden Jungen in diesem besonderen Fall sicher vorzeitig bei den Kadetten aufnehmen, angemeldet sind sie ja schon seit Jahren«, sagte Karl.

»Wenn es euch recht ist, nehme ich Paula zu mir.« Wilhelmine als deren Patentante hielt das für selbstverständlich. Nach einer unglücklichen Liebe in sehr jungen Jahren hatte sie beschlossen, nie zu heiraten, nun würde ihr Leben einen Sinn bekommen. Sie war inzwischen achtundvierzig Jahre alt, groß und kräftig mit einer dröhnenden Stimme. Bis vor zehn Jahren hatte sie bei ihrer Mutter in Lindicken gelebt. Nachdem sie eine kleine Erbschaft gemacht hatte und Tante Anika in Lindicken eingezogen war, hatte sie sich entschlossen, endlich einmal ihr eigenes Leben zu führen, und war nach Insterburg gezogen.

»Eine sehr gute Idee!« Franz drückte seiner Schwester die Hand. »Und die beiden Jungen bleiben bis zur Aufnahme in Köslin bei uns in Kallnelischken. Einschulung ist dort im Herbst, so können wir ihnen über die schlimmste Zeit hinweghelfen.«

Wer Pünktchen und Charlotte zu sich nehmen würde, darüber wollte man nach der Beerdigung entscheiden, wenn die ganze Verwandtschaft beisammen war.

Noch lange saßen sie zusammen, immer wieder wurde über das Unfassbare gesprochen. Die kalten Platten waren fast unberührt wieder abgetragen worden, auch dem Alkohol wurde nicht zugesprochen. Keiner hatte Appetit.

Feda war auf der Rückfahrt von Berlin nach Königsberg. Fast vier Wochen hatte sie sich jetzt in Berlin, Potsdam und der Mark Brandenburg aufgehalten, stets als Gast bei Freunden. Nun freute sie sich auf das beschauliche Königsberg, wollte auf ihrem Gut nach dem Rechten sehen und vor allem ihre Ida besuchen. Da sie nicht wusste, wie lange sie wo bleiben und auch gar nicht wissen wollte, was man nach ihrem letzten Skandal über sie tratschen würde, hatte sie keine Adresse hinterlassen und somit auch keine Post bekommen. Bei Gerson, dem führenden Modehaus Berlins, hatte sie ein entzückendes Taufkleidchen für Idas kleine Tochter Martha anfertigen lassen. In den nächsten Tagen wollte sie sie in Insterburg besuchen und damit überraschen.

Der Speisewagen war überfüllt. Ein einziger Platz war noch frei an einem Zweiertisch, an dem ein Herr mit dem Rücken zu ihr saß. Er aß bereits, also schien er allein zu sein.

»Darf ich mich zu Ihnen setzen?«

»Selbstverständlich.« Mit diesen Worten erhob er sich. Sie musste zu ihm aufblicken, er war einen Kopf größer als sie. »Darf ich mich vorstellen, Hajo von Orlov.«

»Feodora von Harden«, sagte Feda und dachte bei sich: Sieh an, was für ein Zufall, der unglückliche Hajo von Orlov. Ein Kellner stand bereits neben ihr, um eine Bestellung aufzunehmen. »Ich habe schrecklichen Hunger. Bitte bringen Sie mir das Menü und ein Glas Rotwein.« Jetzt erst blickte sie ihrem Gegenüber voll ins Gesicht. Was für ein Mann! Große schwarze, traurige Augen in einem edlen, blassen Gesicht, das dunkle, volle Haar glatt nach hinten gekämmt.

»Was treibt Sie nach Königsberg?«, begann Feda die Unterhaltung.

»Ein sehr trauriger Anlass«, antwortete er. »Erst letzte Woche habe ich dort meine Mutter beerdigt und war schon wieder auf der Rückreise nach Indien, als mich in Berlin die Nachricht vom Tod sehr lieber Menschen aus Insterburg erreichte. Ich habe mir nicht die Zeit genommen, sie zu sehen, als ich dort war, nun sind sie tot und ich mache mir solche Vorwürfe. Aber wenigstens bei ihrer Beerdigung will ich dabei sein.«

»Wie traurig«, sagte Feda mitfühlend, »wer ist es denn, ich habe viele Freunde dort?«

»Mein Anwalt Albert Lackner und seine Frau.«

Aus Fedas Gesicht war alle Farbe gewichen. Sie starrte ihr Gegenüber an, als sei er ein Geist.

»Nein«, sagte sie. »Nein, das kann nicht sein, Sie müssen sich irren. Nicht Albert und Ida!«

»Hier, lesen Sie, es steht in der ›Königsberger-Hartungschen-Zeitung‹.« Mit diesen Worten reichte er die Zeitung über den Tisch.

Feda stand unter Schock. Ihre Zähne schlugen aufeinander, sie hatte plötzlich Schüttelfrost. Sie war unfähig, nur einen Buchstaben zu lesen. »Bitte, Herr von Orlov«, sagte sie mühsam, »begleiten Sie mich in mein Abteil, ich schaffe es nicht allein.« Hajo erhob sich sofort. »Aber selbstverständlich, kommen Sie.« Er legte seinen Arm um Feda und begleitete sie unter den erstaunten Blicken der übrigen Gäste hinaus.

In ihrem Abteil verlor sie völlig die Fassung. »Ida ist – war – meine beste Freundin, wir waren wie Schwestern, was ist bloß passiert?« Weinend lag sie an der Brust von Hajo, der ihr tröstend über das Haar strich. »Sie sind Ostermontag in Harpenthal gewesen und in der Nacht an einer Kohlenmonoxydvergiftung gestorben. So steht es jedenfalls in der Zeitung und mehr weiß ich auch nicht.« Hajo hatte Feda immer wieder mit seinem Taschentuch die Tränen abgetupft. Mein Gott, was tat er da? Als wäre es die selbstverständlichste Sache der Welt, hielt er diese fremde Frau im Arm und versuchte sie zu trösten, ohne

Worte, einfach nur durch seine Anwesenheit. Es herrschte eine Vertrautheit, als würden sie sich schon ewig kennen.

Hajo hatte sein Gepäck in Fedas Abteil bringen lassen. Sie hatten geredet und geredet, und irgendwann war sie erschöpft an seiner Schulter eingeschlafen. Er betrachtete sie, die ihm bereits so vertraut war. Er spürte etwas, ein Gefühl, was er noch nicht wagte, zuzulassen. Spätabends kamen sie in Königsberg an. Mit den Worten: »Wir sehen uns morgen in Insterburg und danke für alles«, verabschiedete sie sich, und als sie seinen Blicken entschwunden war, vermisste er sie bereits.

Die Leichen waren in dem Haus der Freimaurerloge aufgebahrt. Dort sollte um drei Uhr die Trauerfeier stattfinden, mit der anschließenden Bestattung auf dem Friedhof der Reformierten Kirche. Die Särge waren geschlossen worden, nachdem am frühen Morgen die ganze Familie – außer den Kindern, man wollte ihnen den Anblick ihrer toten Eltern ersparen – endgültig von ihnen Abschied genommen hatte. Albert in seinem Cut und Ida in ihrem wunderschönen Abendkleid sahen aus, als ob sie schliefen. Agathe hatte Ida zum letzten Mal liebevoll frisiert. Sie würde nach der Beerdigung in das Dorf mit dem unaussprechlichen Namen zurückkehren, das hatte sie Wilhelmine, die das Regiment über die Dienstboten übernommen hatte, bereits mitgeteilt. Niemals hätte sie Ida verlassen, aber unter diesen Umständen wollte sie dem Wunsch ihres Vaters nachkommen und eine Familie gründen.

Der Saal der Loge war voll mit Kränzen und Blumengestecken. Und es wurden immer mehr. Kränze in allen Größen, aus Lorbeer, Tannen und Blumen in allen Farben, geschmückt mit Schleifen, bedruckt mit letzten Grüßen. Die Blumengeschäfte und Gärtnereien des ganzen Landkreises hatten Hochkonjunktur. Nicht nur aus Insterburg, aus Königsberg und aus Gumbinnen, von überall her kamen sie. Bald fanden sie innen keinen Platz mehr und säumten den Weg vom Tor zum Saal.

In der Halle der Lackner'schen Villa hatte man eine große Fotografie von Albert und Ida aufgestellt, versehen mit einer schwarzen Schleife. Riesige Blumengestecke rechts und links davon verströmten einen betörenden Duft. Feda kam, obwohl sie den Frühzug genommen hatte, zu spät, um ihre geliebte Freundin noch einmal zu sehen. Als die verweinte Agathe ihr die Tür öffnete, saß die Familie bereits am Frühstückstisch, schwarz gekleidete Gestalten mit blassen, traurigen Gesichtern, aber mit einem langsam zurückkehrenden Appetit.

Das Leben geht weiter, dachte Feda bitter. Bei der Begrüßung flossen wieder die Tränen, aber auch Feda verspürte plötzlich Hunger und langte kräftig zu. Sie hatte seit über zwanzig Stunden nichts gegessen.

»Was wird mit den Kindern?«, fragte sie Grete, neben die sie sich gesetzt hatte.

»Walter und Alfred gehen im Herbst nach Köslin, Karl hat sich darum gekümmert. Solange bleiben sie in Kallnelischken, Wilhelmine nimmt Paula und Charlotte wird zu Mathilde und Paul nach Berlin kommen, du weißt, dass Paul Augenarzt ist?«

Feda kannte natürlich Idas Schwester und deren Mann und hatte sie gerade herzlich begrüßt.

»Du weißt, sie sind kinderlos, haben sich immer eines gewünscht.«

»Und was wird mit dem Baby?«

»Pünktchen oder Martha, wie sie ja mal heißen soll, wird erst einmal bei uns bleiben«, sagte Grete, »wo vier Kinder groß werden, hat auch noch ein fünftes Platz.«

»Wo sind die beiden Jungen, sind sie nicht hier?« Feda hatte erst jetzt bemerkt, dass sie nicht im Raum waren, kein Wunder bei den vielen Menschen.

»Sie sind in ihrem Zimmer. Wir machen uns große Sorgen um Walter, er hat kein Wort gesprochen seit der Todesnachricht seiner Eltern.«

Kurz nach neun begannen die Kondolenzbesuche. Um zehn war die Halle voller Menschen, und es bildete sich vor der Tür, die Auffahrt hinunter eine nicht enden wollende Schlange von dunkel gewandeten Gestalten, die schweigend warteten, der Familie ihr Mitgefühl auszudrücken.

Während Franz, Karl, Hermann und Wilhelmine abwechselnd Hunderte von Händen drückten – sie wechselten sich ab, da vor allem Wilhelmine fürchtete, den Tag nicht durchzustehen –, saßen Feda und Grete in Idas Boudoir.

»Ich muss dir was erzählen«, begann Feda, »ich habe gestern im Zug Hajo von Orlov kennen gelernt, von ihm habe ich auch die schreckliche Nachricht gehört.« Sie machte eine Pause, als ob sie das, was sie jetzt sagen wollte, selbst nicht glauben konnte.

»Grete, ich habe mich verliebt! Das erste Mal in meinem Leben! Du kannst dir nicht vorstellen, was in mir vorgeht. Ich bin unendlich traurig wegen Ida und Albert. Ich könnte schreien vor Schmerz und gleichzeitig verspüre ich Glück, wenn ich an diesen Mann denke. Du glaubst gar nicht, wie fürsorglich er war, wie er versucht hat, mich zu trösten, er war zärtlich ohne

Hintergedanken. Ida hat immer zu mir gesagt, du wirst das erleben, Fedachen, irgendwann wirst du das auch erleben, was ich mit Albert habe.« Sie schluchzte. Dann fuhr sie fort: »Und nun ist es so weit, und ich kann es nicht mit Ida teilen, schlimmer noch, durch sie ist es überhaupt passiert. Er war schon in Berlin, auf der Rückreise nach Indien, als er die Nachricht erhielt und ist nur zu der Beerdigung zurückgekommen. Ich wäre ihm wahrscheinlich nie begegnet. Idas Tod ist der Anlass, dass ich mich verliebe!«

Feda blickte Grete flehend an. »Findest du das verwerflich? Ich weiß nicht, ob ich mich schämen oder freuen soll, aber bitte glaub mir, ich habe noch nie so etwas gespürt. Ich kann es kaum erwarten, ihn heute Nachmittag wiederzusehen. Und was mache ich, wenn er nach Indien reist? Ich kann ihm doch nicht hinterherfahren.«

»Du schon, wie ich dich kenne«, konnte sich Grete nicht verkneifen zu sagen. »Aber jetzt beruhige dich erst mal. Sich zu verlieben ist etwas Wunderbares, und Ida wäre überglücklich zu sehen, dass ihre Prophezeiung eingetroffen ist. Du musst dich nicht schämen. Alles im Leben hat einen Sinn. Vielleicht sind die beiden nicht umsonst gestorben. Wilhelmine, die kreuzunglücklich war ohne Familie, hat durch Paula ihrem Leben wieder einen Sinn gegeben. Mathilde und Paul sind hingerissen, dass sie plötzlich ein Kind haben. Sie wollen Charlotte adoptieren. Und alle haben ein wenig ein schlechtes Gewissen, dass ihr Glück aus einem so schrecklichen Unglück entstanden ist. Aber sie haben es ja nicht gewollt, es ist einfach passiert. Und nun verliebst du dich zum ersten Mal in deinem Leben, und ausgerechnet in einen Mann, der nur in deinem Zug saß, weil er zu Idas und Alberts Beerdigung kommen wollte. Das ist doch Schicksal, Fedachen, nimm es hin, alles im Leben ist vorbestimmt. Es kommt, wie es kommen soll.«

Grete hatte Feda in den Arm genommen, und beide weinten um ihre Freundin, die sie, jede auf ihre Art, so geliebt hatten, und die sie jetzt schon so schmerzlich vermissten.

»Ida war meine einzige Freundin, sie hat mich immer verstanden und nie verurteilt für das Leben, was ich geführt habe. Willst du meine Freundin sein, Grete? Ich brauche einen Menschen, dem ich mich anvertrauen kann.«

»Das will ich«, strahlte diese und nun hatte Ida noch einen Menschen glücklich gemacht.

Der Saal der Loge war überfüllt. Die Sitzplätze reichten nicht aus, viele mussten stehen. Die Särge, über und über bedeckt mit weißen Lilien, Idas Lieblingsblumen, waren umgeben von riesigen Kandelabern mit brennenden Kerzen. Es herrschte ein betäubender Duft, ein Gemisch aus Blüten, Wachs und dem Parfüm der anwesenden Damen. Es war kurz vor drei, die Trauergemeinde war schon vollständig versammelt, als Feda, zusammen mit der engsten Familie, den Saal betrat. In einer der hintersten Reihen erblickte sie Hajo von Orlov, der sie mit einem Kopfnicken begrüßte. Ihr Herz raste. Idachen, siehst du, was mit mir passiert, siehst du das?!, hielt sie mit ihrer toten Freundin Zwiesprache.

Die Familie hatte in der vorderen Reihe Platz genommen. Plötzlich gingen Walter und Alfred Hand in Hand vor zu den beiden Särgen. Niemand hatte das mit ihnen abgesprochen. Ihre kleinen Hände strichen über das dunkle Holz, sie drückten ihre Stirnen dagegen und weinten herzzerreißend. Es waren die ersten Tränen von Walter seit der Nachricht vom Tode seiner Eltern. Der Anblick dieser verzweifelten Kinder brach den Anwesenden das Herz. Als dann auch noch der Oratorienverein das Lied »Wenn ich einmal soll scheiden« aus Bachs Matthäuspassion anstimmte, konnte auch der hart gesottenste unter den Trauergästen seine Tränen nicht zurückhalten.

Pfarrer Henkiel, Idas Bruder, auch er schämte sich nicht seiner Tränen, führte die beiden weinenden Kinder auf ihren Platz zwischen ihrer Großmutter und Feda, und nachdem er sich gefasst hatte, begann er mit seiner ergreifenden Trauerrede. Danach wurden, begleitet von dem Choral »Dein Will gescheh' allzeit, o Herr«, die Särge auf die Leichenwagen gehoben.

Angeführt wurde der Trauerzug von der Kapelle des litauischen Ulanenregiments Nummer zwölf, und unter den Klängen des Chopinschen Trauermarsches setzte sich der Zug in Richtung des nahe gelegenen Friedhofs in Bewegung. Als Erstes hinter den Särgen gingen die beiden Kinder, Hand in Hand, Walter wieder erstarrt in seinem Schmerz. Direkt hinter ihnen die Familienmitglieder, gefolgt von einer unübersehbaren Menschenmenge. Die Zeitungen berichteten von mindestens tausend Trauernden aus allen Ständen und Schichten der Bevölkerung. Und Tausende säumten die Straßen. Am Friedhof musste die Polizei eine Absperrung vornehmen, so groß war der Andrang.

»Eine Trauerkundgebung, wie sie noch nie stattgefunden hatte«, berichtete tags darauf das »Ostpreußische Tageblatt«.

Feda, die gar nicht aufhören konnte zu weinen, spürte plötzlich eine Hand in der ihren.

»Feda, ich möchte Sie in den Arm nehmen und trösten«, flüsterte ihr eine Stimme ins Ohr. »Ich habe meine Abreise verschoben. Ich logiere im ›Gasthaus zum Hirschen‹, bitte kommen Sie später, ich erwarte Sie, egal wann.« Ein kurzer Händedruck, und wie ein Spuk war Hajo verschwunden.

Und wieder hielt Feda Zwiesprache mit Ida – sie sollte das bis zu ihrem Lebensende tun – »Idachen, ich bin verliebt, und ich glaube, er ist es auch, und du bist schuld daran.«

Und ihre Tränen waren jetzt nicht nur Tränen der Trauer, sondern auch Tränen des Glücks.

Robert Morell war mit dem Nachtzug aus Bad Pyrmont zurückgekommen. Zehn Tage hatte er dort mit seiner Frau Auguste verbracht, versucht, sie zu trösten und ihr irgendwie zu helfen, ihr Schicksal anzunehmen. Unglücklicherweise hatte er ihr von der Begegnung mit Albert Lackner erzählt, von dessen fünftem Kind, einer Tochter, die er Martha nennen wollte. Mit dieser Geschichte stürzte er sie erneut in tiefste Depressionen. Weinend sagte sie immer wieder: »Wie ungerecht ist diese Welt. Fünf Kinder haben sie, fünf! Und ich kann nicht eins haben.«

Sehr ungern hatte er Auguste allein gelassen. Aber dringende Geschäfte riefen ihn nach Berlin zurück. »Haben hohen Schadensfall-stop-Ihre Anwesenheit hier unbedingt erforderlich-stop.« hatte die Depesche gelautet. Er fühlte sich übermüdet. Das gleichmäßige Rattern der Bahnräder hatte ihn ab und zu in einen unruhigen Schlaf sinken lassen, aber die Sorge um Auguste ließ ihn immer wieder hochschrecken. Wie sollte es bloß weitergehen? Er wusste keinen Rat.

Als er gegen elf sein Büro betrat, erwarteten ihn seine beiden Partner, Hannes Glöckner und Jost Ungeheuer, mit ernsten Gesichtern.

»Was ist los, meine Herren, ist ein Schiff untergegangen oder ein Haus abgebrannt?« Nichts konnte ihre Mienen tragischer aussehen lassen als das. Eine hohe Schadensregulierung hatte bei ihnen fast die Wirkung eines Todesfalles im engsten Familienkreis. Wortlos reichten sie ihm die Depesche aus Insterburg.

»Mein Gott, wie schrecklich. Dieser lebensfrohe, glückliche Mann – tot. Und seine Frau auch. Sie hat gerade ihr fünftes Kind bekommen, als wir uns in Königsberg trafen. Was für eine Tragödie!«

»An unsere Tragödie denken Sie wohl gar nicht? Eine Million Goldmark kostet uns das!« Jost Ungeheuer – der Name passt wirklich zu ihm, dachte Robert Morell nicht zum ersten Mal – starrte ihn wütend an. »Wir werden natürlich erst einmal nicht zahlen. Wir haben unsere Inspektoren Guttke und Jansen hingeschickt, die Sache zu prüfen.«

»Ja, was gibt es denn da zu prüfen, die Lackners sind tot, nach dem Polizeibericht an Kohlenmonoxyd erstickt, sie hinterlassen fünf Kinder, wir sind verpflichtet zu zahlen. Der einzige Grund, nicht zahlen zu müssen, wäre Selbstmord, und das halte ich für völlig ausgeschlossen.«

Jetzt mischte sich Hannes Glöckner ein. »Was ist denn in Sie gefahren, Morell, natürlich zahlen wir erst einmal nicht!« Auch Glöckner würde lieber auf seine Frau verzichten als auf eine Million Goldmark. Was Robert Morell nun auch wieder verstehen konnte.

»Lassen wir doch Guttke und Jansen erst einmal recherchieren. Sie sind erstklassige Leute. Reden wir weiter, wenn wir ihren Bericht haben«, beendete Robert Morell die Diskussion und bei sich dachte er: Ja, das sind sie, gute Leute, bisher haben sie fast immer etwas gefunden, um eine Auszahlung zu verhindern. Und beschämt musste er sich eingestehen, dass er sich darüber nie Gedanken gemacht hatte, obwohl hinter jedem Fall eine menschliche Tragödie gesteckt hatte. Aber diesmal war das anders. Albert Lackner war für ihn nicht nur ein Name in einer Versicherungspolice. Er hatte mit dem Mann einen Nachmittag verbracht, er wollte aus Mitleid mit ihm seine gerade geborene Tochter Martha nennen. Und in diesem Moment kam ihm ein Gedanke, der ihn nicht mehr losließ.

Hermann Lackner war außer sich. Seit Tagen hatte er zusammen mit Götz Hagen, der sich als wirklicher Freund erwies, und Alberts Kanzleivorsteher Schlüter Unterlagen, Bankauszüge, Außenstände der Kanzlei und vor allem unbezahlte Rechnungen zusammengetragen, und es hatte sich ein verheerendes Bild ergeben. Alberts Schulden überstiegen alle Befürchtungen. Und nun auch noch das! Eben war ein Schreiben der Versicherung eingetroffen. Man hatte es ihm sofort hereingereicht, und nachdem er es überflogen hatte, sagte er mit tonloser Stimme: »Nun ist die Katastrophe perfekt. Die Versicherung will nicht zahlen!«

»Warum denn das?« Götz und Schlüter blickten ihn fragend an.

»Es ist ungeheuerlich! Sie behaupten, es sei Selbstmord gewesen. Albert hätte sich und Ida umgebracht. Zwei ihrer Inspektoren hätten in Insterburg und Umgebung Untersuchungen angestellt und auf Grund der hohen Schulden von Albert käme nur ein Selbstmord in Frage. Die Klappe an dem Ofen wäre wohl von ihm selbst geschlossen worden.«

Einige Minuten herrschte Totenstille. Diese Unterstellung war für die drei Männer so abwegig, dass sie erst mal buchstäblich sprachlos waren.

»Du musst klagen, Hermann«, sagte Götz nach einer Weile, »damit kommen die nicht durch.« Und dann berichtete Schlüter von den beiden Inspektoren, die wie zwei schwarz gekleidete Krähen überall herumgeschnüffelt und Erkundigungen eingezogen hatten. In jedem Geschäft hatten sie Fragen gestellt, einen Angestellten der Bank sollten sie sogar für seine Auskünfte bezahlt haben.

»Ich habe Sie nicht beunruhigen wollen, Herr Lackner, deshalb habe ich es Ihnen nicht erzählt«, sagte er. »Was sollten die auch herausfinden? Dass die einen Selbstmord erfinden würden, auf so eine Idee wäre ich nie gekommen. Aber Versicherungen schrecken wohl vor gar nichts zurück.« Er schwieg erschüttert. Seit fünfzehn Jahren arbeitete er in Alberts Kanzlei, hatte dessen vollstes Vertrauen genossen. Und er wusste, nie und nimmer hätte Albert sich und seine Frau umgebracht. Natürlich wusste auch er von den Schulden, aber die Kanzlei lief hervorragend, in ein paar Jahren wären diese getilgt gewesen.

»Ich werde noch heute nach Berlin schreiben, dass ein Selbstmord absolut ausgeschlossen ist und wir die Versicherung auffordern, zu zahlen. Aber ich befürchte, es wird ein Kampf David gegen Goliath!« Hermann war tief deprimiert. Er war kein Kaufmann, er war Bauer und dem, was da auf ihn zukam, fühlte er sich nicht gewachsen.

Es vergingen drei Wochen, bis die Antwort der Versicherung eintraf. Hermann war nach Harpenthal zurückgekehrt. Das Leben ging weiter. Er musste sich um sein Gut kümmern. Götz und Schlüter hatten den Hausstand aufgelöst, für das Personal neue Stellungen gefunden und versucht, Ordnung in das finanzielle Chaos zu bringen. Das Haus stand zum Verkauf, aber bisher gab es noch keinen ernsthaften Interessenten. Götz fuhr mit dem Brief nach Harpenthal.

»Was sollen wir bloß tun?«, fragte Hermann verzweifelt, nachdem er ihn gelesen hatte.

»Man bietet uns hunderttausend Goldmark an. Wenn wir das nicht akzeptieren, bleibt uns nur eine Klage. Der Gerichtsstand ist Berlin. Ein Prozess kann Jahre dauern. Unser Familienanwalt ist tot, und wenn wir verlieren, sind wir alle ruiniert.«

Grete, Hermann und Götz saßen im Rauchzimmer. Jeder hing seinen Gedanken nach. Keiner wollte eine Entscheidung treffen.

»Übrigens, Feda hat mir geschrieben«, unterbrach Grete das bedrückte Schweigen. Sie korrespondierte eifrig mit ihrer neuen Freundin, was ihr half, den Kummer über Idas Tod leichter zu ertragen. »Sie wird Hajo von Orlov heiraten und mit ihm nach Indien gehen.«

»Was?« Hermann erwachte aus seiner Lethargie. »Das erzählst du mir erst jetzt? Das kann ich kaum glauben. Feda, die nie mehr heiraten wollte!«

»Ja, sie ist überglücklich. Ihr einziger Kummer ist, dass Ida das nicht mehr erlebt.« Sie machte eine kurze Pause. »Sie und Orlov haben uns finanzielle Hilfe angeboten. Ich wollte es dir erst sagen, wenn wir den Bescheid von der Versicherung haben.« Grete blickte ihren Mann flehentlich an. Noch nie hatte sie so wichtige Dinge so lange für sich behalten. Aber seit Albert und Idas Tod war plötzlich alles anders.

»Das kommt überhaupt nicht infrage. Wir werden das alleine schaffen.« Und nach einem Moment sagte er: »Wir werden die hunderttausend Goldmark akzeptieren.«

Über Nacht war es Frühling geworden. Wie jedes Jahr kündigten wilde Stürme sein Kommen an. Eis und Schnee begannen zu schmelzen, die Straßen verwandelten sich in schlammige Tümpel, und bald darauf kamen auch die Zugvögel zurück.

Walter und Alfred lebten nun bei Franz und Edda in Kallnelischken. Vormittags wurden sie zusammen mit ihren Cousins Heinrich und Wilhelm und Cousine Gertrude, genannt Trudchen, von einer Privatlehrerin, Fräulein Wiesel, unterrichtet, ein dahinwelkendes älteres Fräulein, das seinem Namen alle Ehre machte. Die Kinder nannten sie den Wiesel, weil sie ständig in Bewegung war. Sie versuchte, ein strenges Regiment zu führen, mit mäßigem Erfolg, wie Edda des Öfteren bemerkte. Es wäre ihr sehr recht gewesen, wenn wenigstens »der Wiesel« den Kindern etwas Disziplin beibringen würde. Sie war dazu überhaupt nicht in der Lage, sie war eine Seele von Mensch und unfähig, die Kinder zu bestrafen, wenn sie wieder einmal etwas angestellt hatten. Und Franz fand, das sei »Frauensache«, wenn Edda von ihm verlangte, endlich »Zucht und Ordnung« bei den Kindern einzuführen.

»Lass mal gut sein, Eddachen«, sagte er dann lachend, »sie sind schon in Ordnung, die Kinder, und Zucht lernen sie früh genug in der Kadettenanstalt.« Sein Heinrich würde im Herbst, zusammen mit Walter, Alfred und Johannes, dem Sohn von Hermann, dorthin gehen und Franz, dem jeglicher Drill zuwider war, hatte schon jetzt tiefstes Mitleid mit allen vieren. Nur zu gut erinnerte er sich an die Erzählungen seines älteren Bruders, der seine ersten Kadettenjahre in Wahlstatt verbracht hatte, wie brutal Erzieher und auch Mitschüler sehr oft mit jungen und vor allem schwächeren Kadetten umgingen.

Heute war wieder einmal so ein Tag. Edda saß mit dem heulenden Trudchen in der Küche und versuchte, sie zu trösten. Sie hatte mit Alfred gestritten, worüber, war erst nach und nach herauszubekommen. Eigentlich war Trudchen überhaupt nicht zimperlich. Sie war ein wildes Kind und stand ihren Brüdern an Kräften in nichts nach. Ihre Mutter hatte ihre kaum zu bändigenden dunklen Locken kurz geschnitten, und nur ihre Baumwollkleidchen ließen sie wie ein Mädchen aussehen.

Sie hatte »blöder Affe« zu Alfred gesagt, daraufhin habe er ihr eine geschmiert und ihr erklärt, er ginge jetzt nach Hause, zu seinen Eltern und seinen Schwestern nach Insterburg. Das hätte sie so erschüttert, dass sie, wie sonst, keine Prügelei mit ihm angefangen habe, sondern einfach in Tränen ausgebrochen sei. Seine Eltern waren doch tot, hatte er das vergessen?

»Die sind viel lieber als du dumme Kuh«, hätte er gebrüllt. Er, der immer verächtlich von den »kleinen Schreihälsen« gesprochen hatte, war voller Sehnsucht nach ihnen, er vermisste sie ganz schrecklich.

»Mein Gott, Franz, wir müssen ihn suchen«, sagte Edda verzweifelt, »es wird bald dunkel und nachts ist es noch kalt.« Sie war den Tränen nahe. »Das arme Kind, es will zu seinen Eltern!« Sie und Franz hatten sich gewundert, wie schnell Alfred scheinbar über den Tod seiner Eltern hinweggekommen war, im Gegensatz zu Walter, der, erstarrt in seinem Schmerz, sich ganz in sich zurückgezogen hatte. Er war höflich und folgsam, ganz das Gegenteil von Alfred, dem Rabauken. Nachts hörten sie Walter manchmal weinen und im Schlaf nach seiner Mutter rufen, und wenn er morgens blass und mit rot geränderten Augen am Frühstückstisch saß, zerriss es Edda das Herz. Sie wusste nicht, wie sie ihn trösten sollte. Mehr, als ihn in den Arm zu nehmen, konnte sie nicht tun.

Mit Alfred war das ganz anders. Er tobte mit den anderen Kindern, prügelte sich mit den Stalljungen und kam fast jeden Abend mit blutigen Kratzern und zerrissenen Kleidern vom Spielen nach Hause. Er sprach nie von seinen Eltern und schien die Zeit in Kallnelischken zu genießen. Und nun das! Er war weggelaufen, nach Insterburg, zu seinen Eltern. Edda war außer sich. Wie hatten sie sich in dem Kind nur so täuschen können!

Franz war inzwischen mit einem Knecht und Walter, der darauf bestanden hatte, bei der Suche nach seinem Bruder dabei zu sein, losgeritten. Ein Stalljunge hatte ihn in Richtung des Vorwerkes weglaufen sehen und auch Walter vermutete, dass er von dort auf der Straße nach Gumbinnen gehen würde.

»Alfred ist nicht blöd«, war das Einzige, was er sagte. Sie waren schon über eine Stunde geritten, es begann bereits dunkel zu werden und Franz hatte größte Bedenken, Alfred heute noch zu finden, als sie in der Ferne eine kleine Gestalt am Straßenrand sahen. Walter hatte ihn zuerst entdeckt. »Da ist er, Onkel Franz, da ist er«, rief er erleichtert. Todesängste hatte er um seinen Bruder ausgestanden.

Ein paar Minuten später hatten sie ihn erreicht. Vor Kälte zitternd, barfuß, wie alle Kinder im Sommer nur mit einem dünnen Hemd und einer kurzen Hose bekleidet, saß er auf einem großen Stein. Sein Gesicht war tränenüberströmt. »Ich will zu

Mama und Papa, bitte lass uns nach Hause gehen«, weinte er, indem er versuchte, Walter mit sich fortzuziehen.

»Unsere Eltern sind tot, Alfred, wir können nicht zu ihnen gehen. Bitte, bitte, lauf nie wieder weg, ich hatte so schreckliche Angst um dich.« Walter hatte Alfred an der Schulter gepackt und schüttelte ihn. »Tu das nie wieder«, rief er immer wieder und dann weinten beide so bitterlich, dass sogar dem Knecht die Tränen kamen.

Die Standpauke von Franz, Edda hatte energisch darauf bestanden, fiel glimpflich aus, zu groß war sein Mitleid mit dem unglücklichen Kind. »Deine armen Eltern sind nicht mehr auf dieser Welt, du musst das jetzt glauben, aber sie sehen alles, was du tust, und sie werden sehr traurig sein, wenn du uns solchen Kummer machst.« Das war das Äußerste, wozu er sich durchringen konnte, aber es verfehlte seine Wirkung nicht.

Alfred blieb zwar der Rabauke und ging keinem Streit aus dem Weg, aber er versuchte, Onkel Franz und Tante Edda möglichst wenig Ärger zu bereiten. In dieser Nacht war er zu Walter ins Bett gekrochen. Der hatte ihm erklärt, dass er jetzt endlich begreifen müsse, dass sie die Eltern nie mehr wiedersehen würden und dass sie beide immer füreinander da sein mussten. »Wir haben nur noch uns, Alfred, unsere Schwestern sind überall verstreut, wer weiß, wann wir sie wiedersehen.« Und Alfred musste einen feierlichen Schwur ablegen, dass er nie wieder weglaufen würde.

Edda bemerkte es als Erste. Es war Anfang Juli, als Walter sich veränderte. Sein von Ida geerbtes Naturell gewann die Oberhand. Er hatte sein Schicksal angenommen und begann ganz allmählich, wieder am Leben teilzunehmen. Plötzlich tauchte er nachmittags im Stall auf, half wie die anderen beim Füttern der Tiere, ritt mit den Knechten auf die Weide und nahm teil an den Ausflügen der Kinder und Küchenmädchen. Auf einem Pferdewagen fuhren sie einmal in der Woche in die Wälder zum Beerenpflücken und Pilzesammeln, die dann getrocknet und eingemacht für den Winter gehortet wurden.

Man war autark auf den Gütern. Alles Essbare wurde selbst angebaut, das Fleisch war vom eigenen Vieh und die Fische aus dem nahe gelegenen Teich, in den die Kinder im Sommer zum Schwimmen gingen.

Hinter den Ställen unter einer großen Baumgruppe gab es eine unterirdische Kühlkammer. Am Ende des Winters wurden von den Knechten große Eisbrocken aus dem Teich herausgesägt und dorthin geschleppt. Sie hielten in der Kammer monatelang, ohne zu schmelzen, und sorgten dafür, dass die Essensvorräte bis zum Beginn des neuen Winters frisch blieben. Es gab weder Elektrizität noch Gas auf den Gütern, aber eben »natürliche« Kühlschränke! Die Sommer in Ostpreußen waren so heiß wie die Winter kalt. Fast immer schien die Sonne, manchmal gab es abends Gewitter, die die Luft reinigten und die ausgedörrten Felder zur Freude der Landwirte mit genügend Wasser für eine reiche Ernte versorgten.

Wenn ein Gewitter sich ankündigte, herrschte auf dem Hof ein noch regeres Treiben als gewöhnlich. Mit lautem »HüHü« und einer abenteuerlichen Geschwindigkeit fuhren die Knechte die vollen Erntewagen in die Scheunen, das Federvieh wurde in den Stall getrieben und Edda wies die Küchenmädchen an, alle Fenster und Türen zu schließen. Und wenn es dann losging mit

Blitz, Donner und Sturm, saßen die Kinder eng beieinander in der gemütlichen Küche und lauschten den gruseligen Geschichten von Agnes, der alten Mamsell. Je dunkler der Himmel und greller die Blitze, umso schauerlicher und glaubwürdiger erschien ihnen das, was sie zu hören bekamen.

»Einmal, gar nicht weit von hier, ist der Blitz in eine Scheune gefahren und hat einen jungen Zimmermann, der da geschlafen hat, erschlagen. Einen schwarz verkohlten Klumpen hat der Bauer am nächsten Morgen noch gefunden. Nur sein Zimmermannshut lag unversehrt daneben. Seitdem soll es da spuken. Immer bei Gewitter hört man aus der Scheune ein Zimmermannslied.« Alfred nahm sich heimlich vor, gleich morgen Früh in der Scheune nachzusehen, ob er etwas Ähnliches dort finden würde. Ihn ängstigte so schnell nichts. Aber die Geschichte mit dem Kugelblitz, der Agnes, als sie jung war, durch die Küche gejagt hatte, ließ sogar ihn erschauern und veranlasste Trudchen, schnell die blauweiß gestreiften Vorhänge vor die Fenster zu ziehen.

»Ist dir gar nicht aufgefallen, dass Walter sich verändert hat?«, fragte Edda eines Abends ihren Mann, der erschöpft in seinem Lieblingssessel saß, in einer Hand ein Glas Port und mit der anderen den Kopf seines Jagdhundes Harras streichelnd. Es war nicht mehr hell, aber auch noch nicht dunkel. Eine Petroleumlampe verströmte ein warmes gelbes Licht. Franz liebte diese ruhigen Stunden, bevor sie schlafen gingen, in der sie die Tagesereignisse besprachen, jeder von seinen Problemen erzählte oder einfach nur entspannten.

Im Haus war es ganz still. Ab und zu knarzte eine der alten Dielen, und von Zeit zu Zeit drang aus den Ställen das Blöken einer Kuh oder das Schnauben eines Pferdes herüber.

»Hanne hat wieder Blähungen« oder »die trächtige Stute ist heute so unruhig«, pflegte Franz dann zu sagen. »Was ist mit Walter?« Er hatte bereits sein drittes Glas Port geleert und war etwas schläfrig.

»Er hat sich verändert!« Eddas Stimme verriet leichte Ungeduld. Dass ihn die schwangere Küchenmagd und der ständige Streit zwischen Harras und ihrer Lieblingskatze Minka nicht sonderlich interessierte, konnte sie ja verstehen, aber bei ihrem Problemkind Walter sollte er schon mal hinhören! »Walter hat sich verändert, ich glaube, er hat sich verliebt.«

»Was, in wen denn?« Nun war Franz hellwach.

»In Minchen natürlich!« Manchmal fand Edda ihren Mann schon ziemlich beschränkt. »Das sieht doch ein Blinder mit dem Krückstock. Die beiden stecken nur noch zusammen, und seit Walter das Klavier bei Levandowskys entdeckt hat, ist er fast jeden Tag dort.«

»Das ist ja wunderbar, Eddachen, das ist ja mal eine gute Nachricht! Darauf nehme ich noch ein Schlückchen.« Leicht missbilligend sah Edda, wie er sich das Glas zum vierten Mal füllte. Nie hätte sie gewagt, etwas zu sagen, aber einen strafenden Blick konnte sie sich nicht verkneifen.

»Nun lass mal gut sein, mein Mädchen«, sagte Franz belustigt – diese Blicke kannte er! –, »so was muss doch begossen werden.«

Und Edda dachte bei sich, dass es ihm an Gelegenheiten, unmäßig zu essen und zu trinken, wahrlich nie mangelte.

»Vielleicht sind die beiden sich auch näher gekommen wegen ihres gemeinsamen Kummers«, sinnierte Franz laut. Minchens Mutter war vor kurzem an einem Blinddarmdurchbruch gestorben.

»Da magst du Recht haben, sie werden sich gegenseitig trösten«, meinte auch Edda, »aber bevor du die ganze Flasche austrinkst, lass uns lieber zu Bett gehen.«

Minchen Levandowsky, die Tochter des Lackner'schen Verwalters, war acht Jahre alt, ein Jahr jünger als Walter. Sie hatte weißblonde, abstehende Zöpfe und leuchtend blaue Augen. Nicht zu bändigende kleine Kringellöckchen umrahmten ihr braun gebranntes Gesicht. Sie war ein Einzelkind und heiß geliebt von ihren Eltern. Ihre Mutter, eine frühere Klavierlehrerin aus Königsberg, hatte sie bis zu ihrem Tod zu Hause unterrichtet, doch nun besuchte sie den morgendlichen Unterricht von Fräulein Wiesel. Edda hatte ihrem Verwalter sofort ihre Hilfe angeboten.

»Ich bin Ihnen so dankbar, Frau Lackner, das Kind verwildert mir ja sonst völlig. Ich bin den ganzen Tag auf den Feldern und kann mich nicht um sie kümmern.« Levandowsky war kurz davor, seine Fassung zu verlieren. »Ich habe schon überlegt, ob ich sie zu meiner Schwester nach Insterburg geben soll, aber der Gedanke, jetzt auch noch ohne mein Minchen zu sein …« Er konnte nicht weitersprechen.

»Machen Sie sich deswegen keine Sorgen, Levandowsky, wir kümmern uns um das Kind.« Edda strich ihm beruhigend über die Schulter. »Das ist doch das Wenigste, was wir für Sie tun können.«

Walter saß, wie so oft in der letzten Zeit, mit Minchen unter der großen Eiche am Teich. Es war flirrend heiß, kein Lüftchen regte sich. Die anderen Kinder tobten im Wasser und nahmen keine Notiz von ihnen. Anfangs, als Walter immer öfter zu Levandowskys ging, um mit Minchen Klavier zu spielen, hatten die Jungen ihn gehänselt. Mit Mädchen spielte man nicht, jedenfalls nur, wenn es sich nicht vermeiden ließ, und überhaupt, Klavier spielen fanden sie einfach blöd. Und als Alfred dann auch noch laut bemerkte, dass Walter Minchen immer »mit einem verliebten Kuhblick« ansehen würde, hatte der Arme nichts mehr zu lachen. Aber nachdem Edda sich die Jungen eines Tages, wie sie es nannte, »zur Brust genommen«, das heißt, ihnen strengstens verboten hatte, die beiden zu hänseln, schließlich hätten sie einen schrecklichen Kummer und würden sich gegenseitig helfen, ließen sie sie in Ruhe.

»Ich vermisse meine Mutti so sehr«, sagte sie leise, »und mein Vati ruft nachts immer nach ihr und dann weint er, es ist einfach ganz schrecklich.«

Walter streichelte schüchtern ihre Hand. »Ich weiß, Minchen. Ich vermisse meine Eltern auch ganz furchtbar. Es tut so weh, dass ich immer weinen muss. Aber Onkel Franz und Tante Edda sind so lieb und versuchen uns zu helfen, und ich bemühe mich, nicht immerzu traurig zu sein. Onkel Franz hat uns gesagt, dass Mama und Papa alles sehen, was wir machen und alles verstehen. Ich rede immer mit ihnen und erzähle ihnen alles. Danach fühle ich mich ganz erleichtert. Ich habe ihnen auch von dir erzählt, dass du auch so traurig bist, und weißt du, vielleicht haben sich unsere Mütter ja da, wo sie jetzt sind, getroffen und freuen sich, dass wir hier zusammensitzen.« Er machte eine kleine Pause. »Weißt du, dass meine Mama mich mal in Königsberg in ein Konzert mitgenommen hat, es gab Haydn und Mozart. Das war so schön.« Er seufzte. »Seitdem will ich eigentlich Dirigent werden. Mama wollte mir auch einen Taktstock schenken, ganz fest hat sie mir das versprochen, aber ich habe ihn nicht mehr bekommen.« Er schwieg eine Weile. »Ich brauche ihn ja auch nicht. Ich muss Offizier werden. Im Herbst komme ich in die Kadettenanstalt Köslin, zusammen mit Alfred, Johannes und Heinrich.«

»Ich weiß, mein Vati hat es mir gesagt. Er hat mir auch erzählt, dass du drei kleine Schwestern hast. Vermisst du sie?«

»Ja«, sagte Walter, »sehr. Komm, lass uns schwimmen gehen.« Und er zog sie mit sich und stürzte sich in den Teich, damit sie seine Tränen nicht sehen konnte.

Bald darauf begannen die Ferien. Der Wiesel reiste zu ihren alten Eltern nach Kranz, heilfroh, die Lackner'sche Brut, wie sie die Kinder heimlich nannte, zur Hälfte für immer und den Rest wenigstens für zwei Monate los zu sein. Edda hatte Walter, Alfred und Heinrich gebeten, ja regelrecht beschworen, sich besonders nett von ihr zu verabschieden, schließlich mussten sie nie mehr ihren langweiligen Unterricht ertragen. Später, in Köslin, sehnten sie sich manchmal nach dem Wiesel und der herrlichen Zeit ohne Drill und Strafen. Jetzt aber musste Walter, nur ein Jahr älter als sein Bruder, diesem erst mal Prügel androhen, wenn er sich nicht »anständig« benehmen würde. Alfred hatte nämlich erklärt, er würde dem Wiesel auf keinen Fall auf Wiedersehen sagen, da er sie nie, nie wiedersehen wolle. Sie hatte ihm einen Tag vor Ferienbeginn noch eine Strafarbeit aufgebrummt, weil er mal wieder fürchterlich frech gewesen war, und nachsitzen musste er auch.

Um Edda eine Freude zu machen, ging Walter sogar so weit, der ungeliebten Lehrerin ein kurzes, selbst komponiertes Klavierstück zum Abschied zu schenken, was ihm einen dicken, dankbaren Kuss von seiner Tante einbrachte, die große Befürchtungen hegte, dass der Wiesel nach den Ferien nicht mehr erscheinen würde. Und so falsch lag sie damit auch nicht. Des Öfteren hatte diese mit dem Gedanken gespielt, sich in Kranz eine andere Stelle zu suchen. Aber nun, nach diesem reizenden Abschied, verwarf sie, zu Tränen gerührt, alle Überlegungen in der Richtung. »Am fünfzehnten September bin ich wieder da«, versicherte sie der erleichterten Edda. Und das klang absolut glaubwürdig.

Die nächsten Monate war die letzte unbeschwerte Zeit in der Jugend von Walter, Alfred und Heinrich. Franz und Edda wussten das und ließen sie die Tage genießen. Es gab keine Vorschriften und Regeln. Sie konnten aufstehen und schlafen gehen, wann sie wollten. Sie mussten nicht helfen, wenn ihnen nicht danach war, nur zu den Mahlzeiten hatten sie pünktlich zu erscheinen. Sonst bekamen sie nichts zu essen. Extra gekocht wurde für niemanden. Es war Erntezeit und alle Dienstboten im Haus hatten reichlich zu tun. Aber da niemand Druck ausübte und die Kinder wussten, dass jede Hand gebraucht wurde, halfen sie freiwillig und voller Freude.

Ein großes Ereignis war die Kartoffelernte. Seit Tagen hatten die Kinder sich darauf gefreut. Bei Sonnenaufgang versammelten sich alle, auch die Tagelöhner aus dem Dorf, auf dem Hof. Die bereits angespannten Wagen wurden mit Kannen frisch gemolkener Milch und Körben voller Proviant beladen und als alle aufgesessen waren, rief der Knecht auf dem ersten Gefährt: »Na, denn mal los!«, und gab den Pferden einen leichten Schlag mit der Peitsche. Der Wagen setzte sich langsam in Bewegung, zum Entsetzen von Walter.

»Knut, wir müssen auf Minchen warten«, sagte er eindringlich zu dem Knecht, der den Wagen lenkte, auf dem er mit seinem Bruder und Heinrich saß.

»Minchen ist nicht da, ach Jottchen, Minchen ist nicht da«, äffte ihn Alfred nach, mit den Augen rollend und seinem Bruder einen Vogel zeigend.

Heinrich kugelte sich vor Lachen. Vergessen war die Strafpredigt seiner Mutter und begeistert wiederholte er zusammen mit Alfred: »Minchen ist noch nicht da, ach Jottchen, Minchen ist noch nicht da.«

Gerade als Walter sich wutentbrannt auf die beiden stürzen wollte, kam Levandowsky im Galopp auf den Hof geritten, vor sich auf dem Pferd Minchen, die er direkt auf dem fahrenden Wagen ablud. Sofort hörte der spöttische Singsang auf. Vor Levandowsky hatten sie Respekt, und auch eine Prügelei hätte womöglich zur Folge gehabt, dass alle drei nicht mit auf das Feld gedurft hätten.

Die Fahrt ging durch abgeerntete Kornfelder, vorbei an sanften Hügeln und bewaldeten Seen. Fast eine Stunde dauerte die Fahrt. Die Knechte hatten ein Lied angestimmt, und die Kinder sangen begeistert mit. Das Leben war schön! Morgens war es noch frisch gewesen, auch als sie mit der Arbeit begannen, war die Temperatur einigermaßen erträglich, aber gegen Mittag brannte die Sonne erbarmungslos auf die ungeschützt daliegenden Felder. Alle arbeiteten hart, auch bei den helfenden Kindern wurden keine Faxen geduldet. Mittags wurde eine Pause gemacht, unter einer Baumgruppe am Rande des Ackers gab es Milch, Brot und Speck. War ein See in der Nähe, schwammen die Kinder, und dann ging es weiter, bis die Wagen mit den vollen Säcken beladen waren.

Todmüde saßen alle bei der Heimfahrt obendrauf, glücklich und zufrieden. Minchen war eingeschlafen, ihr Kopf lag an der Schulter von Walter. Normalerweise hätte sich Alfred nicht verkneifen können, dazu eine Bemerkung zu machen, aber heute war er einfach zu müde.

Morgen wird ihm dazu schon was einfallen, dachte Walter schläfrig, aber jetzt war auch er zu müde und vor allem zu glücklich, sich darüber Gedanken zu machen. Ich glaube, ich muss ihn einfach mal ordentlich verhauen, dachte er noch, bevor auch er einschlief.

Im Herbst, wenn die Kartoffeln eingefahren waren, gab es als krönenden Abschluss die Kartoffelfeuer. Das getrocknete Kartoffelkraut wurde auf den Feldern zu Haufen zusammengekehrt und am frühen Abend angesteckt. Um den größten Haufen saßen dann alle Helfer, Knechte, Mägde und die Kinder, brieten an langen Stöcken Kartoffeln, sangen und tanzten um das Feuer. Erst wenn alles niedergebrannt war, kehrten sie satt, müde und zufrieden nach Hause zurück.

Die Ferien gingen zu Ende, und der Tag der Abreise nach Köslin rückte immer näher. Walter schwankte zwischen Wehmut, würde er doch Tante Edda und Onkel Franz und vor allem Minchen für lange Zeit nicht sehen, und einer Art Spannung, was ihn in Köslin wohl erwarten würde. Seinen Traum, Dirigent zu werden, hatte er für immer begraben. Seine Eltern, die, wie sein Onkel ihm versichert hatte, alles sahen, sollten stolz auf ihn sein. Er wollte ein guter Soldat werden, aber begeistert war er nicht.

Alfred und Heinrich dagegen sprachen seit Wochen von nichts anderem. Offiziere wollten sie werden, mindestens General, noch besser Feldmarschall, Kriege führen und Volk und Vaterland verteidigen. Jeden Tag spielten sie »Krieg« und gingen ihrer Umwelt damit erheblich auf die Nerven. Die Geschichten von General Brietzke dienten als Vorlage, mal war

Alfred Kommandeur, mal Heinrich. Auch Napoleon, von dem ihnen Onkel Karl so viel erzählt hatte, diente als Vorbild für ihre erfundenen Schlachten.

Aber heute wurde nicht gekämpft und auch keinen traurigen Gedanken nachgehangen. Heute, es war ein wunderbarer warmer Spätsommertag, war Erntedankfest. Ein Schwein und unzählige Hühner waren geschlachtet worden. Franz hatte ein paar Hasen geschossen und die Mamsell und die Küchenmädchen waren seit Tagen damit beschäftigt, Suppen, Würste, Pasteten und Sülzen zu machen. Es wurde gebraten und gebacken, und das Haus war erfüllt von den köstlichsten Gerüchen. Das Erntefest war das wichtigste Fest im Jahr. Alle, die so hart bei der Ernte mitgearbeitet hatten, Knechte, Mägde und Tagelöhner aus dem Dorf, nahmen daran teil. Freunde von benachbarten Gütern wurden erwartet und Großmutter Lackner war mit Karl aus Lindicken angereist. Sogar Tante Anika, die Dörrpflaume, war mitgekommen, nachdem sie gehört hatte, dass Feda nach Indien abgereist war.

»Noch einmal mit dieser Person unter einem Dach hätte ich nicht überlebt«, versicherte sie allen Ernstes ihrer Schwester.

»Du hast einen Knall, Anika«, hatte diese nur geantwortet und war zur Tagesordnung übergegangen.

Auf der Wiese neben dem Teich im Schatten der hohen Eichen waren lange Tische aufgestellt, mit blau karierten Tischdecken und bunten Feldblumensträußen, die Minchen und Trudchen gepflückt hatten. Auch die Jungen halfen kräftig mit. Sie schleppten die langen Sitzbänke aus der Scheune herbei und gingen den Knechten zur Hand, die ein Podest zusammenzimmerten, auf dem später getanzt werden sollte. Die Feuerwehrkapelle aus Gumbinnen würde dazu aufspielen. Um sechs Uhr versammelten sich alle auf der Wiese. Jeder hatte sich, so gut er konnte, fein gemacht. Edda trug ihr Buntgeblümtes, über dem Busen bereits ein bisschen eng, und Franz hatte sich in seinen dunklen Rock gezwängt, auch er hatte schon wieder zugenommen.

»Ida würde mit den Augen rollen, wenn sie uns sehen könn te«, sagte er zu Edda. Er lachte gutmütig. »Ich glaube, der arme Albert hat nie genug zu essen bekommen, so schlank wie er war, Ida hat ein strenges Regiment geführt. Mein Gott, Eddachen, jetzt sind sie man gerade ein halbes Jahr tot, eigentlich habe ich es immer noch nicht ganz begriffen.«

Die Kinder hatten sich waschen und die Haare kämmen müssen, alle Proteste halfen nichts, Edda bestand darauf. »Du wirst dich daran gewöhnen müssen, Alfred, in Köslin herrschen andere Sitten als hier«, bekam er, der wieder am lautesten gezetert hatte, von seiner Tante zu hören. Die Mädchen hatten bunte Blumenkränze im Haar und Minchen sah entzückend aus in einem weißen, langen Kleid, das ihre Mutter noch kurz vor ihrem Tod genäht hatte.

Nachdem der Pfarrer die Ernte gesegnet hatte, hielt Franz eine kurze Ansprache, denn lange Reden waren seine Sache nicht. »Wie jedes Jahr feiern wir heute unser Erntefest. Ich freu mich, dass ihr alle da seid, um diese besonders gute Ernte zu feiern. Wir haben ja auch schon andere Jahre gehabt. Und ich danke allen, die daran so fleißig mitgearbeitet haben.« Er machte eine kurze Pause.

»Wie ihr alle wisst, beginnt morgen für meinen Heinrich und meine Neffen Walter und Alfred der Ernst des Lebens, auch Johannes aus Harpenthal ist mit dabei. Sie reisen nach Köslin in die Kadettenanstalt. Dort soll man ihnen Zucht und Ordnung beibringen«, er lachte, »das, was Edda immer von mir verlangt hat und was mir leider nicht gelungen ist.« Er zwinkerte seiner Frau verschmitzt zu. »Nun lasst uns auf die Jungen trinken und dann ordentlich feiern.« Inzwischen hatte jeder ein Glas Schnaps in der Hand. Es erscholl ein lautes »Prosit« und die Kapelle spielte einen Tusch.

Die anfängliche Verlegenheit bei dem Gesinde war nach dem dritten Glas wie weggeblasen. Es wurde laut gelacht, geredet, unmäßig gegessen und getrunken. Das gehörte dazu in Ostpreußen. Die Tische bogen sich unter den Köstlichkeiten, die Schnapsflaschen waren in Windeseile leer und mussten ständig nachgefüllt werden. Als die Dunkelheit hereinbrach, wurden Fackeln aufgestellt, die Kapelle spielte Polka und Walzer, Jung und Alt tanzte, und die Stimmung hätte nicht besser sein können.

Karl, Edda und Franz hatten sich in eine ruhige Ecke unter der großen Eiche zurückgezogen. Die beiden Herren rauchten die obligatorischen Zigarren, während Edda sich ein großes Glas Likör genehmigte. Heute würde auch sie einmal über die Stränge schlagen, war es ihr doch so schwer ums Herz, die drei Jungen morgen ziehen zu lassen.

»Ich bin dir so dankbar, Karl, dass du die Kinder nach Köslin begleitest«, wandte sie sich an ihren Schwager. »Sie sind ja noch so klein, und es ist doch eine so lange Bahnfahrt.«

»Lass das bloß die Jungen nicht hören«, sagte Karl lachend, »die halten sich doch schon jetzt für Feldherren. Johannes steigt in Insterburg zu, Hermann ist auch froh, dass ich das übernehme, er hat seine Ernte noch nicht ganz drin. Ich freue mich, meinen alten Kameraden Kothe mal wieder zu sehen, ich werde ihn bitten, ein besonderes Auge auf die vier zu werfen.«

Kothe und er hatten in ihrer Kadettenzeit einige Jahre die Stube miteinander geteilt, sicher würde er ein offenes Ohr für seine Bitte haben. Karl zog genüsslich an seiner Zigarre. »Walter scheint es ja besser zu gehen. Das letzte Mal, als ich ihn gesehen habe, war er noch ganz verstört.« Er blickte zur Tanzfläche, wo Walter mit Minchen und den anderen Kindern zwischen den Erwachsenen herumsprang.

»Er hat so viel von Ida«, sagte Edda, »ich glaube, er hat begriffen, dass nichts seine Eltern zurückbringen wird und dass er jetzt für seine Geschwister verantwortlich ist, vor allem für Alfred, den kleinen Rabauken. Er ist so diszipliniert und trotzdem fröhlich, und seit er in Minchen verliebt ist, geht es ihm richtig gut«, strahlte sie.

»Was, er ist verliebt, er ist doch gerade mal neun.«

»Nun tu mal nicht so«, grinste Franz, »als du zehn warst, war kein Rock vor dir sicher und mit zwölf hat Vater dich im Heu von einer Magd runtergeholt.«

Karl protestierte heftig.

Aber Franz erzählte immer deftigere Schwänke aus der Jungend seines Bruders, zum Entzücken der langsam betrunken werdenden Edda, die nur bedauerte, dass Tante Anika nicht in der Nähe war. Deren blankes Entsetzen wäre die Krönung des Abends für sie gewesen. Sie konnte die »Dörrpflaume« auf den Tod nicht ausstehen!

Walter hatte, unbemerkt von den anderen, Minchen hinter die Scheune gezogen. Nur gedämpft drang der Lärm zu ihnen herüber. Sie saßen auf einer Bank und hielten sich an den Händen.

»Minchen, morgen Früh fahre ich, soll ich dir mal schreiben?«

»Ja, bitte, ich schreibe dir dann auch, wie es hier ist, mit dem Wiesel und so …« Es fiel ihr nichts mehr ein.

»Du musst nur schreiben, dass du meine Cousine bist, man darf nur Post von Verwandten bekommen«, sagte Walter. Onkel Karl hatte den Jungen am Morgen bereits einige Tipps gegeben und versucht, ihnen ein bisschen zu erklären, was sie im Kadettenkorps erwartete. Plötzlich, Walter hatte seinen ganzen Mut zusammengenommen, drückte er ihr einen feuchten Kuss auf den Mund.

»Sind wir jetzt verlobt?«, fragte Minchen ernst.

»Ja«, sagte Walter.

Es war weit nach Mitternacht, als die Kapelle aufhörte zu spielen und die Letzten nach Hause gingen, glücklich, satt und betrunken. Walter hatte sich verlobt, Alfred den ersten Rausch seines Lebens und beide am nächsten Morgen einen mächtigen Kater.

Walter war verzweifelt. Ganz schnell hatte er begriffen, was die Worte »Zucht und Ordnung«, über die zu Hause und auch von Onkel Franz immer mit einem Augenzwinkern gesprochen worden waren, wirklich bedeuteten. Sie bedeuteten Qual, Unterdrückung und Grausamkeit.

Auf der langen Bahnfahrt von Gumbinnen nach Köslin hatte Onkel Karl versucht, ihnen klar zu machen, was sie in den nächsten Jahren erwartete.

»Euer Leben wird sich ab morgen grundlegend verändern. Um halb sechs ist Wecken, und dann ist der ganze Tag bis zum Zapfenstreich auf die Minute genau eingeteilt. Ihr müsst unbedingt immer pünktlich sein, sonst setzt es Strafen.« Wie grausam, ja geradezu sadistisch diese bisweilen ausfielen, das verschwieg er ihnen lieber. Sie würden es bald genug erfahren. Wie unser Sensibelchen Walter das wohl aushalten wird, dachte er bei sich und fuhr fort: »Schulden machen ist strengstens verboten, ihr müsst mit eurem Taschengeld auskommen und über die Ausgaben genau Buch führen. Der Stubenälteste und die Erzieher prüfen das nach.«

Alfred blickte skeptisch. Das gefiel ihm ja nun gar nicht. Schießen und kämpfen wollte er lernen, aber Buch führen, wozu sollte er so was brauchen? »Und wenn ich das nicht kann?«, fragte er seinen Onkel hoffnungsvoll.

»Das werden sie dir schon beibringen«, meinte dieser und Walter warf großmütig ein: »Ich helf dir schon.« Rechnen konnte er.

»Eure Kameraden werden auch nicht zimperlich mit euch umgehen, aber egal, was sie euch antun, ihr dürft sie niemals bei einem Vorgesetzten verpetzen, das ist verpönt.« Karl erzählte weiter über das nicht gerade schmackhafte Essen, genannt »Kadettenpamps«, über Exerzieren bei Wind und Wetter und das Heimweh, was sie mit Sicherheit in der ersten Zeit haben würden. »Aber das geht vorbei, Jungens, das geht vorbei, ihr werdet sehen.«

Walter war ganz bang ums Herz und auch Johannes sah nicht besonders froh aus. Johannes, der größte und kräftigste der vier, war sensibler, als er aussah und wurde auch nur Soldat, weil es der ausdrückliche Wunsch seines Vaters war. Er hatte keine konkreten Berufswünsche und war auch noch zu jung, um sich gegen den Willen seines Vaters aufzulehnen. Er wusste nur, dass er auf keinen Fall Bauer werden wollte. Im Gegensatz zu seinem Bruder Mathias, den nichts anderes interessierte und der auch einmal Harpenthal übernehmen sollte.

Aber Alfred und Heinrich konnten auch die düstersten Schilderungen die Vorfreude auf ihr neues Leben in keinster Weise trüben. Beide waren gleich alt und auch fast gleich groß, sahen sich sogar ähnlich, nur dass Alfreds Locken blond waren und die von Heinrich braun. Sie waren furchtlos und frech und wurden beide in den Familien nur die »Rabauken« genannt.

Gleich nach ihrer Ankunft in Köslin mussten sie zum »Einkleiden«, während Karl mit seinem alten Freund Kothe im Offizierskasino ein Glas Wein trank. Nach einer herzlichen Umarmung und den üblichen Begrüßungsworten »Wie geht es, alter Knabe?« und »Was machst du jetzt?«, kam Franz sehr bald auf sein Anliegen: »Du weißt ja, dass mein Bruder Albert und meine Schwägerin vor einem halben Jahr auf so tragische Weise ums Leben gekommen sind. Walter leidet ganz besonders unter dem Tod seiner Eltern. Ich wäre dir sehr dankbar, wenn du ihn mit Alfred auf eine Stube und in den gleichen Schlafsaal legen würdest und ihre beiden Cousins möglichst in der Nähe. Du weißt, wie die ›Schnappsäcke‹ (so nannte man die Neuzugänge) oft gequält werden.« Zu gut erinnerte er sich an die groben Scherze seiner Stubenkameraden und hoffte, dass vor allem Walter nicht allzu sehr darunter leider würde.

Kothe lächelte. »Ich habe mir schon gedacht, dass du mich darum bitten würdest und alles bereits in deinem Sinne angeordnet. Wir werden gute Soldaten aus ihnen machen. Hab keine Sorge, ich halte ein Auge auf sie.«

Alfreds und Heinrichs Euphorie hielt nicht lange an, zu sehr hatte sich ihr Leben verändert. Sie wurden gedrillt bis zum Umfallen, mussten Sachen lernen, die sie nicht interessierten und wurden für Dinge bestraft, derer sie sich gar nicht schuldig fühlten.

Es dauerte eine Weile, bis Alfreds Wille gebrochen war. Er war der »Sack«, der jüngste der Stube, und somit der »Diener« des Stubenältesten Günther Nowotzki. Er musste in seiner knappen Freizeit nicht nur seine eigenen Sachen in Ordnung halten, sondern auch die seines »Herrn«. Er musste putzen, aufräumen und Knöpfe annähen, bekam Fußtritte für nicht richtig gewienerte Uniformknöpfe und Backpfeifen für aufmüpfige Antworten. Jetzt war er es, der nachts weinend auf seiner harten Pritsche in dem großen Schlafsaal lag und sehnsüchtig an Fräulein Wiesels langweiligen Unterricht zurückdachte.

Eines Tages hatte er einen Brief an Onkel Karl geschrieben und ihm sein Leid geklagt. Nowotzki hatte ihn dabei erwischt, ihm erst »eine in die Fresse gehauen«, wie er laut verkündete und den Brief dann später der Stube laut vorgelesen. Nun war Walters Geduld zu Ende. Wochenlang hatte er hilflos mit ansehen müssen, wie sein kleiner Bruder von Tag zu Tag mehr schikaniert und immer unglücklicher wurde. Jetzt reichte es.

»Hör auf, Nowotzki«, sagte er eines Tages ruhig, »es ist genug.«

»Willst du auch eine in die Fresse kriegen?«, sagte dieser leicht irritiert.

Walter blickte ihn gelassen an. »Wage es nur, Nowotzki, du wirst dein blaues Wunder erleben.«

In dem Moment erklang der Zapfenstreich, das Zeichen, sofort ihre Stube zu verlassen und die Schlafsäle aufzusuchen.

Alfred lag schluchzend unter seiner Decke. »Lass uns abhauen, Walter, ich will hier weg.« Sein Gesicht war tränenüberströmt, sein Körper zitterte vor Wut und Enttäuschung. »Es ist ganz schrecklich hier, ich will nach Hause.«

»Wir haben kein Zuhause mehr, Alfred, hast du das immer noch nicht begriffen? Wir müssen durchhalten.«

In diesem Moment betrat Leutnant Orner, der unter permanenter Schlaflosigkeit litt, den Schlafsaal. Es war strengstens verboten, nach dem Zapfenstreich noch zu sprechen, und Orner war gefürchtet für seine sadistischen Strafen. Am schrecklichsten war das »am Bett stehen bleiben«, vor allem, wenn Orner Dienst hatte. War das Normalmaß bei anderen Offizieren fünf bis zehn Minuten, konnte es bei ihm bis zu einer Stunde und mehr dauern. »Walter Lackner, raus aus dem Bett und strammstehen«, befahl er, und vor Wut und Kälte zitternd, stand der Arme fast eine Stunde am Fußende seine Bettes, nur froh, dass es nicht Alfred erwischt hatte.

Am nächsten Morgen hatte er eine starke Erkältung, was Leutnant Orner zu der Bemerkung veranlasste: »Sie sollten wohl lange Unterhosen tragen, Lackner, so empfindlich wie Sie sind.«

»Jawohl, Herr Leutnant«, war die knappe Antwort Walters, froh, dass niemand Gedanken lesen konnte!

In dieser Nacht hatte er einen Plan geschmiedet, wie sie Nowotzki klein kriegen würden. In der großen Pause besprach er diesen mit seinen Cousins. Johannes war der stärkste und kräftigste von ihnen und hatte seine körperliche Überlegenheit schon mehrere Male beim »Dreschen« unter Beweis gestellt. Unter Dreschen verstand man den Zweikampf mit Fäusten, möglichst auf Nase und Mund, und es war wichtig, dass viel

Blut floss. Der Gewinner galt als »stramm« und wurde allgemein akzeptiert. Nowotzki war zwar drei Klassen über Johannes und galt als besonders »stramm«, aber Johannes hatte einen großen Vorteil. Einer der Knechte in Harpenthal hatte ihm das Boxen beigebracht.

»Dat wirste schon noch jut jebrauchen können, Jungchen«, hatte er gesagt, »deine Linke is jranatenhaft.«

Wie Recht er haben sollte! Diese »jranatenhafte« Linke hatte Johannes schon einigen Respekt und Siege auf dem Hof eingebracht. In der nachmittäglichen Freistunde stellte er sich Nowotzki in den Weg. »Ich höre, du schikanierst meinen kleinen Cousin. Wenn du das nicht lässt, haue ich dir eine in die Fresse.«

Die Provokation war ungeheuerlich. Nowotzki blickte Johannes ungläubig an. »Sag mal, hast du noch alle Tassen im Schrank ...« konnte er gerade noch rausbringen, da krachte ihm schon Johannes' Faust ins Gesicht, blitzschnell ein paarmal hintereinander. Bevor er begriff, wie ihm geschah, lag er am Boden, aus der Nase und einer geplatzten Augenbraue stark blutend. Das Ganze war so schnell gegangen, dass kaum einer der anderen Zöglinge etwas mitbekommen hatte.

Nun stand Walter mit flammendem Blick über ihm. »Hör gut zu, Nowotzki, wenn du noch einmal meinen Bruder oder einen anderen aus unserer Stube schlägst oder trittst, wirst du von Johannes vor aller Augen verdroschen. Ist das klar?«

Johannes' Sieg über Nowotzki hatte sich wie ein Lauffeuer verbreitet und dessen verquollenes Gesicht hatte sein Übriges getan.

»Was ist mit Ihnen passiert, Nowotzki?«, fragte der Kompanieführer beim abendlichen Appell.

»Bin unglücklich gegen die Tür gelaufen, Herr Unteroffizier Kluge«, war die von unterdrücktem Kichern begleitete Antwort.

Schlagartig, im wahrsten Sinne des Wortes, war das Leben der »Lackner-Clique«, wie sie jetzt hießen, erträglicher geworden. Johannes galt als der »Kompaniesträmmste« und kaum einer versuchte, sich mit ihm oder seinen Cousins anzulegen. Auch Nowotzki hatte verstanden. Er wagte nicht mehr, seinen »Sack« über Gebühr zu beanspruchen oder gar zu prügeln, noch nahm er ihm weiterhin die Hälfte des karg bemessenen Taschengeldes ab, das gerade mal fünfundsiebzig Pfennig betrug. Wie schwer war es dem armen Alfred gefallen, den »Tribut« an seinen Peiniger in seinem Ausgabenbuch unterzubringen, wurde dieses doch ständig kontrolliert. Nur mit Walters Hilfe war ihm das gelungen.

Walter wurde heimlich von Johannes und Heinrich glühend beneidet, sogar Alfred war ein bisschen eifersüchtig. Denn Walter bekam Post! Minchen erwies sich, jedenfalls am Anfang, als überaus eifrige Schreiberin. Nach dem Mittagsappell gab der Kompaniechef die Briefe aus. Dann musste der Empfänger ihn öffnen, die Unterschrift vorzeigen und melden, von wem dieser war. Schon eine Woche nach ihrer Ankunft in Köslin hatte Walter seinen ersten Brief bekommen.

»Nun, Lackner, von wem ist Ihre Post?«

»Von meiner Cousine, Herr Kompaniechef«, log Walter mit hochrotem Kopf, sich gerade noch an die Worte von Onkel Karl erinnernd. Johannes und Heinrich blickten starr geradeaus, und Alfred konnte noch durch einen kräftigen Tritt gegen das Schienbein daran gehindert werden, eine freche Bemerkung zu machen.

»Halt bloß die Klappe«, zischte Johannes ihm zu, »sonst beziehst du Dresche«, was Alfred tatsächlich dazu brachte, sich bei den folgenden Briefausgaben vorbildlich zu verhalten.

Anfangs kam fast jede Woche ein Brief von Minchen, und von Mal zu Mal fiel es Walter leichter, auf die Frage nach dem Absender »Von meiner Cousine, Herr Kompaniechef« zu sagen.

Nach einiger Zeit konnte sich dieser in einem Anfall von Humor nicht verkneifen, Walter zu antworten: »Wie schön, dass Sie eine so schreibfreudige Cousine haben, Lackner«, und zu den drei anderen Lackners gewandt: »Mit Ihnen scheint sie aber nicht verwandt zu sein«, was in den hinteren Reihen prustendes Gelächter auslöste.

»Nun, Thiele, haben Sie etwas gesagt?«

»Nein, Herr Kompaniechef, ich habe mich verschluckt«, war die diplomatische Antwort des vor Lachen fast platzenden Zöglings.

Anfänglich schrieb Walter eifrig zurück. Gab es doch so viel Neues zu berichten, über den minuziös eingeteilten Tagesablauf, das Exerzieren, den Unterricht, der sich so sehr von dem des »Wiesels« unterschied, und dass er möglichst oft im Unteroffiziersraum Klavier spielte. Und natürlich gefiel es ihm, als Einziger der vier von einem Mädchen Post zu bekommen, das keine Cousine war. Aber ganz allmählich schlief der Briefverkehr ein. Was Minchen aus Kallnelischken berichtete, war nun wirklich nicht sehr aufregend, es passierte eigentlich gar nichts, und im Leben Walters war inzwischen Routine eingekehrt. Was er sich gern von der Seele geschrieben hätte, nämlich sein anfängliches Entsetzen über die Brutalität einiger Zöglinge und Erzieher, Alfreds Leiden unter ihrem Stubenältesten und seine

Sehnsucht nach den toten Eltern, das konnte er nicht. Alle Briefe mussten dem Erzieher unverschlossen übergeben werden und wurden von dem gelesen. Es war verpönt zu klagen, man galt dann als »Weichei« und bekam das von allen Seiten zu spüren.

Im Dezember traf ein Brief von Anstaltsleiter Kothe in Lindicken ein.

»Mein lieber Karl,
wie versprochen, möchte ich dir heute von deinen Neffen berichten. Alle haben sich nach den üblichen Eingewöhnungsschwierigkeiten gut eingelebt und geben keinerlei Anlass zur Klage. Alfred, der Jüngste, hatte wohl als Sack von Nowotzki – er ist ein schrecklicher Rüpel – anfangs Probleme, aber Johannes, der sich mit seinen Boxkünsten beim Dreschen größten Respekt verschafft hat, er gilt als der »Kompaniesträmmste«!, hat Nowotzki wohl das Fürchten beigebracht, und nun herrscht Ruhe auf der Stube. Du weißt, die Erzieher halten sich, wenn möglich, aus den Streitigkeiten unter den Zöglingen heraus, und ich bin froh, dass dieses kleine Problem sich nun erledigt hat.

Heinrich ist unauffällig, aber ganz Erstaunliches kann ich dir von Walter berichten, eurem »Problemkind«, wie du dich auszudrücken beliebtest. Er ist ein hervorragender Schüler, wirkt nicht besonders unglücklich, im Gegenteil, er unterhält seine Kameraden mit Klavierspiel im Unteroffiziersraum und beteiligt sich an allen sportlichen Aktivitäten.

Ich bin froh, dir diesen erfreulichen Bericht schreiben zu können. Sei versichert, dass wir aus deinen Neffen hervorragende Soldaten machen werden, mit einer heiligen Liebe zu Kaiser und Vaterland …«

»Und zum Tod«, warf Großmutter Lackner angewidert ein, bevor Karl, der seiner Mutter den Brief laut vorgelesen hatte, verunsichert zu Ende las:

»... mit kameradschaftlichen Grüßen
dein alter Freund Kothe«

»Du weißt, wie ich es hasse, dass Kinder zu Soldaten gemacht werden, gedrillt bis zum Umfallen, mit eingetrichtertem Kadavergehorsam und einer, ja wie soll ich sagen, fast einer Sehnsucht nach dem Tod. Für das Vaterland sterben! Wenn ich das schon höre!« Amalie Lackner ging aufgeregt im Zimmer auf und ab. »Wenn es nach mir gegangen wäre, hätte ich dich nie nach Wahlstatt gehen lassen. Aber dein Vater war ja unerbittlich, genau wie Albert bei Walter.« Ihre Stimme war ganz leise geworden. »Und wie habe ich Ida verstanden, die alles versucht hat, Walter wenigstens noch ein Jahr von dieser Schreckensanstalt zu ersparen.« Sie hielt für einen Moment inne.

»Jedes Mal, wenn du in den Ferien nach Hause gekommen bist, warst du übersät mit blauen Flecken. ›Es ist nichts, Mama‹, hast du dann gesagt und mich traurig angesehen. Im ersten Jahr hast du immer geweint, wenn du wieder zurückmusstest, mir ist bei jedem Abschied das Herz gebrochen.« Für einige Minuten war es totenstill.

Karl legte den Arm um seine Mutter. »Reg dich nicht so auf, Mama, ich habe es doch ganz gut überstanden, sogar den Krieg. Zum Sterben hatte ich wirklich gar keine Lust.« Karl war beunruhigt, selten hatte er sie so erregt gesehen.

Aber Amalie Lackner hatte sich schon wieder in der Gewalt. »Ich bin sehr froh, dass Walter es offensichtlich besser erträgt, als wir alle befürchtet haben. Aber jetzt sage ich dir etwas, was dir nicht gefallen wird. Wenn die Kinder an Weihnachten hier sind, und Walter und Alfred so verzweifelt sind wie du damals, werde ich dafür sorgen, dass sie nicht nach Köslin zurückmüssen. Ich will, dass sie halbwegs glücklich werden, das bin ich der armen Ida schuldig!«

Weihnachten 1900. Das erste Weihnachten ohne Albert und Ida. Um es für Walter und Alfred halbwegs erträglich zu machen, hatten alle dankbar Großmutter Lackners Einladung angenommen, das Fest gemeinsam in Lindicken zu feiern. Die Einzige, die diese Idee nicht so großartig fand, war Anika.

»Mein Gott, die vielen Menschen, ob meine Nerven das aushalten werden?«, hatte sie mit leidender Stimme zu ihrer Schwester gesagt, was diese dazu brachte, völlig die Contenance zu verlieren.

»Du kannst ja Weihnachten im ›Hirschen‹ in Insterburg verbringen, alte Dörrpflaume«, schrie sie, »und wenn du lieber in einem Damenstift leben willst, bitte, ich habe nichts dagegen!« Sie ging aufgeregt im Zimmer auf und ab.

»Dörrpflaume, was meinst du damit?« Anika starrte sie entgeistert an.

Nun war es ganz aus mit Amalies Fassung: »Damit du es endlich weißt, du Schnepfe, so nennt dich die ganze Familie schon seit Jahren«, ihre Stimmer überschlug sich fast, »allen gehst du mit deinem Getue auf die Nerven, hast du das immer noch nicht gemerkt?«

»Was ist denn hier los?« Karl, angelockt von dem Geschrei, stand in der Tür.

»Deine Tante, die alte Nervensäge, will in ein Damenstift«, sagte seine Mutter, worauf Anika in Tränen ausbrach.

»Ich will überhaupt nicht in ein Stift, wie kommst du bloß darauf, Amalie?«

»Nun, wenn wir dir alle dermaßen auf die Nerven gehen, dachte ich, es wäre das Beste für dich«, sagte diese schneidend, »aber wenn du hier bleiben willst, bitte, nur hör um Gottes willen auf, uns auf die Nerven zu gehen.« Und mit den Worten: »Von dem, was ich gesagt habe, nehme ich nichts zurück!« rauschte sie hinaus.

Und nun war Weihnachten. Franz und Edda mit Wilhelm und Trudchen sowie Hermann und Grete mit ihren Kindern Alexa, Mathias und Lucie waren von ihren Gütern schon angereist, und natürlich Wilhelmine mit Paula, die in Insterburg lebten. Auch Asta, das Kindermädchen war dabei. Deren Bräutigam hatte sie kurz vor der Hochzeit sitzen lassen.

»Er will Marie heiraten, die hässliche Tochter vom Kohlenhändler Kaschuba«, hatte Asta geweint. »Was soll ich jetzt bloß machen?«

»Ganz einfach, du bleibst bei mir und Paula, und dann suchen wir in Ruhe einen neuen Mann für dich«, hatte Wilhelmine gesagt, heilfroh, dass Paula sich nicht an ein neues Gesicht gewöhnen musste. Was dem einen sein Uhl, ist dem anderen sein Nachtigall, dachte sich Wilhelmine. Mit der Männersuche konnte man sich ja ein bisschen Zeit lassen!

Heute sollten die Jungen ankommen. Janosch war mit dem Schlitten zur Station gefahren. »Wen holste denn heute ab? Lindicken is ja man schon janz voll«, wurde er von Hannes, dem Bahnwärter begrüßt.

»Die Jungen kommen aus Köslin.« Mehr musste er nicht sagen, jeder wusste hier über jeden Bescheid. Janosch und Hannes gehörten zur Generation von Mathias und Amalie Lackner, hatten deren Kinder und Enkel heranwachsen sehen, da benötigte es keinerlei weitere Erklärungen. »Is ja man wieder lausig kalt.« Mit diesen Worten schob Hannes seinen alten Gefährten in sein warmes Wärterhaus.

»Nu wärm dir man erst auf, bist ja janz steif jefroren«, kommentierte dieser, während er ihm den obligatorischen Schnaps anbot, und sagte: »Is noch 'ne Weile hin bis zur Ankunft.«

Pünktlich um 15 Uhr 39 hielt die Kleinbahn aus Insterburg quietschend und schnaubend an dem einzigen Bahngleis, vier kleine Gestalten in Uniform mit weißen Handschuhen auf dem Bahnsteig zurücklassend, eingehüllt in den Dampf der zischenden Lock. Erst als sich dieser verzogen hatte, entdeckten sie Janosch. Ihr anfängliches Entsetzen, man könnte sie womöglich vergessen haben, verwandelte sich in überschwängliche Freude. »Janosch, da bist du ja!« Mit diesem Schrei stürzten sie auf ihn zu, klammerten sich an ihn, und dieser, gerührt von der Begrüßung, sagte immer wieder: »Ja, Jungchens, ihr seht ja man schon aus wie kleine Offiziere, janz erwachsen seht ihr ja aus.«

Während sie in größter Eile von ihm auf dem Schlitten in die bereitliegenden Felldecken gehüllt wurden, redeten sie ununterbrochen.

»Wir mussten nur den halben Fahrpreis bezahlen«, berichtete Alfred aufgeregt, und Walter weiter: »Weil wir in Uniform sind.«

»Ganz ohne Begleitung sind wir gereist«, und »In Königsberg und Insterburg mussten wir umsteigen«, redeten jetzt alle durcheinander.

Es wehte ein eisiger Wind, und seit einigen Minuten hatte es wieder zu schneien begonnen.

»Na dann woll'n wir mal, ihr werdet schon sehnsüchtig erwartet.« Mit diesen Worten und unter lautem »Hü!« setzte sich der Schlitten in Bewegung.

»Schneller, Janosch, schneller«, feuerten ihn die aufgeregten Kinder an, voller Vorfreude auf ihre ersten, wohlverdienten Ferien.

Sie flogen förmlich dahin. Es schneite jetzt heftiger, und langsam brach die Dunkelheit herein. Hinten war es still geworden, nur das »Hühü« auf dem Kutschbock unterbrach ab und zu die unheimliche Ruhe, abgelöst vom Heulen hungriger Wölfe aus den umliegenden Wäldern. Ganz eng aneinander gerückt waren sie jetzt, und unter der Decke hielt Walter Alfreds Hand. Zu gruselig war ihnen zu Mute. Erst als in der Ferne die erleuchteten Fenster von Lindicken auftauchten, löste sich ihre Anspannung.

Als die Schlittenglocken erklangen, strömte die ganze Familie in der Halle zusammen, um die Neuankömmlinge zu begrüßen. Es wurde umarmt, gedrückt und geküsst, die Freude über das Wiedersehen wollte kein Ende nehmen.

»Johannes, du bist aber groß geworden.«

»Die Uniformen sehen ja schmuck aus.«

»Walterchen, komm her, lass dich umarmen.«

Es herrschte ein ohrenbetäubender Lärm. Walter hatte seine kleine Schwester im Arm, immer wieder drückte er sie an sich, sogar Alfred, der dieser Küsserei noch nie viel abgewinnen konnte, umarmte sie immer wieder.

»Wo sind Charlotte und Pünktchen?«, fragten beide gleichzeitig.

»Das erzähle ich euch später«, sagte Großmutter Lackner, die in ihrer Nähe stand. Kurz darauf versuchte sie sich Gehör zu verschaffen, indem sie mit ihrem Krückstock, den sie nur benutzte, wenn sie wirklich erschöpft war, fest auf den Boden stampfte. »In einer Stunde gibt es Abendbrot. Jungens, zieht eure Uniformen aus und gebt sie dem Hausmädchen. Zur Abreise werdet ihr sie gesäubert und gebügelt zurückbekommen. Ich will in den nächsten zwei Wochen niemanden«, und mit einem flammenden Blick zu ihrem Sohn Karl, »wirklich niemanden in Uniform sehen. Auch nicht Heiligabend.«

»Aber Mama ...«, wollte dieser protestieren. War er doch mit Leib und Seele Soldat, wenn auch inzwischen in Pension, und liebte es, bei festlichen Anlässen in Uniform zu erscheinen. Aber sein Protest verhallte ungehört. Alle redeten schon wieder durcheinander und strömten auf ihre Zimmer, um sich für den Abend umzuziehen oder auch nur ein wenig auszuruhen.

Karl war verärgert. Seine Mutter war wirklich zu unkonventionell! Zu Lebzeiten seines Vaters wäre so etwas unmöglich gewesen. Alle, die eine Uniform oder nur etwas Ähnliches besaßen, hatten diese zu festlichen Anlässen zu tragen. Mathias Lackner liebte den Kaiser und hätte am liebsten alle seine Söhne in dessen Diensten gesehen. Aber da hatte Amalie sich durchgesetzt.

»Wenn du einen dem Vaterland opfern willst, muss ich das hinnehmen«, hatte sie mit Mathias gestritten, »aber alle! Nein, nur über meine Leiche!«

Und sie hatte sich durchgesetzt. Karl musste sie nach Wahlstatt gehen lassen, so schwer es ihr auch fiel, aber ihre drei jüngeren Söhne durften die Berufe wählen, die sie wollten.

»Großmama, du wolltest uns sagen, warum Charlotte und Pünktchen nicht hier sind.« Amalie hatte sich nach dem Essen erschöpft in ihren Lieblingssessel vor dem Kamin fallen lassen, um das übliche Verdauungsschnäpschen zu sich zu nehmen.

»Setzt euch mal zu mir, ihr beiden.« Sie nahm Alfred auf ihren Schoß und rückte Walter ihre Fußbank zurecht. »Charlotte und Pünktchen leben in Berlin. Pünktchen heißt nun Martha. Beide waren noch zu klein, um zu begreifen, dass eure Eltern gestorben sind. Es geht ihnen gut, und sie werden sehr geliebt von ihren neuen Eltern. Und diese wollen ihnen erst später einmal sagen, dass sie nicht ihre eigenen Kinder sind.«

Walter sah seine Großmutter traurig an. »Du meinst, wir werden sie nie wiedersehen?«

»Ich weiß es nicht, mein Kind, vielleicht später einmal.«

Walter fragte nie mehr nach seinen beiden kleinen Schwestern. Er hatte mal wieder hingenommen, was unabänderlich war. Manchmal, vor dem Einschlafen, dachte er an sie, aber bald waren sie nur noch eine vage Erinnerung.

Heiligabend war vorbei. Gott sei Dank ohne Tränen und große »Gefühlsduseleien« wie Karl bemerkte. Großmutter Lackner war erleichtert. Dank der vielen, ständig durch das Haus tobenden Kinder konnte gar keine zu rührselige und besinnliche Stimmung aufkommen.

Grete hatte überlegt, Walter den so ersehnten Taktstock zu schenken, aber Hermann hatte es ihr ausgeredet.

»Lass man gut sein, Gretchen, Liebes, Walter scheint es gut zu gehen in Köslin. Das würde nur alte Wunden aufreißen und ihn womöglich auf dumme Gedanken bringen.« Karl hatte ihm nämlich von dem Plan ihrer Mutter erzählt, Walter und Alfred freizustellen, nach Köslin zurückzugehen, und er war genauso entsetzt gewesen darüber wie sein Bruder. Was war denn bloß in sie gefahren? Es war immer Alberts Wunsch gewesen, dass Walter Offizier werden sollte, und Alfred hatte nie etwas anderes gewollt! Das musste sie doch akzeptieren! Aber ihre Sorge war unbegründet. Amalie hatte in einem ruhigen Moment Walter und Alfred zu sich gerufen.

»Wollt ihr in Köslin bleiben?«, eröffnete sie das Gespräch.

Walter blickte seine Großmutter fassungslos an. »Ja, was sollen wir denn sonst tun?« Auf diese Frage war er nicht gefasst gewesen.

»Nun, ihr könntet einen anderen Beruf erlernen«, sagte Amalie. »Wenn ihr dort nicht glücklich seid, würde ich das nämlich nicht ertragen.«

»Ach weißt du, Großmama, am Anfang war es wirklich ganz schrecklich, vor allem für Alfred, den kleinsten auf unserer Stube …«

»Aber seit Johannes den Nowotzki verdroschen hat, ist es gar nicht mehr so schlimm«, sprach Alfred aufgeregt dazwischen, »jetzt nimmt er mir nichts mehr von meinem Taschengeld weg und traut sich auch nicht mehr, mich zu hauen.«

»Na ja«, redete Walter weiter, »besonders schrecklich ist der kalte Schlafsaal mit den harten Pritschen und klammen Zudecken.« Er dachte mit Wehmut an die hiesigen Federbetten und warmen Steine, die Asta ihnen jeden Abend ins Bett legte. »Und das Essen ist ziemlich furchtbar …«

»Außer Tutschidaumen, die schmecken«, fiel ihm Alfred wieder ins Wort.

»Was ist denn das?«, fragte Amalie.

»Das sind dicke rote Würste in Biersauce, und sie heißen so, weil die Daumen von unserem Koch, der Tutschi heißt, aussehen wie rote Würste«, erklärte Walter und musste über ihr angeekeltes Gesicht lachen. »Verrat es niemandem, liebste Großmama«, sprach er weiter, »aber am Anfang waren wir schon recht verzweifelt ...«

»Und ich wollte abhauen, aber Walter hat es nicht erlaubt«, fiel Alfred seinem Bruder schon wieder ins Wort.

»Nein«, sagte dieser mit ernstem Gesicht, »ich habe Mama versprochen, nach Köslin zu gehen, es war Papas und ihr Wunsch, und ich will, dass sie stolz auf uns sind.«

»Weißt du, sie sehen nämlich alles, was wir tun«, warf Alfred dazwischen, »das hat uns Onkel Franz gesagt.«

»Soso«, sagte Amalie, und damit war das Thema zur Erleichterung ihrer Söhne erledigt.

»Walter hat so viel von Ida«, sagte sie am Abend zu ihrer Schwiegertochter Grete. »Er nimmt die Dinge, die nicht zu ändern sind, hin und versucht das Beste draus zu machen. Ich habe das bei Ida schon immer bewundert. Ich glaube, um ihn müssen wir uns keine Sorgen mehr machen.«

1901–1917

Großmutter Lackner sollte Recht behalten. Um Walter mussten sie sich keine Sorgen mehr machen. Zum Erstaunen, aber auch zur Freude der ganzen Familie entwickelte er sich zu einem normalen, fröhlichen Jungen. Und was alle noch mehr erstaunte, er begann seinen angehenden Beruf zulieben. Die jährlichen Berichte des Anstaltleiters waren voll des Lobes. Über keinen der vier Lackner-Jungen gab es Klagen. Alfred war ein wenig zu impulsiv, was ihm ab und zu einigen Ärger brachte und Grete zu der Bemerkung veranlasste: »Er ist und bleibt Idas Rabauke!«, aber ganz besonders hervorgehoben wurden immer wieder Walters Leistungen.

Die Ferien verbrachten Walter und Alfred bei ihren Verwandten auf deren Gütern, meistens zusammen mit Schwesterchen Paula, die sie innig liebten. Sie wurden verwöhnt, durften tun, was sie wollten, und bekamen ihre Leibspeisen gekocht. Und wenn sie wieder abreisen mussten, versprach die Mamsell, bald ein Fresspaket zu schicken, was ihnen den Abschied ein bisschen leichter machte.

Die Jahre vergingen mit Lernen, Exerzieren, Reit- und sogar Tanzunterricht. Es gab einen Tanzmeister, aber leider keine weiblichen Wesen, mit denen man hätte tanzen können, also mussten die Zöglinge sich untereinander Partner suchen, was oft zu sehr komischen Situationen führte.

Tanzmeister Schöps war von kleiner Statur, drahtig, trug die spärlichen Haare in der Mitte gescheitelt und einen mit Wachs nach oben gezwirbelten Kaiser-Wilhelm-Bart. Seine ganze Leidenschaft galt dem Tanz, und er hatte keinerlei Verlangen nach einer weiblichen Partnerin. Wenn er die Grundschritte erklärt hatte, wählte er einen der Jungen aus, um das Ganze zu demonstrieren. »Erst führe ich, dann übernehmen Sie«, sagte er dann und los ging's mit seinem meist sehr unglücklich aussehenden Partner.

Seit einiger Zeit war Walter sein Opfer der Begierde. Das letzte Mal hatte er eine halbe Stunde mit Schöps Walzer rechts- und linksrum tanzen müssen, und auch sein mehrmaliges »Herr Tanzmeister, mir wird schwindlig« hatte ihm nichts genützt.

»Papperlapapp, stellen Sie sich nicht so an« – und weiter ging's. Alfred und Heinrich waren einige Male grinsend an ihm vorbeigewalzt, unbemerkt von Schöps, der seine Augen selig geschlossen hatte. Nur die Vorstellung, seinen Bruder später gründlich zu verhauen, gab Walter die Kraft zum Durchhalten.

Heute stand Tango auf dem Plan, der Lieblingstanz von Schöps. Walter hatte sich, während dieser die Schritte erklärte und vormachte, hinter Johannes versteckt, in der Hoffnung, übersehen zu werden.

»Lackner, wo ist Lackner?«

»Hier, Herr Tanzmeister!« Heinrich trat vor. Walter war gerührt. Sein Cousin rettete ihn.

»Nein, Walter, Waaaalter Lackner, vortreten, bitte.« Die Stimme von Schöps war äußerst ungehalten. »Heinrich, Sie sind tänzerisch höchst unbegabt, treten Sie zurück.«

Walter kochte vor Wut, womit hatte er das verdient? Schöps hatte inzwischen das Grammofon in Bewegung gesetzt. Zu seinem größten Entzücken war dieses hochmoderne Gerät vor kurzem von dem Korps angeschafft worden und hatte den miserablen Klavierspieler abgelöst.

Als der erste Ton erklang, zog Schöps Walter eng an sich und schob ihn, dicht an sich gepresst, zum Takt der Musik über das Parkett. Das Paar war an Komik nicht zu überbieten, und als Walter, der seinen Lehrer um Haupteslänge überragte, die grinsenden Gesichter seiner Kameraden sah und vor allem Alfred, der sich schüttelte vor Lachen, wurde er, eben noch stocksteif, ganz locker. Denen werde ich es zeigen, dachte er grimmig, und dann legte er los. »Jetzt führe ich!«, sagte er, riss den Tanzmeister an sich und wirbelte, schob und bog seinen Lehrer unter dem Jubel seines Publikums durch den Saal. Immer verwegener wurden seine Schritte und Figuren. Alles grölte, lachte und brüllte durcheinander. Einige mutige Paare versuchten es den beiden nachzumachen. Es herrschte ein ohrenbetäubender Lärm, sodass keiner bemerkte, wie Leutnant Orner den Raum betrat. Erst als dieser das Grammofon abstellte, war es plötzlich totenstill.

»Was ist denn hier los?!« Seine Stimme war schneidend.

Schöps, schlagartig in der Wirklichkeit zurück, nahm Haltung an: »Wir üben den Tango, Herr Leutnant.«

»Was?«, schrie dieser, »Mann, wissen Sie denn nicht, dass auf Erlass Ihrer Majestät der Kaiserin wegen der engen körperlichen Berührung kein Tango mehr getanzt werden soll?«

Dieser Erlass war offensichtlich noch nicht zu Schöps durchgedrungen, oder, was die meisten vermuteten, er hatte ihn einfach ignoriert. Walter wurde jedenfalls nach diesem Auftritt, über den das gesamte Korps monatelang sprach, in Zukunft vom Tanzmeister verschont.

Bald darauf wechselten Walter und Alfred in die Hauptkadettenanstalt Berlin-Lichterfelde, genannt die HKA. Beide hatten noch in Köslin ihre Fähnrichsprüfung abgelegt und besuchten nun dort auf Grund ihrer hervorragenden Leistungen die Selekta, deren erfolgreicher Abschluss sie später berechtigen sollte, bereits als Leutnant in die Armee einzutreten.

Heinrich und Johannes hatten beide beschlossen, keine Offizierslaufbahn einzuschlagen und waren zur Freude ihrer Großmutter nach Hause zurückgekehrt, um auf dem Gymnasium in Insterburg ihre Reifeprüfung abzulegen.

War Köslin an Härte schon schwer zu ertragen gewesen, verlangte die HKA das Letzte von ihnen. Die Anforderungen waren enorm. Allerdings gab es wesentlich mehr Abwechslung in der Hauptstadt als in dem verschlafenen Provinznest Köslin. Bestanden die jährlichen Höhepunkte dort doch mal gerade aus »Kaisers Geburtstag«, der in jeder Kadettenanstalt groß gefeiert wurde und den seltenen Besuchen von ehemaligen Zöglingen, inzwischen Offiziere, die immer mit Kuchenorgien gefeiert wurden. In Berlin dagegen konnte man für das Wochenende Urlaub einreichen, um Verwandte oder Freunde zu besuchen, was zu mancherlei verbotenen Dingen genutzt wurde, und bei guter Führung bekam man Freikarten für die Oper oder das Theater.

Bevor sie in den Sommerferien nach Ostpreußen reisten, verbrachten Walter und Alfred nun vierzehn Tage in Begleitung eines Gouverneurs, so hießen die Zivilerzieher in der HKA, in dem mondänen Ostseebad Zoppot, was sie später, als junge Offiziere, natürlich ohne die lästige Begleitung, beibehielten. Beide sahen blendend aus, hatten beste Manieren und einen unwiderstehlichen Charme. Sie waren unzertrennlich. Kein Fest fand ohne sie statt, und es verging kein Jahr, in dem sie nicht wenigstens ein gebrochenes Herz in Zoppot zurückließen.

Sie konnten sich diesen sommerlichen Luxus leisten, weil Großmutter Lackner ihnen etwas Geld hinterlassen hatte. Mit sechsundachtzig Jahren war sie gestorben. »Einfach so«, wie der fassungslose Karl seinen Geschwistern depeschierte. Weder eine Krankheit – keiner konnte sich erinnern, dass sie jemals krank gewesen war – noch eine vorhergehende Übelkeit hatte ihren Tod angekündigt. Eines Morgens lag sie tot in ihrem Bett. Sie hatte diese Welt verlassen, wie sie es sich immer gewünscht hatte. Schnell und ohne großes Getue.

Es war im Sommer 1914, als Martha Morell, gerade vierzehn Jahre alt, Walter Lackner das erste Mal bewusst wahrnahm. Ihre Eltern hatten in das Zoppoter Grandhotel, in dem sie jedes Jahr logierten, zu einem festlichen Diner geladen. Lotte Horkys, Marthas beste Freundin, war diesmal ohne ihre Eltern als Gast der Morells dabei.

Die Familien Horkys und Morell hatten einander vor einigen Jahren am Strand von Zoppot kennen gelernt und in Berlin ihren freundschaftlichen und auch gesellschaftlichen Kontakt weitergepflegt. Ihre beiden Töchter, im Alter nur ein Jahr auseinander, waren inzwischen unzertrennlich.

Lotte hatte die Erlaubnis erbettelt, wenigstens bei dem Empfang vor dem Essen dabei sein zu dürfen, und Martha, die fand, dass sie kein bisschen jünger aussähe als Lotte und ja schließlich auch schon fast fünfzehn wäre, lag ihren Eltern so lange in den Ohren, bis auch sie »nur für eine halbe Stunde« an dem Empfang teilnehmen durfte. Tagelang sprachen die Mädchen von nichts als dem bevorstehenden Ereignis. Sie schliefen schlecht und aßen fast nichts.

Endlich war der große Tag da. Marthas Zofe Marie hatte beiden die Haare zu Korkenzieherlocken aufgedreht und diese mit Blumen festgesteckt. Sie hatten ihre hübschesten Kleider an, und als sie nebeneinander vor dem Spiegel standen, rief Martha:

»Lottchen, wenn ich es nicht besser wüsste, man könnte meinen, dass wir Geschwister sind, so ähnlich sehen wir uns.«

Tatsächlich, dachte Marie, die dabei war, das entstandene Chaos aus Blumen, Bändern und Unterröcken zu beseitigen, diese Ähnlichkeit ist wirklich unglaublich.

»Los, Kinder, nach unten mit euch, gleich kommen die Gäste«, rief sie und beide gingen mit klopfenden Herzen in die Hotelhalle, wo Marthas Eltern bereits die ersten Ankömmlinge begrüßten.

Auguste Morell hatte gerade Geheimrat Grohnke begrüßt, als ihre Nichte Kaete Hardenberg im Begleitung zweier gut aussehender junger Männer auf sie zukam.

»Tante Auguste, Mama hat mal wieder ihre Migräne und Papa möchte sie nicht allein lassen, du kennst ihn ja«, sie rollte die Augen, »und da habe ich die beiden Leutnants Lackner mitgebracht, es ist dir doch recht?«

Auguste Morell erstarrte. Ihr Mann, der neben ihr stand, fasste sich als Erster. »Natürlich, mein Kind, ist es uns recht, auch wenn es bedauerlich ist, wenn deine Mutter sich nicht wohl fühlt. Seien Sie willkommen, meine Herren.« Inzwischen hatte Auguste sich wieder so weit in der Gewalt, dass sie ihre

Nichte und die beiden jungen Männer begrüßen und mit ihnen eine paar belanglose Worte wechseln konnte. Als Kaete ihre Begleiter mit einigen ihrer Freunde bekannt machte, zog Auguste ihren Mann zur Seite.

»Morell«, so pflegte sie ihn zu nennen, wenn sie erregt war, »das ist ja furchtbar, ausgerechnet die Lackners!« Sie war schneeweiß und zitterte am ganzen Körper.

»Beruhige dich, was soll denn passieren? Bitte nimm dich jetzt zusammen!« Robert griff nach der Hand seiner Frau.

Immer mehr Gäste kamen, die Halle füllte sich und Martha war schon ganz schwindlig von den herrlichen Gerüchen von Puder und Parfüm und dem Klang der aneinander stoßenden Kristallgläser. »Lottchen, ist das nicht überwältigend!«, flüsterte sie gerade ihrer Freundin ins Ohr, als über ihr eine Stimme sagte: »Wer sind denn diese beiden entzückenden jungen Damen?«

»Das sind meine Tochter Martha und ihre Freundin Lotte«, sagte Auguste Morell. »Sagt Leutnant Lackner guten Abend, Kinder.«

»Ich habe auch eine Schwester, die Martha heißt, sie müsste in Ihrem Alter sein«, sagte Walter, sich zu ihr herunterbeugend. Martha war einer Ohnmacht nahe. Das Herz schlug ihr bis zum Hals. Dieser schöne junge Mann hatte ihr gerade die Hand geküsst!

Eigentlich küsste man einer unverheirateten Dame nicht die Hand, aber Walter hatte sich einen Spaß daraus gemacht, die beiden reizenden kleinen Mädchen zu verwirren.

Kurz darauf wurden die Gäste zu Tisch gebeten, und Martha und Lotte gingen nach oben, um ihr Abendbrot auf ihrem Zimmer einzunehmen.

»Marie, er hat mir die Hand geküsst, Leutnant Lackner hat mir die Hand geküsst.« Martha war total aus dem Häuschen und den Einwurf Lottes: »Mir auch, Martha, mir auch!« schien sie gar nicht zu hören. Martha schwebte wie auf Wolken. Sie hatte sich verliebt.

Während die Gäste der Morells in heiterster Stimmung ihr Abendessen einnehmen, erhält Kronprinz Wilhelm, der in seiner Sommerresidenz in Zoppot mit der Familie einen Badeurlaub verbringt, eine Depesche mit der schrecklichen Nachricht, die am nächsten Tag die ganze Welt aufschrecken wird. Der österreichische Thronfolger Franz-Ferdinand und seine Frau Sophie sind in Sarajewo ermordet worden. Man schreibt den 28. Juni 1914. In den folgenden Tagen und Wochen liegt eine gedrückte Stimmung über Zoppot. Die Gerüchte um einen bevorstehenden Krieg wollen nicht verstummen. Die jungen Lackners sind bereits in ihre Garnisonen beordert worden und immer mehr Familien kehren vorzeitig nach Hause zurück. Die Männer wollen im Falle einer Mobilmachung unverzüglich zur Stelle sein.

Am 1. August 1914 erklärt Deutschland Russland den Krieg. Nun brechen auch die Morells ihren Urlaub überstürzt ab und kehren nach Berlin zurück. Zu ihrer großen Erleichterung beobachten sie, dass ihre Tochter nach einiger Zeit den Namen Lackner nicht mehr erwähnt.

Mathilde und Paul Horkys standen auf dem Anhalter Bahnhof, um ihre Tochter abzuholen. Seit sie gestern die Depesche der Morells mit der Nachricht ihrer vorzeitigen Rückkehr aus Zoppot erhalten hatten, war Mathilde erleichtert. Es war Krieg und sie wollte ihr Kind bei sich haben.

Die halbe Nacht hatte sie kein Auge zugetan. Ganz Berlin schien auf den Beinen. Lieder wie »Heil dir im Siegerkranz« und »Deutschland, Deutschland über alles« dröhnten zu ihr herauf, gesungen von Menschen, die begeistert den Beginn des Krieges feierten. Jede Stunde erschien ein neues Extrablatt, Unbekannte lagen sich in den Armen und jubelten.

»Mein Gott, sind die denn alle verrückt geworden?« Mathilde hatte am Fenster gestanden und die Menschenmassen betrachtet, die sich Richtung Schloss durch ihre Straße wälzten, schreiend, singend und Hochrufe auf den Kaiser ausstoßend. »Krieg, Paul, es wird ganz schrecklich enden.« Weinend lehnte sie sich an ihren Mann, der seinen Arm um sie gelegt hatte und beruhigend auf sie einsprach.

»Es wird schon nicht so schlimm werden, wir haben eine schlagkräftige Armee mit hervorragend ausgebildeten Soldaten.«

Mathildes Schluchzen wurde heftiger.

»Walter und Alfred sind bestimmt schon unterwegs an die Front. Ich werde es mir nie und nimmer verzeihen, wenn Lotte ihre Brüder nie kennen lernt.« Sie presste ihr Taschentuch vor die Augen.

»Gott sei Dank muss Ida das nicht erleben.« Paul, das erste Mal froh über seine hochgradige Kurzsichtigkeit, die ihn vom Kriegsdienst befreite, hatte Mühe, seine Frau zu beruhigen. Es dämmerte schon, als er sie endlich überreden konnte, sich hinzulegen, um sich ein wenig auszuruhen. In ein paar Stunden mussten sie am Bahnhof sein.

Und nun standen sie hier, schon seit Stunden. Wie alle Züge hatte auch der aus Zoppot Verspätung. Es herrschte dichtes Gedränge, Menschen schrien durcheinander. Aus einem durchfahrenden Zug, voll besetzt mit Soldaten, schallte: »In der Heimat, in der Heimat, da gibt's ein Wiedersehn ...«, und die Menge winkte und jubelte ihnen zu. Überall Männer in Uniform, die sich zu den Waffen gemeldet hatten. Jung und Alt, manche über siebzig, würde Mathilde später in der »Berliner Zeitung« lesen. Und Mütter und Frauen, die sie verabschiedeten, die meisten stolz und strahlend, einige weinend.

Die Welt ist aus den Angeln, sinnierte Mathilde gerade, als Paul sie aus ihrer Versunkenheit riss. »War das nicht die kleine Görz?« Er blickte einer schlanken Gestalt in Schwesterntracht nach, die bereits von der Menge verschluckt war.

»Wer?« Mathilde war völlig in Gedanken.

»Na, das Kind, das mit zwölf Jahren von mir operiert werden wollte, ohne die Einwilligung der Eltern, du weißt doch!?« Paul schmunzelte bei dieser Erinnerung: Vor ein paar Jahren war in seiner Praxis ein kleines Mädchen erschienen, das verlangt hatte, sofort und auf der Stelle von ihm operiert zu werden. Mehrmals hätten Jungen auf der Straße wegen ihrer Augen »Schielewupp« hinter ihr her geschrien. Auf dem Schulweg hätte sie sein Praxisschild »Augenarzt« entdeckt, und nun solle er sich unverzüglich an die Arbeit machen.

»Geld habe ich auch dabei«, hatte sie gesagt, »und wenn es nicht reicht, zahle ich ab. Ich bin sehr zuverlässig.«

Paul Horkys war amüsiert gewesen. Eine solche Patientin hatte er noch nie gehabt. Dieses kleine, couragierte Mädchen gefiel ihm. »Tja, mein Fräulein, es tut mir aufrichtig Leid, aber ohne Einwilligung der Eltern darf ich keinen Eingriff vornehmen«, und es hatte einer längeren Diskussion mit Gera bedurft, bis er sie überzeugt hatte, mit ihren Eltern wiederzukommen.

»Ach ja, die kleine Görz, ich erinnere mich. Aber die ist doch mal gerade erst sechzehn, du musst dich geirrt haben.« In dem Moment, es war inzwischen dunkel, fuhr der Zug aus Zoppot ein, und Mathildes ganze Aufmerksamkeit galt der Ankunft ihrer Tochter.

Lotte erzählte aufgeregt von ihren Ferien. Es waren schließlich die ersten ohne ihre Eltern gewesen. Mathilde war schon ganz schläfrig, die letzte Nacht steckte ihr noch in den Knochen, als der Name Lackner fiel. Plötzlich war sie hellwach.

»Was sagst du da, ich habe nicht richtig hingehört?« Mathilde blickte ihren Mann flehentlich an.

»Die Morells haben eine Gesellschaft gegeben, und da hat Kaete, du weißt doch, die Nichte von Tante Morell, zwei Leutnants mitgebracht. Ich glaube, das war der Tante Morell gar nicht recht, sie hat jedenfalls so komisch geguckt.« Lotte holte kurz Luft. »Also die beiden hießen Lackner, und der eine, der Walter, hat uns die Hand geküsst. Und der hat eine Schwester, die heißt auch Martha. Und nun ist Martha, also meine Martha, ganz verliebt in den, sie hat nur noch von ihm geredet.« Der Redestrom ihrer Tochter hatte Mathilde, die sich in einem schockähnlichen Zustand befand, Zeit gegeben, sich zu fassen. »Was für ein Zufall, mit dem Namen meine ich«, unterbrach sie Lotte, »wie sahen sie denn aus, die Leutnants?« Mein Gott, seit der Beerdigung habe ich sie nicht mehr gesehen, dachte sie wehmütig.

»Oh, ganz toll, sie sind groß und sooo charmant«, schwärmte Lotte.

»Und habt ihr sie noch einmal gesehen, am Strand oder auf der Promenade?« Mathildes Stimme zitterte verdächtig.

»Nein, kurz darauf mussten sie zurück in ihre Garnisonen. Ihr wisst doch, es ist Krieg! Kaete war noch mal zum Tee bei uns, sie hat es erzählt, und geweint hat sie auch. Die ist auch ganz verliebt in den Walter.«

In dem Moment unterbrach Paul seine Tochter. Er musste unbedingt das Thema wechseln. »Du kennst doch die kleine Görz, ich glaube sie heißt mit Vornamen Gera?«

»Ja, sie ist auf meiner Schule, eine Klasse über mir. Warum fragst du?«

»Ach, ich habe sie auf dem Bahnhof gesehen, als wir auf deinen Zug warteten. Sie war allein, ohne ihre Eltern, in Schwesterntracht. Ich fand das merkwürdig, so spät am Abend. Dass ihre Eltern das zulassen.« Er schüttelte besorgt den Kopf.

»Gera allein auf dem Anhalter Bahnhof? Das kann ich mir gar nicht vorstellen. Sie wohnen am Halensee in der Margaretenstraße, das ist doch ganz weit weg. Und in Schwesterntracht, das glaube ich nicht. Sie ist doch nur ein Jahr älter als ich.« Lotte blickte ihren Vater erstaunt an.

»Vielleicht habe ich mich auch geirrt«, sagte Paul Horkys.

Mathilde atmete erleichtert auf. Sie hörte ihrem Mann und ihrer Tochter nun nur noch halb zu, sie dachte nach. Sie musste mit Paul besprechen, ob sie Lotte nicht schon jetzt die Wahrheit sagen sollten und nicht erst an deren achtzehntem Geburtstag, wie sie es eigentlich vorgehabt hatten. Sie war ihren Brüdern begegnet, war das nicht ein Zeichen des Himmels?

Im Hause Görz herrschte währenddessen helle Aufregung. Gera war nicht nach Hause gekommen. Eine Stunde hatte ihre

Mutter mit dem Essen auf sie gewartet und es dann unberührt abservieren lassen. Ihr Mann war auf einer Geschäftsreise, er wurde erst in zehn Tagen zurückerwartet, und allein schmeckte es ihr nicht.

»Hat Gera dir gesagt, dass sie nicht zum Essen kommt?«, hatte Margarete Görz ihr Dienstmädchen Anna gefragt.

»Nee, ik weeß von nüscht«, hatte diese geantwortet und beleidigt die inzwischen kalt gewordenen Senfeier wieder in die Küche getragen.

Gera war äußert zuverlässig und immer pünktlich, deshalb vermutete Margarete erst, dass sie etwas überhört haben könnte, als ihre Tochter am Morgen das Haus verlassen hatte. Sie schlief schlecht, wenn ihr Mann nicht da war, darum war sie etwas länger liegen geblieben und hatte nur noch das »Auf Wiedersehen, Mama, ich gehe jetzt« im Ohr. Sie wird bei Margot sein, beruhigte sie sich. Margot Gruner war Geras beste Freundin, sie hielten zusammen wie Pech und Schwefel.

Aber bei Margot war sie nicht! Gegen Abend, Margaretes Unruhe steigerte sich von Stunde zu Stunde, hatte sie Anna zu Gruners geschickt, aber die war unverrichteter Dinge zurückgekommen. »Margot hat keene Ahnung, wo Gera is«, berichtete sie. »Ik versteh dat nich. Ik hab ihr doch Senfeier jekocht, dat is ihr Leibjericht, und da kommt se einfach nich.« Anna war beleidigt! Und wenn Anna beleidigt war, konnte das Tage dauern und nicht selten mit einer Kündigung enden.

»Ich habe nicht gehört, was du eben gesagt hast«, sagte Margarete Görz dann ungeduldig, und damit war die Sache erledigt.

Stinksauer war Anna mittags gewesen. Nicht nur, dass Gera nicht erschienen war, auch die »Jnädige« hatte ihr wunderbares Essen verschmäht, und eigentlich hatte sie sich schon auf mindestens eine Woche »Beleidigtsein« eingestimmt, aber nun war sie doch ehrlich beunruhigt. »Ik fühl mir janz mulmich, wat machen wir denn nu?«

Margarete saß bei Anna in der Küche und trank einen Beruhigungstee. »Wenn sie in einer Stunde nicht da ist, gehen wir zur Polizei.«

»Ach Jott, ach Jott«, Anna rang die Hände, »ik hab noch nie wat mit der Polizei zu tun jehabt!«

»Du hast ja auch nichts damit zu tun!« Margaretes Nerven lagen blank. Ihre Stimme klang schrill. »Wenn du jetzt kündigst, kannst du gleich gehen.«

»Um Jottes willen, Frau Jörz«, vor Schreck vergaß sie das »gnädige Frau«, »ik muss Ihnen doch beistehen, wo doch der Herr Jörz nich da is.« Anna war außer sich. Die Jnädije wusste doch, dass ihre Kündigungen niemals ernst gemeint waren! »Nu rejen Se Ihnen mal nich so uff, jnädije Frau, et wird schon nüscht passiert sein.« Aber ganz so sicher war sie sich nicht mehr.

Auf der Polizeiwache hatte man kein Verständnis für Margaretes Anliegen. »Ihre Tochter wird schon von allein wieder nach Hause kommen, warten Sie mal ein paar Tage ab« und »Außerdem haben wir für so was keine Zeit. Wir haben Krieg, Madame!« Mit diesen Worten hatte der Wachtmeister sich einigen jungen Männern zugewandt, die wissen wollten, wo sie sich freiwillig für die Front melden könnten.

»Hysterische Weiber«, murmelte er in seinen Bart, als die weinende Margarete mit Anna die Wache verließ.

Aber Gera tauchte nicht auf. Ihre verzweifelte Mutter war Tag für Tag bei der Polizei gewesen, und irgendwann hatte ein mitleidiger Beamter eine Vermisstenanzeige aufgenommen.

Als Richard Görz von seiner Reise zurückkam, fand er eine abgemagerte und vor Sorge kranke Margarete vor. »Gera ist verschwunden? Ja, wo kann sie denn bloß sein?« Er war außer sich.

»Ich weiß es nicht«, schluchzte Margarete. »Ich war überall und habe nach ihr gefragt. Bei allen ihren Freundinnen und bei der Polizei, überall, niemand weiß etwas. Und ich wusste nicht, wo ich dich erreichen konnte, o Gott, Richard, es ist so schrecklich. Ohne Anna hätte ich das nicht durchgestanden.«

»Hat sie ausnahmsweise mal nicht gekündigt?«, konnte sich Richard nicht verkneifen zu fragen. »Und was ist mit Margot, sie weiß doch sonst immer alles?«

»Margot war jedes Mal, wenn ich bei Gruners war, unpässlich und hat mir ausrichten lassen, sie wisse nichts.«

»Da stimmt was nicht!« Richard, immer noch in seiner Reisekleidung, sprang auf. »Ich gehe jetzt zu Gruners und wenn Margot wieder ›unpässlich‹ ist, kann sie ihr blaues Wunder erleben. Herausprügeln werde ich es aus ihr, herausprügeln!« Mit diesen fast geschrienen Worten rannte er aus dem Haus.

Endlich passiert etwas, dachte Margarete und fiel augenblicklich in einen bleiernen Schlaf.

»Wach auf, Margarete, wach auf.« Richard Görz hatte seine Frau an der Schulter gepackt und schüttelte sie. »Ich weiß, wo das Kind ist«, er war kurz davor, in Tränen auszubrechen, »sie ist an der Front.«

Seine Frau starrte ihn fassungslos an. »An der Front, ja, was macht sie denn da? Sie ist doch erst sechzehn.«

»Sie hat ihren Pass gefälscht und ist als Krankenschwester an die Front gefahren, sie will dem Vaterland dienen.«

»Ich kann es nicht glauben, das ist doch total verrückt. Und Margot hat es die ganze Zeit gewusst?«

»Ja, sie musste Gera schwören, es niemandem zu sagen, aber sie war wohl heilfroh, es endlich loszuwerden. Sie hat natürlich jetzt Angst um ihre Busenfreundin, nachdem sie täglich die Berichte von den vielen Toten und Verwundeten hört.« Richard Görz nahm seine Frau in den Arm. »Mein armes Mädchen, was musst du für eine Angst gehabt haben. Du bist ja nur noch Haut und Knochen. Lass uns zu Abend essen, du weißt doch, ich kann magere Frauen nicht ausstehen. Morgen werde ich mich um alles kümmern.«

Richard Görz hatte alle Hebel in Bewegung gesetzt, um seine Tochter zu finden. Es dauerte drei lange Wochen, Tage und Nächte voller Verzweiflung und Angst um ihr geliebtes Kind, bis endlich die erlösende Nachricht kam.

»Ihre Tochter befindet sich im Feldlazarett nahe Rutkowitz-stop-ihr täglicher Einsatz bewundernswert-stop-werden sie mit dem nächsten Verwundetentransport nach Berlin schicken-stop-Gruß Oberstabsarzt Dr. Hartmann.«

»Gera, du sollst zu Dr. Hartmann kommen, schnell, es ist wichtig.« Die flüsternde Stimme der Nachtschwester hatte Gera aus einem Halbschlaf gerissen. Sie saß, wie schon die vergangenen Nächte, am Bett eines schwer verwundeten jungen Leutnants. Lackner hieß er. Sie hatte das mit Mühe in Erfahrung bringen können. Es herrschte Chaos. Stündlich kamen neue Verletzte mit den schrecklichsten Verwundungen, abgerissenen Gliedmaßen und zerschossenen Gedärmen, die vor Schmerzen schreiend und wimmernd darauf warteten, versorgt zu werden. Die leichter Verletzten und die, die transportfähig waren, wurden gleich in Sammeltransporten hinter die Front gebracht.

Gera war der Liebling des ganzen Lazaretts. Schwesterchen Sausi wurde sie genannt, immer in Bewegung und scheinbar nie müde, hatte sie für jeden ein freundliches Wort. Walter hatte tagelang im Koma gelegen, sein Fieber ließ ihn phantasieren, und ständig rief er nach seinem Bruder. »Alfred, wo bist du, Alfred pass auf.«

Er wusste noch nicht, dass sein Bruder tot war, gefallen am 28. August in der Schlacht bei Rutkowitz, an seiner Seite, kurz nachdem er selbst so schwer durch einen Brust- und Bauchschuss verwundet worden war.

Als er das erste Mal zu sich kam, saß Gera an seinem Bett. Sie hatte ihm immer wieder den Schweiß abgewischt und Luft zugefächelt, es war, obwohl Anfang September, noch brütend heiß. »Schwesterchen, wie lieb Sie sind«, waren seine ersten Worte. Am Abend, als das schreckliche Donnern der Geschütze verstummt war und man nur noch das Stöhnen und Weinen der Verwundeten hörte, hatte er gesagt: »Bleib bei mir, Schwesterchen, bitte, geh nicht weg, bleib bei mir.« Und Gera blieb und hielt seine Hand.

Es war jetzt die vierte Nacht, die sie bei ihm wachte. Ihr Gesichtchen war bleich, die Wangen eingefallen, und ihre riesigen braunen Augen leuchteten wie schwarze Kohlen. »Was ist los?«, flüsterte sie, »was will der Doktor mitten in der Nacht von mir?«

»Ich weiß es nicht, geh nur, ich bleibe solange hier.« Gera löste ihre Hand aus der Walters. »Ich bin gleich wieder da«, sagte sie leise und huschte in Richtung Arztzimmer.

Dr. Hartmann empfing sie mit einem ernsten Gesicht. An der Tür stand ihre gepackte Reisetasche. »Schwester Gera, in zehn

Minuten geht ein Verwundetentransport nach Berlin. Sie werden mitfahren. Anweisung von höchster Stelle.«

Aus Geras Gesicht war nun der Rest Farbe gewichen. »Warum, habe ich etwas falsch gemacht?«

»Nein, mein Kind, Sie waren uns eine große Hilfe. Aber wie ich eben erfahren habe, sind Sie erst sechzehn, Ihr Vater hat Sie überall suchen lassen. Ich muss Sie sofort nach Hause schicken.« Nach einer kurzen Pause setzte er hinzu: »Wir werden Sie alle sehr vermissen. Bitte beeilen Sie sich, man wartet bereits auf Sie. Leben Sie wohl.«

»Aber das geht doch nicht. Ich muss mich verabschieden, von den anderen Schwestern und von Leutnant Lackner!« Gera war außer sich. Sie zitterte am ganzen Körper. »Bitte, Herr Doktor, lassen Sie mich hier, wenigstens bis der Leutnant über den Berg ist, bitte!« Sie sah ihn flehend an.

»Leider unmöglich, ich habe Anweisung von allerhöchster Stelle, sogar der Kaiser ist über die Angelegenheit informiert.« Man sah Dr. Hartmann an, dass er tief beeindruckt war. Fälscht doch dieses Kind seinen Pass, um dem Vaterland zu dienen, und dann verlangt der Kaiser auch noch einen Bericht darüber!

Richard und Margarete Görz waren überglücklich. Sie hatten ihre Tochter wieder. Endlich! Kein Wort des Vorwurfs war über ihre Lippen gekommen. Nur Richard sagte, als er seine Tochter zur Begrüßung in den Arm nahm: »Mein Gott, bist du dünn geworden. Du weißt doch, ich kann magere Frauen nicht ausstehen.«

Die Einzige, die sich nicht verkneifen konnte, etwas zu sagen, war Anna: »Sach mal, Kindchen, wat haste dir denn dabei jedacht, einfach so abhauen? Weißte eijentlich, wie deine Mutter ihr uffjerecht hat? Fast jestorben is se vor Angst. Und ik ooch, dass du dat man nur weeßt!«

Anna hatte sich in Rage geredet, und je mehr sie sich aufregte, umso schlimmer berlinerte sie, was bei Gera immer Heiterkeitsausbrüche hervorrief. Sie fand es einfach urkomisch, und mindestens genauso komisch fand sie ihre Mutter, die trotz jahrelanger Misserfolge ihre Bemühungen nicht aufgab, ihr diesen, wie sie sich angewidert ausdrückte, »unsäglichen Dialekt« abzugewöhnen. Anna hatte striktes Redeverbot, wenn Gäste da waren, was sie aber geflissentlich ignorierte.

»Du willst doch jetzt hoffentlich nicht kündigen?«, frotzelte Gera.

»Ach Quatsch«, schnaufte Anna empört, »ik muss dir ja man erst ufpäppeln. Bist ja dünn wie'n Strich.«

Aber Gera aß fast nichts, ihr Magen war wie zugeschnürt. Anna konnte kochen, was sie wollte, alle ihre Leibgerichte wie Königsberger Klopse, Senfeier oder Grießbrei mit Zucker und Zimt ließ sie beinahe unberührt.

Anna war schwer beleidigt. Aber das erste Mal in all den Jahren im Dienst der Familie Görz verzichtete sie darauf, sich dem Beleidigtsein hinzugeben. Sie machte sich ernsthaft Sorgen um Gera. »Wat haste denn bloß, Kind?«, fragte sie immer wieder besorgt, bekam aber nie eine befriedigende Antwort. »Der Dienst am Vaterland hat se varrickt jemacht«, vertraute sie Frau Plaschke, der Milchfrau an, mit der sie all ihre Probleme besprach.

Frau Plaschke wusste alles. Auch über die Augenoperation vor ein paar Jahren war sie gründlich informiert worden. »Wat et nich allet jibt«, hatte sie kopfschüttelnd gesagt, und als Gera mit elf Jahren gemalt werden sollte und darauf bestand, anstatt eines Spitzentuches oder eines Veilchenstraußes ihr Lieblingsbuch in der Hand zu halten, gab das tagelangen Gesprächsstoff für Anna und Frau Plaschke. »Dat Kind is'n bisschen varrickt.« Darüber waren die beiden sich einig.

Geras Ausflug an die Front hatte sich herumgesprochen, Anna hatte schon dafür gesorgt, dass das ganze Viertel Bescheid wusste, und dann hatte es auch noch in der Zeitung gestanden! Ein bisschen von diesem »Ruhm« fiel natürlich auch auf sie ab. Bei ihren täglichen Einkäufen beim Fleischer, dem Milchladen und der Gemüsefrau musste sie berichten, wie es dem »mutigen Frolleinchen« denn ginge und was sie so alles an der Front erlebt hatte, und was Anna nicht wusste, erfand sie einfach. Natürlich berichtete sie brühwarm, dass der Direktor von Geras Schule sich höchstpersönlich in das Görz'sche Haus in der Margaretenstraße am Halensee bemüht hatte, um den Eltern seiner inzwischen fast stadtbekannten Schülerin seine Aufwartung zu machen.

»Jratuliert hat er ihnen zu ihrer jelungenen Tochter und wat Vaterlandsliebe so allet bewirkt, und dat se stolz sein können auf dat tapfere Kind.« Dass sie das tapfere Kind für verrückt hielt, verschwieg sie tunlichst.

Sofort nach ihrer Rückkehr hatte Gera an Walter in das Feldlazarett geschrieben. Sie war unsterblich verliebt, konnte an nichts anderes mehr denken als an ihn. Wie es ihm wohl ginge? Und nun wartete sie sehnsüchtig auf eine Antwort. Nach der Schule stürzte sie als Erstes in die Küche und fragte immer das Gleiche: »Ist Post für mich da?«, worauf Anna jedes Mal sagen musste: »Nee, Kind, nüscht.« Anfangs fragte sie noch: »Ja von wem denn bloß?«, was sie aber nach einer Weile unterließ, weil sie auch darauf keine Antwort bekam.

»Jerachen, ik hab Post für dir.« Strahlend streckte Anna Gera ein großes weißes Kuvert entgegen. Endlich war er da, der heiß ersehnte Brief, nun würde das Kind ja hoffentlich wieder normal werden. Anna konnte sich zwar beim besten Willen nicht vorstellen, was Gera so sehnsüchtig von der Kaiserlichen Staatskanzlei erwarten konnte, mit großer Mühe hatte sie den Absender entziffert, lesen war ihre Stärke nicht. »Nu kiek doch mal, wat drinsteht.« Anna platzte fast vor Neugier.

Mit zitternden Händen, und ohne auf den Absender zu gucken, riss Gera den Umschlag auf. Ihr eben noch strahlendes Lächeln erlosch.

»Ja wat is denn nu?« Anna wurde jetzt wirklich ungeduldig.

»Der Kaiser will mich kennen lernen. Er lädt mich und meine Eltern zu einer Audienz ein.«

Anna starrte Gera fassungslos an. »Dat jlob ik nich. Und da freuste dir nich?« Nun war es aus mit ihrer Fassung. »Ja biste denn von allen juten Jeistern verlassen? Der Kaiser lädt dir ein und du freust dir nich mal? Solln wir dir in de Klapsmühle einweisen lassen?« Sie brüllte, sie war außer sich. Von dem Geschrei angelockt, stürzte Margarete in die Küche.

»Was ist los, warum schreist du so, Anna?«

»Der Kaiser hat Ihnen einjeladen und dat Kind tut so, als ob et zu einer Beerdijung soll. Ik fass et einfach nich!« Ihre Stimme hatte wieder die normale Lautstärke angenommen.

»Vielleicht sollten Sie ihr mal von Jeheimrat Manz untersuchen lassen, vielleicht hat die Vaterlandsliebe ihr jeisteskrank jemacht!« Und mit den Worten: »Ik muss noch schnell wat besorjen« schritt sie aus der Küche. Diese Neuigkeit verdiente es, sofort verbreitet zu werden!

Der Tag der Audienz rückte näher. Auch Gera war inzwischen von der allgemeinen Aufregung erfasst worden.

»Dat Kind wird ja vielleicht doch von alleene wieder normal«, teilte Anna der Milchfrau mit. Jede kleine Veränderung im Hause wurde mit ihr besprochen.

Zur Feier dieses unglaublichen Anlasses hatte Richard sich bei Schneider Hoffmann einen Frack mit Atlasweste und Kaschmir-Kniehosen, eine so genannte »Hofuniform«, und seinen beiden »Frauen« im »Salon Gerson« Kostüme nach der neuesten Mode bestellt. Die passenden Hüte mussten her, man war tagelang beschäftigt mit Anproben, und ein Herr Kutzke kam ins Haus, um den Damen den Hofknicks beizubringen.

Anna war in ihrem Element. Was sie nicht alles zu erzählen hatte auf ihrer täglichen Einkaufstour! Seit Wochen hatte sie nicht mehr gekündigt, dazu war jetzt auch wirklich keine Zeit!

Und nun war er da, der große Tag. Margarete hatte ihre Dosis Baldriantropfen von Tag zu Tag erhöht, und heute hatte sie fast eine Überdosis erwischt. Auch Richard und Gera hatten ein paar Tropfen eingenommen. Den Rest der Flasche hatte Anna sich genehmigt. War sie doch mindestens so aufgeregt wie die Herrschaft!

Als sie wieder nach Hause kamen, war keiner in der Lage, Anna irgendetwas zu erzählen. Wie in einem Traum war alles vor ihnen abgelaufen. Alle drei hatten das Gefühl, sich an nichts mehr erinnern zu können. Zu groß war die Aufregung der letzten Tage gewesen. Jetzt waren sie nur noch müde.

»Ich erzähl dir morgen alles, großes Ehrenwort«, sagte Gera, und damit musste Anna sich zufrieden geben. Zu ärgerlich, hatte sie doch schon für den nächsten Morgen die ersten Berichte beim Fleischer und all ihren anderen Stationen angekündigt.

Wat soll ik denen denn nu bloß erzählen?, dachte sie, bevor sie einschlief. Aber ihre Sorge war unbegründet. Gera erschien schon um sieben Uhr bei ihr in der Küche und berichtete von dem gestrigen Tag. Vom Prunk des Schlosses, den ellenlangen Gängen – »ganz winzig sind wir uns vorgekommen« –, den wundervollen Möbeln und den funkelnden Kristalllüstern. Und dem Zeremonienmeister.

»Ganz laut hat er unseren Namen gerufen und uns dann zum Kaiser und der Kaiserin in den ›Weißen Saal‹ geleitet.« Gera musste lachen. »Fast ist die Mama hingefallen beim Hofknicks, so betütelt war sie von dem Baldrian.«

»Ja und wat hat er denn jesacht, der Kaiser?« Anna war atemlos.

»Ganz nett war er. ›Was sind Sie doch für ein erstaunliches Mädchen‹, und noch ein paar Worte, an die ich mich nicht so genau erinnere, der Baldrian, du verstehst?«

»Ja und wat noch?«

»Die Kaiserin hat zu den Eltern gesagt, ›Gratulation zu Ihrer tapferen Tochter‹ oder so was Ähnliches, ja und dann war es schon vorbei.« Alles wäre so prächtig und schrecklich aufregend gewesen, aber nun sei sie auch froh, dass es vorbei sei. »O Gott, es ist ja schon acht Uhr, ich muss los«, und weg war sie, eine äußerst zufriedene Anna zurücklassend. Wer hatte denn schon eine Herrschaft, die mit dem Kaiserpaar bekannt war!

Ein paar Tage später fand Anna Gera ohnmächtig auf dem Fußboden der Küche. In der Hand ihren ungeöffneten Brief an Walter mit dem Vermerk: ZURÜCK AN ABSENDER. ADRESSAT VERSTORBEN.

Noch tagelang wurde Walter von heftigen Fieberanfällen geschüttelt. In seinen wachen Momenten rief er: »Schwesterchen Sausi, wo ist Schwesterchen Sausi, warum kommt sie nicht?«

Immer wieder wurde er von vorbeieilenden Schwestern beruhigt. »Sie ist beschäftigt, schlafen Sie, Leutnant, sie kommt sicher gleich«, woraufhin er wieder in seine Träume versank. Die jetzt kühler werdenden Winde hielt er für Geras streichelnde Hände, und wenn er glücklich lächelnd aufwachte, war da niemand, außer den zahllosen Verwundeten, deren Stöhnen und Schreien ihn vor Entsetzen erstarren ließen. Er war froh, diesem Grauen durch Schlaf entfliehen zu können.

Mehr als zwei Wochen hatte Walter zwischen Leben und Tod geschwebt, kaum einer hatte ihm eine Überlebenschance gegeben, aber nun war er transportfähig. Dr. Hartmann hatte beschlossen, ihn in das Festungshauptlazarett in Königsberg zu verlegen.

»Der nächste Transport geht morgen Früh. Leutnant Lackner wird verlegt. Soweit ich weiß, lebt seine Familie in Insterburg. Man soll ihnen depeschieren. Und bitte, Schwester Olga, geben Sie ihm starke Sedativa, er darf sich nicht aufregen. Und sagen Sie ihm erst kurz vor der Abfahrt, dass er verlegt wird.«

Die Schmerz- und Beruhigungsmittel, die man Walter gegeben hatte, waren so stark, dass er den Transport nur in einem halb wachen Zustand wahrnahm. Als er zu sich kam, standen Hermann und Grete an seinem Bett.

»Tante Grete, Onkel Hermann, wie schön, euch zu sehen«, sagte er mit matter Stimme. »Wie geht es in Harpenthal, was macht Johannes, ist er im Krieg?«

»Nein«, Grete drückte seine Hand, »er ist vom Kriegsdienst befreit, du weißt doch, seit seinem Reitunfall vor zwei Jahren hat er ein steifes Bein.«

Walter erinnerte sich schwach. Plötzlich wurde er hellwach. »Was ist mit Alfred, habt ihr etwas von ihm gehört? Im Lazarett in Rutkowitz konnte mir niemand etwas sagen, ich mache mir große Sorgen.«

Grete hatte ihr Gesicht abgewandt. Tränen strömten über ihre Wangen.

»Alfred ist tot, Walter, wir haben das eben erst erfahren.« Hermann rang nach Fassung.

»Man hat ihn noch mit dir in das Lazarett gebracht, aber er hat den Transport nicht überlebt. Und stell dir vor, wir erhielten vor drei Wochen die Nachricht von deinem Tod, man hatte wohl eure Vornamen verwechselt.«

Walters Gesicht war schneeweiß, aus seinen geschlossenen Augen rannen Tränen. »Nein«, stammelte er leise, »nein, nicht Alfred!«, und dann begann er zu schreien: »Nein, nein, nein!«, bis eine tiefe Ohnmacht ihn erlöste.

Walter erholte sich nur sehr langsam. Es dauerte noch acht Wochen, bis Hermann und Grete ihn zu sich nach Harpenthal holen konnten. Seine Wunde wollte und wollte nicht heilen, er war abgemagert und fühlte sich schwach und elend. Hin und wieder dachte er sehnsüchtig an Schwesterchen Sausi, von der er nicht einmal den richtigen Namen wusste, aber irgendwann war auch sie nur noch eine schöne Erinnerung.

Walter saß, eingehüllt in warme Decken, am Fenster des Rauchzimmers. Es war tiefster Winter, die Landschaft tief verschneit, und an den Fenstern waren dicke Eisblumen.

»Ich will so schnell wie möglich wieder an die Front.«

»Das wird wohl nicht so schnell möglich sein, mein Junge.« Hermann hatte sich einen Port eingegossen und ging im Zimmer auf und ab. Wenn etwas Wichtiges zu besprechen war, konnte er nicht still sitzen. »Hör zu, Walter, die Ärzte haben mir gesagt, dass du dringend zur Rekonvaleszenz in den Süden musst. In unserem ostpreußischen Winter würde deine Heilung nur sehr langsam vorangehen. Goelders haben Freunde in Mehlem, den Waffenfabrikanten Hannesen. Die Familie besitzt ein Haus in Italien, in St. Ambrogio. Sie haben dich eingeladen, ihr Gast zu sein, bis du wieder hergestellt bist, egal wie lange es dauert. Hier, lies.« Er reichte Walter einen Brief. Mit herzlichen Worten luden Paul und Annegret Hannesen ihn ein, sich auf ihrem italienischen Landsitz zu erholen.

Walter war nicht gerade begeistert von der Idee, womöglich Monate lang in Italien in der Sonne zu sitzen, während seine Kameraden an der Front kämpften, aber nach einigen Tagen hatten Hermann und Grete ihn überzeugt, die Einladung der Hannesens anzunehmen.

Die anstrengende Reise hatte ihn geschwächt. In Berlin musste er Station machen, seine Wunde war wieder aufgebrochen, man behielt ihn einige Tage dort im Lazarett.

In St. Ambrosio wurde er von Annegret Hannesen, einer kleinen, rundlichen und äußerst liebenswürdigen Frau Mitte fünfzig und ihrer Adoptivtochter Hilde auf das Herzlichste empfangen. Hilde war Anfang zwanzig, nicht besonders hübsch, aber ausgesprochen herzlich. Paul Hannesen würde in Kürze nachkommen. Er war in Mehlem geblieben, der Kaiser hatte sich angesagt! Er wollte die neuesten Waffen selbst ausprobieren, er war bekanntermaßen ein begeisterter Schütze.

Walter erholte sich sehr langsam. Hingebungsvoll wurde er von den beiden Frauen gepflegt, konnten sie doch so auf ihre Art auch etwas für das Vaterland tun.

»Mamachen«, wie Annegret Hannesen bald liebevoll von Walter genannt wurde, war hingerissen von ihrem liebenswürdigen jungen Hausgast. So einen Sohn hatte sie sich immer gewünscht! Heimlich träumte sie davon, dass Hilde und Walter ein Paar würden, aber sie merkte bald, dass dieser ihre Tochter zwar sehr gern hatte, sie sollten Freunde fürs Leben werden, aber er sich für nichts weiter interessierte, als möglichst schnell gesund zu werden und wieder an die Front zu kommen.

Wie jeden Nachmittag saßen Annegret Hannesen und Walter im Schatten der Pergola auf der Terrasse. Sie hatten einen herrlichen Blick in das Etschtal, in der Ferne sah man Verona. Hilde war in das Dorf gegangen, um frisches Obst zu kaufen. Es war brütend heiß, das Dienstmädchen hatte ihnen Eistee serviert.

»Walter, mein lieber Junge«, begann sie, »Paul und ich haben dich sehr lieb gewonnen. Du weißt, wir haben uns immer einen Sohn gewünscht.«

Walter, leicht schläfrig von der Hitze, hatte ihre Hand genommen und an seine Lippen geführt. »Ich liebe euch auch sehr. Ihr seid so gut zu mir. Ich bin sehr glücklich, dass ich hierher gekommen bin.«

Beide schwiegen und Walter war kurz davor, einzuschlafen, als Annegret sagte: »Wir würden dich gern adoptieren, Paul möchte, dass du die Fabrik übernimmst.« Walter war mit einem Schlag hellwach. Er hatte sich aufgesetzt und nahm Annegret in den Arm. »Mamachen«, sagte er gerührt, »wie lieb von euch. Aber das geht nicht. Ich liebe euch wirklich sehr, aber ich bin mit Leib und Seele Soldat und möchte das auch bleiben. Bitte seid mir nicht böse, wenn ich euer großmütiges Angebot nicht annehme.«

Annegret ließ sich ihre Enttäuschung nicht anmerken. »Natürlich sind wir dir nicht böse, aber bitte versprich mir, dass wir immer in Kontakt bleiben. Du wirst bald nach Deutschland zurückkehren, lass uns immer wissen, wie es dir geht, und besuch uns so oft du kannst, hier und auch in Mehlem.«

»Das verspreche ich dir, Mamachen, und ich danke euch noch einmal von ganzem Herzen für eure Güte und das Vertrauen, aber ich kann nicht anders.«

Bei seiner Rückkehr meldete er sich sofort bei seinem Regiment. »Leutnant Lackner meldet sich zurück.« Walter stand strahlend vor seinem Kommandeur, der ihn anstarrte, als sehe er ein Gespenst.

»Ja, Lackner, wo kommen denn Sie her, wir haben Meldung erhalten, dass Sie bei Rutkowitz gefallen sind.« Er war fassungslos.

»Ich war schwer verwundet, Brust- und Bauchschuss. Man hielt mich zuerst für tot. Mein Bruder Alfred vom Infanterieregiment II ist neben mir gefallen, das hat wohl alles zu Verwicklungen geführt. Auch meine Familie hielt mich für tot. Aber wie Sie sehen, ich bin wohlauf und möchte sofort an die Front.«

»So schnell schießen die Preußen nicht, lieber Lackner«, sagte der Kommandeur lächelnd. »Jetzt lassen Sie uns im Kasino erst mal Ihre Auferstehung feiern, morgen wird Sie der Regimentsarzt untersuchen, und dann sehen wir weiter.«

Am Tag nach der gründlichen Untersuchung rief der Kommandeur Walter zu sich.

»Ja, mein lieber Lackner, ich habe keine guten Nachrichten für Sie.«

Walter blickte ihn fragend an.

»Der Arzt hält es auf Grund Ihrer schweren Verwundung für ausgeschlossen, dass Sie weiter Dienst bei den Grenadieren tun können.«

Walter war entsetzt. »Was soll ich denn nun machen, ich bin Soldat, ich habe nichts anderes gelernt.«

»Ich weiß, mein Lieber, ich habe eine Idee. Warum gehen Sie nicht zu den Fliegern? Ich habe schon Kontakt zur Ausbildungsstätte Adlershof aufgenommen, man würde Sie dort mit Freude nehmen.«

Einen Monat später begann Walter seine Ausbildung als Flieger, und in diesem Beruf sollte er es bis zum General bringen. Die »Auferstehung« zog sich hin. Als Walter seinen Sold einforderte, wurde ihm erklärt, er sei tot, und Tote hätten keinen Anspruch auf Sold! Es dauerte Monate, bis die preußische Bürokratie ihm seine Identität wiedergab. Mamachen hatte ihm beim tränenreichen Abschied am Bahnhof von Verona einen Zettel zugesteckt und ihm ins Ohr geflüstert: »Wenn du mal in Not bist, mein Junge.« Es war ein Kontoauszug der Berliner Reichsbank auf seinen Namen, mit einem ansehnlichen Betrag. Nie wollte er das Geld auch nur anrühren, aber jetzt, wo er »tot« war, brauchte er es dringend.

Mathilde und Paul Horkys saßen beim Frühstück. Paul las die Morgenzeitung, während Mathilde ihren Gedanken nachhing. Vor einigen Tagen war ein Brief aus Harpenthal eingetroffen mit der schrecklichen Nachricht von Alfreds Tod und Walters schwerer Verwundung. Mathilde war zusammengebrochen. Paul hatte große Mühe gehabt, sie bis zu Lottes Rückkehr aus der Schule halbwegs zu beruhigen. Auf der Stelle wollte sie ihr die Wahrheit sagen.

»Es ist unverantwortlich, Lotte alles auf einmal zu sagen. Wie soll sie es denn verkraften, dass wir nicht ihre Eltern sind, ein Bruder tot ist und der andere schwer verwundet?« Paul hatte stundenlang auf seine Frau eingeredet, die schier verzweifeln wollte an ihrem schlechten Gewissen.

»Sie hat ihre Brüder getroffen, ohne es zu wissen, sie wird uns das nie verzeihen.«

»Ich bitte dich, Mathilde, beruhige dich, wir müssen ihr das behutsam beibringen, alles andere wäre unverantwortlich.«

Als Lotte nach Hause kam, sagte ihr ihr Vater, ein entfernter Verwandter ihrer Mutter wäre gefallen und sie läge mit einem starken Beruhigungsmittel im Bett. Was ja zum Teil auch der Wahrheit entsprach! »Lass sie schlafen, Kind, morgen wird es ihr wieder besser gehen.« Lotte fragte nicht weiter. Ständig »fiel« jemand, es gehörte schon fast zum Alltag.

Am nächsten Morgen hatte Mathilde sich einigermaßen gefasst. Und wieder war die Gelegenheit verpasst, Lotte endlich die Wahrheit zu sagen. Hermann hatte ihnen weiterhin mitgeteilt, dass Walter inzwischen von Rutkowitz in ein Lazarett bei Königsberg verlegt worden war. Er sei jetzt außer Lebensgefahr und würde demnächst einige Zeit bei ihnen verbringen. Sobald er reisefähig sei, würde er zur Rekonvaleszenz nach Italien reisen, wo er mindestens ein halbes Jahr bleiben müsse.

»Wenigstens Walter lebt«, hatte Mathilde geseufzt, »irgendwann wird Lotte ihren Bruder kennen lernen.«

»Na, so was, hab ich doch richtig gesehen!« Paul ließ seine Zeitung sinken. »Erinnerst du dich, auf dem Bahnhof, als wir Lotte abgeholt haben, dachte ich doch, die kleine Görz gesehen zu haben?«

»Ja, ich entsinne mich.« Mathilde tauchte aus ihren Gedanken auf. »Und, was ist mit ihr?«

»Stell dir vor, sie war es tatsächlich. Sie hat ihren Pass gefälscht, sich zwei Jahre älter gemacht, und ist heimlich als Krankenschwester an die Front gefahren.« Er schmunzelte. »Dieses Kind ist wirklich erstaunlich!«

»Was, du meinst, ihre Eltern wussten von nichts?«

»Nein, ihr Vater hat sie suchen lassen und nach Wochen im Feldlazarett Rutkowitz gefunden. Es steht alles in der Zeitung.« Mathilde war aufgesprungen. »In Rutkowitz, ja da ist doch Alfred gefallen und Walter verwundet worden! Ich muss unbedingt mit ihr sprechen, vielleicht weiß sie etwas.« Sie ging aufgeregt im Zimmer auf und ab. »Ich muss mit ihr reden.«

»Nein, das wirst du nicht tun!« Pauls Stimme klang bestimmt. »Bitte denk an Lotte. Sie geht in die gleiche Schule wie Gera Görz. Ich will nicht, dass ihr irgendwelche Dinge zu Ohren kommen, die sie nur von uns erfahren sollte und von niemand anderem.« Er hatte seine Frau in den Arm genommen. »Beruhige dich, Liebes, wir wollen für unsere Lotte doch nur das Beste. Es wird alles gut!«

Mathilde sprach nicht mit Gera Görz. Was keiner wissen konnte: Das Gespräch hätte Gera viel Herzleid und eine kurze, unglückliche Ehe erspart.

Berlin 1917. Martha Morell, gerade siebzehn geworden, war schon seit Tagen in hellster Aufregung. Endlich, nach wochenlangem Bitten und Flehen hatte sie erreicht, dass ihre Eltern den jungen Oberleutnant Lackner zu deren monatlichem Jour Fix eingeladen hatten. Ihr Jour Fix war äußerst beliebt, immer traf man dort eine Mischung vieler interessanter Menschen aus Wirtschaft und Künstlerkreisen.

Die Morells vergötterten ihre Tochter. Sie war bezaubernd, humorvoll und der Schwarm aller heiratsfähigen Männer der Stadt. Aber seitdem sie vor einiger Zeit auf dem Ball der Bellingers dem jungen, ungeheuer gut aussehenden Offizier begegnet war, kreisten ihre Gedanken nur noch um ihn. Er war ihr kurz vorgestellt worden, aber noch während er ihr die Hand küsste, bereits von einer stadtbekannten Schönheit zur nächsten Gruppe gezogen worden.

Vor drei Jahren, kurz vor Ausbruch des Krieges, hatte sie ihn schon einmal getroffen, auf einem Empfang ihrer Eltern in Zoppot, ganz dunkel erinnerte sie sich daran. Er hatte ihr die Hand geküsst, tagelang hatte sie darüber geredet und dann irgendwann nicht mehr daran gedacht.

Martha war völlig aufgelöst. Nun hatte sie ihn wiedergesehen, ihn, den Schwarm aller jungen und auch älteren Damen der Berliner Gesellschaft. Er war das Gesprächsthema der Salons – seine schwere Verwundung in den ersten Kriegsmonaten als Leutnant des Ersten Grenadierregiments Kronprinz, seine monatelange Rekonvaleszenzzeit im Ausland, und nun, seit einem Jahr fast wieder genesen, war er strahlender Mittelpunkt der Berliner Gesellschaft. Über seine Affäre mit der bildschönen verheirateten Gräfin A. wurde hinter vorgehaltener Hand gemunkelt, und ein offenes Geheimnis war sein Verhältnis mit der jungen Schauspielerin Dita von L. Er war von den Grenadieren zur Luftwaffe gewechselt, hatte an der Westfront gekämpft und stand kurz von der Beförderung zum Hauptmann.

Martha konnte nicht genug über ihn hören. Ihre Freundinnen rollten schon mit den Augen, wenn unweigerlich das Gespräch auf ihn kam. Morells lasen ihrem einzigen Kind jeden Wunsch von den Augen ab. Sie verwöhnten sie schon auf fast sträfliche Weise, deshalb war es umso erstaunlicher für Martha, dass sie ständig Gründe fanden, den jungen Oberleutnant nicht einzuladen. Seine Affären, lächerlich, das hatten doch alle Offiziere, und Vermögen sollte er auch keins haben. Na und! Nichts interessierte Martha weniger.

Doch heute war es nun endlich so weit. Ihr Cousin dritten Grades, Ellart von Bütow, hatte versprochen, Lackner mitzubringen. Martha hatte ihm die schrecklichsten Strafen angedroht, sollte er ohne ihn erscheinen. Nie mehr würde sie mit ihm ausreiten und tanzen schon gar nicht, ja überhaupt nicht mehr mit ihm sprechen, was für Ellart einer chinesischen Folter gleichkam. Er war rettungslos in Martha verliebt.

Seit zwei Stunden stand sie nun schon vor dem Spiegel und probierte ein Kleid nach dem anderen. Ihre Zofe Marie, schon seit mehr als zehn Jahren im Dienst der Morells, war verzweifelt. Nichts fand Martha dem Anlass entsprechend. »Mama soll kommen und entscheiden«, beschloss sie und schickte Marie, diese zu holen. Sie fand Auguste Morell in der Küche, wo sie dem Personal letzte Anweisungen für den Abend gab.

»Gnädige Frau, Martha möchte, dass Sie ihr bei der Wahl ihres Kleides helfen, sie ist so schrecklich aufgeregt. Sie erwartet Sie in ihrem Ankleidezimmer.«

Seufzend und mit schwerem Herzen ging Auguste Morell zu ihrer Tochter. Sie hatte kaum geschlafen in den letzten Nächten, seitdem sie und ihr Mann sich hatten überreden lassen, den jungen Lackner einzuladen. Aber es waren ihnen keine Gründe mehr eingefallen, sich den Bitten ihrer Tochter zu widersetzen. Sie hatten einsehen müssen, dass diese sich durch nichts, aber auch gar nichts davon abhalten lassen würde, diesen Lackner näher kennen zu lernen und hatten nur die eine Hoffnung, dass die kindliche Schwärmerei vorübergehen würde.

Noch nie hatte das Kind ihnen Probleme gemacht. Von klein auf hatten sie nichts als Freude an ihr gehabt. Mit ihrem Liebreiz, ihrem bezaubernden Wesen und dem entzückenden Aussehen gewann sie jedes Herz im Sturm, und es gab nichts, was ihre Eltern ihr abschlagen konnten. Umso mehr erstaunte es Martha, dass ihre Bitten, Lackner doch endlich einzuladen, wochen-, ja monatelang auf taube Ohren gestoßen waren.

»Mamachen, bitte, bitte entscheide du, was ich anziehen soll. Das weiße oder das hellblaue? In welchem findest du mich hübscher?«

Auguste Morell fand, dass ihre Tochter in allen Kleidern gleich hübsch aussah, aber um der Sache ein Ende zu bereiten, entschied sie energisch: »Das hellblaue, mein Liebling, ich finde, es steht dir besonders gut. In zwei Stunden erwarten wir die Gäste. Ruh dich noch ein wenig aus.«

Mathilde Horkys war ein Nervenbündel. Seit einigen Monaten war Walter Lackner in der Stadt.

»Wir müssen Lotte die Wahrheit sagen«, beschwor sie ihren Mann immer wieder. »Was ist, wenn sie ihn irgendwo trifft?«

»Wo soll sie ihn denn treffen? Und wennschon, was soll dann passieren? Sie wird alles früh genug erfahren.« Paul bestand weiter darauf, bis zu Lottes achtzehntem Geburtstag, der in ein paar Wochen anstand, zu warten.

Und dann begann Lotte fast täglich über Martha und Walter zu berichten. Eine Tortur für Mathilde. »Sie ist besessen davon, diesen Mann wiederzusehen. Sie redet ununterbrochen von ihm, ich kann es bald nicht mehr hören«, erzählte sie ihrer Mutter.

»Ich denke, sie ist so gut wie verlobt mit Ellart?«, warf diese ein.

»Das denkt jeder, vor allem Ellart.« Lotte lachte. »Der ist ja blind vor lauter Liebe. Jetzt hat sie ihn auch noch dazu gebracht, Walter zu dem nächsten Jour Fix der Morells mitzubringen.« Sie machte eine kurze Pause. »Endlich hat sie auch ihre Eltern rumgekriegt. Ich weiß gar nicht, was die gegen den Lackner haben, immer wieder haben sie es abgelehnt, ihn zu empfangen. Sie tun ja gerade so, als würde er silberne Löffel klauen!«

Ihre Mutter fiel ihr gequält ins Wort: »Was ist denn das für eine Ausdrucksweise, Kind!« Aber auch sie fand die Morells sehr merkwürdig, ja unverständlich. Walter war ein gut aussehender, charmanter Mann aus einer guten Familie, und wenn ihre Tochter sich wirklich in ihn verlieben würde, was sollte daran denn so schrecklich sein?

»Ich freue mich übrigens auch, ihn wiederzusehen, schließlich war er der erste Mann, der mir die Hand geküsst hat«, fuhr Lotte lachend fort. »Und ihr werdet ihn dann auch endlich kennen lernen, Marthas Traummann!« Sie blickte ihre Mutter besorgt an. »Was ist mit dir, Mama? Du bist ganz blass. Überhaupt bist du in der letzten Zeit so schrecklich nervös. Was hast du denn?«

»Ich hab heute wieder eine furchtbare Migräne. Mein Kopf dröhnt. Ich werde mich jetzt ein wenig hinlegen. Mach dir keine Sorgen, mein Kind. Es geht vorbei«, sagte Mathilde und ließ eine äußerst beunruhigte Lotte zurück. Was hatte ihre Mutter bloß? Seit ein paar Monaten war sie total verändert, klagte ständig über Kopfschmerzen und Unwohlsein und weigerte sich, einen Arzt aufzusuchen. Einige Male war es auch passiert, dass Lotte dazukam, wenn ihre Eltern eine lautstarke Auseinandersetzung hatten, dann aber sofort das Thema wechselten und über belanglose Dinge sprachen. Irgendetwas stimmte nicht. Aber was war das nur?

Mathilde wurde immer unruhiger. Sie mussten die Einladung bei den Morells unter allen Umständen absagen. Keiner, wirklich nicht einer ihrer Familie durfte Walter begegnen, bevor Lotte die Wahrheit wusste. Aber welchen Grund sollten sie angeben? Sie konnten ja nicht alle drei gleichzeitig von einer ansteckenden Krankheit befallen werden. Welche Ausrede ihr auch einfiel, bei jeder würde Lotte glauben, ihre Mutter hätte den Verstand verloren.

Ein paar Tage vor dem Jour Fix kam Lotte ganz aufgeregt nach Hause. »Stell dir vor, Mama, wir haben den Lackner auf dem Kurfürstendamm getroffen. Am Arm hatte er diese Schauspielerin, Dita von ..., na du weißt schon. Er konnte natürlich nicht mit uns sprechen, aber er hat ganz furchtbar freundlich gegrüßt.« Wie ein Wasserfall sprudelte es aus ihr heraus. »Martha ist fast ohnmächtig geworden. Nun redet sie schon davon, Ellart zu sagen, dass sie ihn nie und nimmer heiraten wird. Sie ist total übergeschnappt.«

»Das wirst du ihr ausreden, sie muss ihn doch erst mal richtig kennen lernen. Auf dich hört sie doch!« Mathilde redete beschwörend auf ihre Tochter ein. »Und wenn sie ihn dann wirklich liebt, werden ihre Eltern auch sicher nichts gegen eine Verbindung haben.« Mein Gott, dachte Mathilde, mein Leben entwickelt sich zu einem Albtraum.

Als Paul am Abend nach Hause kam, fand er eine völlig aufgelöste Mathilde vor.

»Lotte hat Walter heute auf der Straße getroffen. Martha ist völlig verrückt nach ihm und will plötzlich Ellart nicht mehr heiraten. Ich halte den Druck und die Heimlichkeiten nicht mehr aus! Ich kann auch den Morells nicht mehr in die Augen sehen. Sie haben etwas gegen Walter, ich habe keine Ahnung, was es ist. Auf gar keinen Fall werden wir, und da schließe ich Lotte mit ein, zu dem Jour Fix gehen.« Sie zitterte am ganzen Körper. »Wir müssen wegfahren, Paul, egal wohin, nur weg.«

»Und wie stellst du dir das vor, wie willst du das Lotte beibringen?«

»Ich weiß es noch nicht, aber bis morgen Früh lasse ich mir was einfallen.« In dem Moment kam Lotte zur Tür herein, und man wechselte zu Lottes Verärgerung wieder einmal das Thema.

Nach einer schlaflosen Nacht hatte Mathilde eine passable Lösung für ihr Problem gefunden. »Paul«, sagte sie am Morgen zu ihrem Mann, »bitte sag für die nächsten vierzehn Tage alle deine Praxistermine ab. Wir werden zu Tante Wilma nach Hamburg fahren. Sie ist schon lange bettlägerig und vergisst von einem Moment zum anderen, was sie eben gesagt hat. Ich werde Lotte erklären, dass sie uns alle noch einmal sehen will, bevor sie stirbt. Schließlich ist sie meine Erbtante.«

»Mit deren Ableben ist doch nie mehr zu rechnen«, warf Paul spitz ein, »sie stirbt nun schon seit Jahren.«

Mathilde musste lachen. »Vielleicht tut sie uns ja den Gefallen und ist schon tot, wenn wir ankommen. Wenn nicht, wird sie sich freuen, dass wir sie endlich besuchen. Das tut sie bei jedem, egal wer kommt. Frieda hat es mir geschrieben.« Frieda war eine entfernte Cousine von Mathilde, mit der sie eifrig korrespondierte und mit der sie vor Ort ihre Probleme, Walter und Lotte betreffend, besprechen konnte. Sie wusste über alles Bescheid.

Endlich mal jemand, dem ich nichts vormachen muss, dachte Mathilde. »Zu Lottes Geburtstag werden wir zurück sein, und dazu laden wir die Morells und Walter ein.« In dem Moment hatte sie eine Idee, wen sie noch dazu einladen würde, das sollte aber für alle eine Überraschung werden. »Ich will, dass endlich die Wahrheit ans Licht kommt. Lotte und Walter haben ein Recht darauf. Ich bin am Ende meiner Kräfte, ich kann nicht mehr! Und das ist jetzt mein letztes Wort.«

Paul sah seine Frau entgeistert an. So energisch und bestimmt hatte er sie seit Wochen nicht mehr gesehen. Sie war völlig verwandelt. »Du hast Recht, Mathilde, es muss sein. Wenn es nach mir ginge, würde ich es noch jahrelang vor mir herschieben. Aber die Kinder müssen sich kennen lernen und die Wahrheit erfahren. Wann wollen wir reisen?« »Morgen, da ist der Jour Fix. Geh du und organisiere deine Termine, ich werde einen Brief an Morells schreiben mit unserer Absage und sie gleichzeitig zu Lottes Geburtstag einladen. Um die Bahnkarten kümmere ich mich auch.« Paul erkannte seine Frau kaum wieder. Sie sprühte förmlich vor Entschlossenheit. Eine riesige Last war von ihr abgefallen.

Am Nachmittag sprach sie mit Lotte. »Hier ist ein Brief für Morells. Wir müssen für morgen absagen, wir fahren nach Hamburg zu Tante Wilma.«

Lotte blickte ihre Mutter ungläubig an. »Das ist nicht dein Ernst. Du sagst bei Morells ab, um zu deiner scheintoten, schwachsinnigen Tante zu fahren? Ich komme nicht mit!« Sie stampfte mit dem Fuß auf. »Das kannst du mir nicht antun, und vor allem Martha nicht. Sie ist total aus dem Häuschen wegen Lackner, und überhaupt ...« Sie fing jetzt an zu weinen.

»Bitte, Lotte, sei vernünftig. Erst einmal ist sie meine Erbtante, außerdem geht es ihr wirklich sehr schlecht, und sie will uns unbedingt vor ihrem Tod noch einmal sehen. Frieda hat eine Depesche geschickt. Deshalb auch die Eile. Jede Stunde zählt.« Mathilde log, ohne rot zu werden. Sie musste das jetzt durchziehen.

»Bitte, Mama, lass uns doch dann übermorgen fahren, auf einen Tag kommt es sicher nicht an«, schluchzte Lotte.

»Es geht nicht, wir haben schon Schlafwagenkarten, und unsere Ankunft ist bereits telegrafiert.«

Lotte fügte sich. Was blieb ihr auch anderes übrig. Aber merkwürdig fand sie das Ganze schon. Gestern noch bleich und deprimiert, sprühte ihre Mutter heute vor Energie und Kraft. Das konnte doch nicht an dem zu erwartenden Erbe liegen. Das sah ihrer Mutter nun so gar nicht ähnlich.

»Übrigens werden wir zu deinem achtzehnten Geburtstag zurück sein, ich habe Martha und ihre Eltern dazu eingeladen.« Von Walter und ihrem anderen Plan sagte Mathilde nichts!

Noch am gleichen Tag ging ein Brief an Wilhelmine Lackner nach Insterburg ab mit einer Einladung für sie und Paula zu

Lottes achtzehntem Geburtstag. »Wir werden in unserem Sommerhaus am Müggensee feiern, bitte kommt erst am Tag des Geburtstages an und bleibt dann eine Weile bei uns«, stand darin, »die Kinder sollen Zeit haben, sich kennen zu lernen.« Bei ihrer Rückkehr aus Hamburg fand Mathilde eine Depesche vor: *»Bin begeistert-stop-wir kommen. Wilhelmine.«*

Auguste ging zu ihrem Mann in sein Arbeitszimmer. »Nun ist es so weit, Martha ist total übergeschnappt. Sie redet von nichts anderem als Walter Lackner.«

»Reg dich doch nicht so auf«, Robert Morell war in keinster Weise so beunruhigt wie seine Frau, »das ist nichts weiter als eine kindliche Schwärmerei. Sie ist so gut wie verlobt mit Ellart, sicher werden sie bald ihre Verlobung bekannt geben.«

Was sie nicht wussten: Ellart hatte schon mehrmals mit Martha gesprochen, aber sie hatte ihn jedes Mal lachend gebeten, noch ein wenig zu warten.

Ellart war ein blendend aussehender Mann Ende zwanzig. Er liebte Martha. Er lag ihr förmlich zu Füßen. Und er hatte genügend Zeit, ihr den Hof zu machen. Dank der Beziehungen seines wohlhabenden und vor allem pazifistischen Vaters, der überhaupt keine Lust hatte, seinen einzigen Sohn dem Vaterland zu opfern, war er wegen einer früheren, aber jetzt längst ausgeheilten Tuberkulose kriegsuntauglich geschrieben. Er arbeitete in der florierenden Firma seines Vaters, die er später einmal übernehmen sollte, und hörte mit Entsetzen die grauenhaften Frontberichte, auch vom Tod und schwersten Verwundungen seiner Freunde.

Auguste war bereits wieder an der Tür, als ihr Mann fragte: »Was ist eigentlich mit Horkys, ich höre, sie haben abgesagt für heute Abend?«

»Ja, sehr bedauerlich. Sie haben eine kurze Nachricht geschickt, dass sie zu einer erkrankten Verwandten fahren müssten, Lotte haben sie mitgenommen, Martha ist ganz unglücklich.«

»Tja, die beiden sind ja wirklich ein Herz und eine Seele.« Mit diesen Worten wandte er sich wieder seinen Papieren zu.

»Übrigens haben sie uns zu Lottes achtzehntem Geburtstag eingeladen und ich habe zugesagt«, sagte Auguste und verließ das Zimmer.

Der Salon der Morells füllte sich allmählich. Es herrschte lautes Stimmengewirr, Gläser stießen aneinander, und überall hörte man Worte wie: »Was für eine Freude, Sie zu sehen« oder »Haben Sie schon gehört, dass ...« und »Ja, alter Freund, wie geht es Ihnen?«

Marthas Herz klopfte bis zum Hals. Seit über einer Stunde strömten die Gäste herein, und Ellart und Walter waren immer noch nicht da. Eben war Alfred Kerr, der berühmte Kritiker, und mit ihm Max Reinhard, der Regisseur, hereingekommen. Sofort bildete sich ein Kreis um sie, und Reinhard wurde von allen Seiten zu seiner neuesten Theaterinszenierung beglückwünscht.

Wie sehr ihr Lotte fehlte! Sie liebte sie wie eine Schwester, und sie war völlig außer sich gewesen, als sie hörte, dass ihre geliebte Freundin heute Abend nicht da sein würde. Zum wiederholten Mal hatte sie Marie, die Champagner servierte, flüsternd gefragt:

»Sind sie schon da?«, und Marie, die natürlich wusste, wer *sie* waren, antwortete leise:

»Hab sie noch nicht gesehen.«

Martha war gerade von Jost Ungeheuer, dem Partner ihres Vaters, in ein langweiliges Gespräch verwickelt worden, als sie hinter sich die Stimme von Ellart hörte. »Da ist sie ja. Walter, darf ich dir meine Cousine Martha Morell vorstellen?«

Vor ihr stand er, Walter Lackner, und strahlte sie an. »Aus einem entzückenden kleinen Mädchen in Zoppot ist eine hinreißende junge Dame geworden.« Mit diesen Worten beugte er sich über ihre Hand, Martha in tiefste Verwirrung stürzend. Mein Gott, er erinnerte sich an sie!

»Ich freue mich, dass Sie kommen konnten«, war das Einzige, was sie herausbrachte.

Die ist ja wirklich süß, Ellart hat nicht übertrieben, dachte Walter, als dieser fragte:

»Soll ich uns Champagner organisieren?«

»Ja gern«, sagten beide gleichzeitig und, als ob er Marthas Verlegenheit nicht bemerkt hätte, begann Walter unbefangen zu plaudern. Man sprach über belanglose Dinge, es rauschte an Martha vorbei wie ein Film, aber als er sie fragte: »Wollen wir mal zusammen ausreiten?«, nickte sie strahlend.

»Das ist schön, wie ist es mit morgen?«, fragte er. Ellart kam gerade dazu, drei Champagnergläser in den Händen balancierend.

»Was hältst du von einem gemeinsamen Ausritt morgen, Ellart, sagen wir, um drei Uhr im Tiergarten?« Walter blickte seinen Freund fragend an.

Ellart wiegte den Kopf. »Ich habe eine wichtige Besprechung um diese Zeit, aber ich werde versuchen, sie zu verlegen. Wenn es irgendwie geht, komme ich.«

Lass es nicht möglich sein, es zu verlegen!, dachte Martha hoffnungsvoll, um dann schamlos zu lügen: »Natürlich kommst du, Ellart, ich würde mich ja soo freuen.«

Sie redeten noch über dies und jenes, aber als Auguste Morell anfing, ihre Tochter argwöhnisch zu beobachten, entschuldigte sie sich mit den Worten: »Ich muss mich auch noch um die anderen Gäste kümmern, wir sehen uns morgen« und ging weiter zur nächsten Gruppe. Was hatten ihre Eltern bloß gegen Walter Lackner? Sie musste das herausbekommen! Kein Wort würde sie sagen über ihren morgigen Ausritt. Sie ritt wie immer mit Ellart aus, und das war noch nicht einmal richtig gelogen. Martha ging von Gast zu Gast, plauderte hier und dort, und immer wieder trafen sich ihre und Walters Blicke.

Dieses Mädchen ist einfach entzückend, dachte dieser, ich muss Ellart gelegentlich fragen, wie ernst seine Absichten sind.

Als alle Gäste gegangen waren, saß Martha noch eine Weile bei ihren Eltern in der Bibliothek, um den Abend mit einem Glas Sherry ausklingen zu lassen. Man erzählte sich den neuesten Klatsch und wie froh man doch sein konnte, trotz der verheerenden Kriegszeiten solch wunderbare Abende verleben zu können. Tatsächlich lebten Familien wie die Morells, Horkys und Bütows immer noch fast wie in der Vorkriegszeit, während der Großteil der Bevölkerung nicht wusste, wie er überleben sollte. Statt Kartoffeln gab es gelbe Rüben, Fleisch nur noch ganz selten und anstatt Bohnenkaffee nur aus Bucheckern gekochten »Ersatzkaffee«. Aber mit Geld konnte man alles kaufen. In den eleganten Stadtvierteln waren die Schwarzmarktrestaurants überfüllt, und in den Salons herrschte reges gesellschaftliches Treiben.

»Aber irgendwie ist es nicht wie früher«, sinnierte Robert Morell laut, »alles ist hektischer, lauter, als wolle man das Grauen über das Kriegsgeschehen übertönen.«

»Ja«, pflichtete Auguste bei, »es ist so schrecklich, hoffentlich hat das bald ein Ende.«

Man sprach über alles, nur der Name Lackner wurde nicht erwähnt. Nachdem Martha sich mit einem Kuss verabschiedet hatte, sagte Robert zu seiner Frau: »Siehst du, Auguste, mit keinem Wort hat das Kind den Walter Lackner erwähnt. Du hast mal wieder Gespenster gesehen.«

Männer sind doch manchmal zu dumm, dachte Auguste nur.

Martha und Walter begannen sich regelmäßig heimlich zu treffen. Bei ihrem ersten Ausritt, Ellart hatte tatsächlich nicht kommen können, was beide, wie sie sich gegenseitig höflich beteuerten, äußerst bedauerten, hatten sie gleich eine neue Verabredung ausgemacht. Natürlich wurde Ellart dazu aufgefordert, er war auch mit Begeisterung dabei, aber dann sahen sie sich immer öfter allein. Mal trafen sie sich in einem kleinen, verschwiegenen Café in Charlottenburg oder zu einem Spaziergang am Halensee, aber meistens ritten sie zusammen aus. Walters Pferd Satan, ein Geschenk von Mamachen Hannesen, musste bewegt werden, und überhaupt, beim Reiten konnte man sich ja auch rein zufällig getroffen haben, jeder würde ihnen das glauben!

Niemand schöpfte Verdacht, auch die Morells nicht. Martha war seit ihrer frühesten Kindheit eine begeisterte Reiterin, hatte ein eigenes Pferd und verbrachte schon seit Jahren so viel Zeit wie möglich im Reitstall. Und sie erwähnte wohlweislich nie mehr den Namen Lackner. Dafür sprach sie umso öfter von Ellart, den sie immer seltener sah. So schaffte sie es tatsächlich, ihre Mutter zu täuschen.

»Sollte dieser Kelch an uns vorübergegangen sein?«, fragte diese ihren Mann mehrmals zweifelnd, bis der ungeduldig wurde und sie regelrecht anfuhr: »Nun hör endlich damit auf. Du siehst Gespenster.« Für ihn war das Thema Walter Lackner erledigt.

Martha hatte Ellart gesagt, dass sie sehr viel für ihr anstehendes Abitur lernen müsse, und ihn um Geduld gebeten, und schließ-lich würden sie ja einmal in der Woche zusammen ausreiten. Sie hatte es geschafft, auch ihn sozusagen »ruhig zu stellen«.

Walter und Martha waren inzwischen unsterblich ineinander verliebt. An einem heißen Sommernachmittag waren sie getrennt losgeritten und hatten sich, wie schon öfter, am Hundekehlesee getroffen. Sie lagen im Schatten eines Baumes am Ufer, geschützt von großen Büschen, während ihre Pferde friedlich in ihrer Nähe grasten. Die Luft flirrte vor Hitze. Sie hatten sich leidenschaftlich geküsst, als Walter plötzlich sagte:

»Übrigens habe ich eine Einladung von meiner Tante Mathilde Horkys zum achtzehnten Geburtstag ihrer Tochter Lotte bekommen.«

Ruckartig hatte Martha sich aufgesetzt. »Du bist mit Horkys verwandt? Lotte, ihre Tochter, ist meine beste Freundin, das ist die Lotte, von der ich dir dauernd erzählt habe. Sie ist wie meine Schwester!« Martha war ganz außer sich.

»Was für ein Zufall!«, rief Walter, »dann lerne ich sie ja bald kennen!«

»Ja, und wir können einen Abend miteinander verbringen, wir sind natürlich auch eingeladen.« Und meine Eltern werden dann sehen, dass wir zusammengehören, Walter und ich, dachte Martha glücklich. »Hast du eigentlich Ellart in der letzten Zeit gesehen?«, fragte sie.

»Nein. Ehrlich gesagt, bin ich darüber auch nicht unglücklich, ich fürchte, ich habe ihm die Braut weggenommen.« Walter hatte ein ziemlich schlechtes Gewissen.

Walter traf sich, wie jeden Dienstag, mit seiner Geliebten, der Gräfin Sylvi A. in der Pension »Clause« in der Clausewitzstraße. Sie war einige Jahre älter als er und eine erfahrene, leidenschaftliche Geliebte. Er hatte dieses Verhältnis genossen, aber nun war er entschlossen, es zu beenden. Sie hatten sich noch leidenschaftlicher geliebt als sonst. Sie spürte, irgendetwas war heute anders.

Walter lag erschöpft neben ihr. »Wir werden uns nicht mehr sehen, Sylvi, es tut mir Leid.«

Sie zündete sich eine Zigarette an. »Warum?«, fragte sie ruhig, »ist es wegen Dita, deiner kleinen Schauspielerin?«

»Woher weißt du das denn?« Walter war irritiert.

»Meine reizenden Freundinnen waren entzückt, es mir brühwarm zu erzählen. Was glaubst du denn? Über uns weiß doch außer meinem vertrottelten Ehemann jeder Bescheid!« Und nach einer Pause: »Nun, wer ist es dann?«

»Es ist nicht wegen Dita. Ich habe mich verliebt, ich werde heiraten.«

»Und deshalb willst du unser Verhältnis beenden?« Sylvi blickte ihn ungläubig an. »Was hat denn deine Hochzeit mit uns zu tun?« Sie zog an ihrer Zigarette. »Wer ist es denn nun?« Erstaunlich, dass ihr da noch nichts zu Ohren gekommen war, jedes neue Gerücht wurde ihr doch sonst immer sofort zugetragen, vor allem, wenn man ihr eins auswischen konnte.

»Du wirst es schon noch erfahren.« Walter war erleichtert. Wenn seine Geliebte nichts wusste, bestand die Hoffnung, dass auch Ellart es noch nicht erfahren hatte.

Aber diese hatte keinesfalls die Absicht, ihren Geliebten, um den sie so glühend beneidet wurde, kampflos aufzugeben. Ihr würde schon etwas einfallen. Obwohl es in ihr kochte, sagte sie kühl: »Na, dann viel Glück, mein wunderbarer Geliebter. Lass es mich wissen, wenn du Sehnsucht nach mir hast.«

Am Tag von Lottes Geburtstag waren Mathilde und Lotte Horkys von Hamburg kommend direkt vom Bahnhof zum Müggelsee gefahren. Mathilde hatte von Hamburg aus alles schriftlich organisiert, das Menü und die Blumen bestellt, und bei ihrer Ankunft wurden sie bereits von Paul und ihrem Berliner Hauspersonal erwartet. Paul war einige Tage vor ihnen aus Hamburg abgereist, von Lotte glühend beneidet, die einen langen Brief von Martha bekommen hatte und am liebsten mit ihm mitgefahren wäre. Aber ihre Mutter bestand auf ihrer Gesellschaft, also fügte sie sich. Paul hatte dringende Termine in der Praxis vorgeschoben. Seine Frau war inzwischen die Ruhe selbst, während er jetzt täglich nervöser wurde. Wie würde Lotte die Nachricht aufnehmen, dass sie nicht ihre leibliche Tochter war? Er hatte schreckliche Angst vor dem Tag des Geburtstages und wusste nicht mehr, wie er seine Unruhe verbergen sollte.

»Herzlichen Glückwunsch zum Geburtstag, mein geliebtes Kind«, sagte er, während er Lotte fest an sich drückte. »Jetzt fängt ein neues Kapitel in deinem Leben an.«

»Nun übertreib mal nicht, Papachen, ich bin doch nur ein Jahr älter geworden«, und zu ihrer Mutter gewandt: »Wann kommen denn die Gäste, du hast mir doch eine Überraschungsparty versprochen?«

»Um sieben Uhr, mein Kind. Und du musst als Letzte herunterkommen, erst wenn alle da sind. Wir rufen dich dann mit dem Gong.« Lotte sah ihre Mutter erstaunt an. »Das klingt ja wirklich geheimnisvoll«, und bei sich dachte sie: Langsam geht mir die Geheimniskrämerei auf die Nerven. So außergewöhnlich war ein achtzehnter Geburtstag doch nun auch wieder nicht.

Pünktlich um sieben Uhr waren alle Gäste eingetroffen, beladen mit Geschenken und passend zu dem Anlass festlich gekleidet. Martha sah in ihrem weißen, mit Spitze besetzten Crêpe-de-Chine-Kleid bezaubernd aus.

Walter hatte überglücklich seine Schwester Paula und Tante Wilhelmine begrüßt. »Ja, wie kommt ihr denn hierher, nein, was für eine Überraschung!« Ewig hatte er sie nicht gesehen! An Mathilde und Paul konnte er sich kaum erinnern, hatte er sie doch bei der Beerdigung seiner Eltern das letzte Mal erlebt. Trotzdem war die Freude allerseits groß. Durch die allgemeine Überraschung und lautstarke Begrüßung fiel nicht auf, dass Auguste Morell unter Schock stand. Wieso um Himmels willen waren Walter Lackner und seine Schwester Paula hier? Was hatten Horkys mit den Lackners zu tun? In ihrem Kopf schossen die Gedanken und Fragen Kapriolen.

Robert Morell behielt die Nerven. Er hatte seiner Frau kurz ins Ohr gezischt: »Nimm dich zusammen, Auguste!«, und tat dann so, als sei alles völlig normal.

Als sich die erste Aufregung gelegt hatte, schlug Paul den Gong und die inzwischen mehr als ungeduldige Lotte, die das Ganze nur akustisch mitbekommen hatte, eilte die Treppe herunter.

Wieso ist Walter Lackner da? Und wer sind die zwei Frauen neben ihm?, dachte sie, als ihre Mutter sagte: »Das sind Wilhelmine und Paula Lackner aus Insterburg, Paula ist Walters Schwester.«

Das wurde ja immer mysteriöser. Lotte war völlig verwirrt. Aber in dem ganzen Trubel konnte sie gar keinen klaren Gedanken fassen.

Martha war ihr um den Hals gefallen und hatte ihr ein »Ich bin ja so glücklich!« zugeflüstert, es wurden Geschenke überreicht, alle gratulierten und redeten durcheinander.

Bald darauf bat Mathilde zu Tisch. Walter hatte in einem unbeobachteten Moment Martha zugeflüstert: »Heute noch spreche ich mit deinen Eltern!«, und Martha hatte strahlend seine Hand gedrückt.

Nach dem ersten Gang erhob sich Paul, schlug mit seinem Messer leicht an sein Glas und bat um Aufmerksamkeit. »Meine über alles geliebte Lotte, liebe Mathilde, Verwandte, Freunde. Was ich euch jetzt zu sagen habe, fällt mir unglaublich schwer.« Er hatte Tränen in den Augen.

O Gott, was kommt denn jetzt?, dachte Lotte, als ihr Vater fortfuhr.

»Seit über siebzehn Jahren tragen Mathilde und ich es mit uns herum, haben es immer wieder aufgeschoben.« Seine

Gera Görz mit elf Jahren, gemalt. In der Hand ihr Lieblingsbuch, 1909.

Richard Görz und seine Tochter Gera, ca. 1915.

Walters Freundin Kaete, eine Sommerliebe in Zoppot.

Gera Görz, genannt »Schwesterchen Sausi«, als Krankenschwester 1914.

Tennisspiel im Kasinopark von Königsberg, 1919. Walter Lackner in der Mitte.

Kasinofeier im Offizierskasino der Königsberger Kaserne, 1920.

Walters silberner Bestellblock im Kasino für Speisen und Getränke. Außen ist das Wappen des Regiments erkennbar, innen sein Name eingraviert.

Walter Lackner (links) mit Kameraden im Hof der Königsberger Kaserne.

Walter auf der Jagd mit seinen Pferden Satan und Saturn, in Harpenthal um 1920.

Walter und Gera Lackner kurz nach ihrer Hochzeit, 1923.

Stimme zitterte. »Damals starben Mathildes geliebte Schwester Ida und mein über alles geschätzter Schwager Albert Lackner. Sie hinterließen fünf unmündige Kinder.« Er holte tief Luft, ihm drohte, die Stimme zu versagen. »Eines dieser Kinder warst du, Lotte.«

Es war totenstill. Alle starrten ihn an. Seiner Frau liefen die Tränen über das Gesicht.

»Mathilde und ich konnten keine eigenen Kinder haben. Du hast dir immer Geschwister gewünscht, meine geliebte Lotte, den Wunsch haben wir dir heute, an deinem achtzehnten Geburtstag erfüllt. Walter und Paula sind deine Geschwister. Bitte verzeih uns, dass wir dir das heute erst sagen.« Er sank auf seinen Stuhl und begann zu weinen.

Es herrschte noch immer Totenstille.

Lotte war wie erstarrt. Sie blickte von einem zum anderen, ihre Serviette an die Brust drückend. Was hatte Papa da gesagt? Ihre geliebte Mama und er waren gar nicht ihre Eltern? Und plötzlich sollte sie zwei Geschwister haben? Wie eine Seifenblase war ihre heile Welt mit einem Schlag zerplatzt.

In der Tür stand Nora, seit über zehn Jahren in den Diensten der Horkys. Sie hatte, die volle Suppenterrine in der Hand, alles mit angehört. Plötzlich begann sie heftig zu zittern und mit einem lauten Knall fiel die Schüssel auf den Boden.

Dadurch löste sich die Spannung. Walter und Paula umarmten die wie benommen dasitzende Lotte, Wilhelmine hatte Paul bereits einen großen Schnaps eingegossen, ihr »Allerheilmittel«, und begann die immer noch schluchzende Mathilde zu trösten. Doch gerade als Martha leise zu Lotte sagte: »Lottchen, jetzt wirst du meine Schwägerin, ist das nicht wunderbar«, sagte Robert Morell laut: »Es gab da noch eine Tochter.«

Wieder herrschte Totenstille. Auguste Morell saß kreidebleich auf ihrem Stuhl.

»Jetzt ist wohl auch für uns der Moment der Wahrheit gekommen«, fuhr Robert Morell fort. »Der Moment, vor dem wir uns genauso gefürchtet haben wie ihr, unsere lieben Freunde. Eigentlich wollten wir die Wahrheit immer für uns behalten, aber das, was heute passiert ist, nennt man wohl ›Schicksal‹. Er wandte sich an die drei Geschwister, die sich, eng beieinander stehend, an den Händen hielten.

»Als eure Eltern starben, war eure jüngste Schwester ein paar Monate alt. Sie war noch nicht getauft, ihr nanntet sie ›Pünktchen‹. Meine Frau Auguste hatte zur gleichen Zeit eine Fehlgeburt, die Ärzte sagten ihr, sie würde nie mehr ein Kind bekommen können. Ich habe Hermann und Grete Lackner überredet, uns Pünktchen zu geben. Wir haben sie adoptiert und Martha genannt.«

Während dieser Rede war Martha, vor Entsetzen erstarrt, zur Tür zurückgewichen. Das durfte nicht sein, Walter ihr Bruder! Nein, nein, dachte sie nur, nein, bloß das nicht! Es darf nicht sein. Sie liebten sich doch, sie wollten heiraten!

Nachdem Robert Morell verstummt war, herrschte ein heilloses Durcheinander, als plötzlich jemand sagte: »Wo ist denn Martha?«

»Vielleicht will sie einen Moment allein sein, das ist ja auch alles ein bisschen viel auf einmal«, dröhnte Wilhelmines Stimme, und sie nahm einen kräftigen Schluck Cognac zu sich.

»Das ist ja noch gelinde ausgedrückt«, sagte Walter, »ich werde nach ihr sehen.« Er durchsuchte das ganze Haus, öffnete jede Tür, er fand sie nirgends. »Martha, wo bist du?«, rief er immer wieder.

Auch in der Küche war sie nicht, dort saß nur das Personal, verstört von dem dramatischen Geschehen. Nora hatte natürlich sofort alles erzählt und nun versuchte man, mit Wassergläsern voll Schnaps die aufgewühlten Nerven zu beruhigen. An Essen war ja nicht mehr zu denken.

Walter rannte in den Garten. »Martha, Martha, wo bist du?«, rief er immer wieder, aber er bekam keine Antwort. Er durchsuchte den ganzen Garten, auch im Teepavillon war sie nicht. Walter wurde immer verzweifelter.

Es war eine sternenklare Nacht, der fast volle Mond leuchtete mit seinem fahlen Licht. Walter hatte sich atemlos am Ufer des Sees auf einem großen Stein niedergelassen, als er in der Mitte des Wassers einen weißen Fleck sah. Erst dachte er, es sei das Spiegelbild des Mondes. Aber dann sah er, wie es sich bewegte. Martha trug ein weißes Kleid! Walter riss sich die Jacke herunter und stürzte in den See.

»Lieber Gott«, sagte er laut, »lass mich nicht zu spät kommen. Ich liebe sie so, auch wenn sie meine Schwester ist.«

Lotte und Paula redeten und redeten. Sie sahen sich unglaublich ähnlich. Auguste und Mathilde lagen sich weinend in den Armen. Die Männer und die trinkfeste Wilhelmine hatten sich den vierten Cognac eingeschenkt, als die Tür aufging und jedes Geräusch erstarb.

Auf der Schwelle stand Walter mit der ohnmächtigen Martha auf dem Arm: »Sie wollte sich umbringen«, sagte er tonlos.

Man rief rasch einen Arzt, der Martha ein Beruhigungsmittel gab.

»Sie wird es überleben, machen Sie sich keine Sorgen. Ich habe ihr eine Spritze gegeben. Lassen Sie sie jetzt eine Weile schlafen, morgen sehe ich noch einmal nach ihr.« Mit diesen

Worten beruhigte er die aufgeregte Familie, bevor er wieder ging.

In dieser Nacht konnte im Haus Horkys außer der völlig betrunkenen Dienerschaft keiner ein Auge zutun. Zu groß waren die Emotionen, die Freude und auch der Kummer, die diese ausgelöst hatten. Lottes Erstarrung hatte sich gelöst, sie war überglücklich, plötzlich drei Geschwister zu haben, und dass auch noch ihre geliebte Martha eins davon war, schien ihr geradezu unglaublich.

»Jetzt weiß ich endlich, warum du in der letzten Zeit so eigenartig warst«, sagte sie zu ihrer Mutter. »Warum habt ihr euch bloß so lange gequält, ihr hättet es mir längst sagen sollen.«

Das war aber auch der einzige Vorwurf, den sie ihren Eltern machte. Sie versicherte ihnen, dass sie ihnen wirklich nicht böse sei, dass sie sie genauso lieben würde wie immer, und dass all ihre Bedenken umsonst gewesen wären.

Morells, die glaubten, der Grund von Marthas Selbstmordversuch sei die Tatsache, dass sie nicht deren leibliche Eltern waren, standen kurz vor einem Nervenzusammenbruch.

Man hatte Auguste auf eine Ottomane gebettet. Sie war einer Ohnmacht nahe. Mathilde hatte ihr die oberen Knöpfe der Bluse geöffnet, ihr üppiger Busen hob und senkte sich. Sie atmete schwer. Es war ein sehr heißer Tag gewesen, und auch der Abend hatte kaum Kühlung gebracht. Wilhelmine, schon recht beseelt, fächelte ihr mit einer Hand Luft zu, während sie in der anderen ihr ständig volles Cognacglas hielt.

»In diesem Irrenhaus kann man sich ja nur dem Suff ergeben«, hatte sie ihrer Schwägerin erklärt und sie gebeten, die Flasche gefälligst nicht immer ordentlich wegzuräumen, sondern gleich bei ihr stehen zu lassen.

Lotte und Walter saßen an Marthas Bett, als diese aus ihrer Ohnmacht erwachte.

»Walter, Lotte, was ist passiert? Wo bin ich?«, fragte sie verwirrt. Sie lächelte Walter an. »Wie schön, dass du da bist.« Aber mit einem Schlag kam die Erinnerung zurück. Das Lächeln erlosch, und sie begann leise zu weinen. »Walter, wie schrecklich, du bist mein Bruder, was sollen wir nur tun?« und zu Lotte gewandt: »Lotte, meine geliebte Lotte, du bist meine Schwester.« Sie weinte jetzt haltlos.

»Martha, meine kleine Martha, beruhige dich. Es wird alles gut.« Walter wiegte sie hin und her.

»Was soll denn gut werden?«, schrie Martha. »Du bist mein Bruder. Oh, ich hasse meine Eltern, ich hasse sie, warum haben sie mir das nicht früher gesagt!« und immer wieder wiederholte sie: »Ich hasse sie.«

»Ich lasse dich für einen Moment mit Lotte allein.« Walter strich ihr beruhigend über das nasse Haar. »Ich muss mit deinen Eltern sprechen. Sie sind völlig außer sich. Sie denken, dass du dir ihretwillen etwas antun wolltest. Ich muss das aufklären!«

Robert Morell saß in einem Sessel und starrte blicklos vor sich hin, als Walter den Raum betrat.

»Ich bin Ihnen eine Erklärung schuldig«, wandte er sich an Marthas Eltern, die schlagartig aus ihrer Lethargie erwachten. Und Walter begann zu erzählen. Dass er sich an dem Jour Fix in Martha verliebt habe und sie sich seitdem immer wieder heimlich getroffen hätten. »In allen Ehren natürlich«, beteuerte er. »Ich wollte längst bei Ihnen um Marthas Hand anhalten, aber sie hat gesagt, es gäbe da etwas, eine Animosität gegen mich, sie wollte erst herausfinden, was es ist.« Er machte eine

Pause. »Ja, und jetzt wissen wir ja alle den Grund. Das konnte nun wirklich keiner ahnen. Martha ist wieder bei Bewusstsein. Aber sie ist völlig außer sich, lassen Sie sie sich erst einmal beruhigen, morgen sieht alles schon wieder ganz anders aus.« Walter war voller Mitleid mit den armen alten Leuten, die völlig gebrochen schienen.

»Komm, Junge, nimm mal einen kräftigen Schluck, ich glaube, das kannst du jetzt gebrauchen.« Wilhelmine hielt Walter ihr Glas hin. »Das kann man ja alles nur im Suff ertragen«, sagte sie zum wiederholten Mal.

Walter und Lotte hatten noch lange mit Martha gesprochen und ihr erklärt, dass ihre Eltern doch nur das Beste für sie wollten.

»Sie lieben dich doch so«, hatte Lotte ihr immer wieder gesagt und: »Sieh mal, meine Eltern haben es mir doch auch erst heute gesagt, und ich bin ihnen nicht böse. Im Gegenteil, sie tun mir richtig Leid, weil sie sich so lange mit diesem Geheimnis gequält haben.«

Irgendwann war Martha dann zu ihren Eltern gegangen, hatte sie in den Arm genommen und alle drei hatten wortlos miteinander geweint. Es dämmerte bereits, als sich die Letzten zu Bett begaben.

Am nächsten Morgen, es war ein strahlender Sommertag, trafen sich alle, leicht übermüdet, zu einem späten Frühstück auf der Veranda. Morells und Horkys sah man ihre Erleichterung an, eine schwere Last war von ihren Schultern genommen. Lotte und Paula strahlten und auch Martha, die als Letzte mit rot geweinten Augen erschien, begann sich an der Unterhaltung zu beteiligen. Sie hatte Walter zur Begrüßung einen Kuss gegeben. »Jetzt darf ich das ja ganz offiziell«, hatte sie gesagt und ihrer Mutter zugezwinkert.

Gott sei Dank hat sie ihren Humor nicht verloren, dachte Lotte und umarmte ihre Schwester.

Es herrschte eine ungezwungene Heiterkeit. Morells hatten den Horkys, Wilhelmine, Paula und Walter noch in der Nacht das »Du« angeboten.

»Wir sind ja jetzt quasi verwandt«, hatte Robert gesagt. Man hatte sich umarmt und sich der gegenseitigen Zuneigung versichert. Kurz vor zwölf unterbrach Wilhelmines dröhnende Stimme die allgemeine Unterhaltung. Das Dienstmädchen hatte ein Tablett mit neun vollen Champagnergläsern vor sie hingestellt.

»Liebe Familie, ich habe hier einen Brief von Hermann und Grete aus Harpenthal, den ich euch jetzt vorlesen möchte. Nehmt bitte jeder ein Glas.« Alle erhoben sich und hörten Wilhelmine zu, die zu lesen begann.

»Liebe Mathilde, Paul und Morells, geliebte Lotte und Pünktchen, die wir euch so lange nicht gesehen und schmerzlich vermisst haben. Wir wissen alles über euch, eure Eltern haben uns während all der vielen Jahre immer über euer Wohlergehen berichtet, was für liebe Töchter ihr wart und wie viel Freude ihr ihnen gemacht habt. Paula und Walter haben wir ja oft gesehen und miterleben können, wie prächtig auch sie sich entwickelt haben. Eure Eltern im Himmel können sehr stolz auf euch sein. Es ist nur sehr traurig, dass euer Bruder Alfred nicht mehr dabei sein kann. Er ist für das Vaterland gefallen, auch auf ihn werden seine Eltern stolz sein.«

Und seine Großmutter kotzt, wenn sie das hört, dachte Wilhelmine, die eine kurze Pause gemacht hatte. Dann fuhr sie fort:

»In einer Woche beginnen die großen Ferien. Wir möchten euch alle, die ihr jetzt beisammen seid, zu uns nach Harpenthal einladen. Wir haben große Sehnsucht nach euch. So, jetzt müsste es zwölf Uhr sein! Erhebt eure Gläser und ruft, so laut ihr könnt, damit wir es in Harpenthal auch hören können: ›Ja, wir kommen.‹ Auch wir haben in diesem Moment ein Glas Champagner in der Hand und trinken auf euch.

Euer Hermann und eure Grete Lackner

In diesem Moment schlug die nahe gelegene Kirchturmuhr zwölf. Und aus neun Kehlen erscholl ein lautes: »Ja, wir kommen!«

1918–1923

November 1918. Der Krieg war aus. Der Kaiser hatte abgedankt und war nach Holland geflohen. Allerdings nicht ganz freiwillig. Es bedurfte tagelanger Überredungskünste seiner Adjutanten und Generäle. Auch ein Heldentod seiner Majestät war von diesen erwogen worden. Aber was wäre, wenn der Kaiser nicht dem feindlichen Feuer zum Opfer fallen, sondern in Gefangenschaft geraten oder, noch peinlicher, einfach vom Pferd fallen und mit gebrochenen Knochen liegen bleiben würde?

Die Idee wurde verworfen, zumal Wilhelm von Tod und Selbstmord alles andere als begeistert war! Schließlich hatte Hindenburg es geschafft, ihn zur Erleichterung aller Beteiligten doch zur Flucht zu überreden. Von all dem wusste das Volk nichts. Nur dass der Krieg endlich vorbei und die Republik ausgerufen war.

Im Land herrschte Chaos. Walter hatte sein Geschwader aufgelöst und sich nach Ostpreußen durchgeschlagen. Fast zehn Tage dauerte es, bis er in Harpenthal ankam. Züge gingen, wenn überhaupt, nur unregelmäßig. Fahrpläne existierten nicht mehr, und je weiter man nach Osten kam, umso beschwerlicher war die Reise. Der Winter war mit Macht hereingebrochen, mehrere Male war sein Zug in Schneewehen stecken geblieben, und nur unter Mithilfe aller Zuginsassen hatte man die Gleise wieder frei bekommen.

»Walter ist da, Walter lebt, er ist zurück!« Ein Aufschrei der Freude ging durch Harpenthal. Grete hatte ihn zuerst gesehen, eine zerlumpte Gestalt, die die Auffahrt hinaufschwankte. Wer mochte das sein? Sie kniff die Augen zusammen. In den letzten Jahren hatte ihre Sehkraft immer mehr nachgelassen. Sie nahm sich vor, bei ihrem nächsten Besuch in Insterburg nun endlich zum Augenarzt zu gehen.

Hermann hielt seinen obligatorischen Mittagsschlaf in seinem Ohrensessel vor dem brennenden Kamin. Zu seinen Füßen döste wie immer sein Jagdhund Herr Meyer. Seit Jahren hießen seine Hunde so, man musste sich nicht umgewöhnen.

»Hermann, wach auf!« Grete hatte ihr Strickzeug beiseite gelegt und ihren Mann mit der Stricknadel in die Seite gepiekst. »Hermann, wach doch auf, ich glaube, da kommt –, ja, es ist Walter. Walter ist da!« Die letzten Worte schreiend, stürzte sie ihrem Neffen entgegen. Trotz seiner Leibesfülle, er war in den letzten Jahren noch dicker geworden, folgte Hermann ihr auf dem Fuß.

»Walter, du lebst, wie schön, mein Gott, was haben wir darum gebetet.« Immer wieder drückten sie ihn an sich, beide weinten Tränen der Freude. Das Geschrei hatte die Mamsell und die Küchenmädchen angelockt. Auch der alte Grenzow, er musste inzwischen an die achtzig sein, so genau wusste das keiner, nicht einmal er selbst, war, auf einen Stock gestützt, zur Begrüßung herbeigeschlurft. In Windeseile verbreitete sich die Nachricht und erst als alle Bewohner von Harpenthal, Verwalter, Mägde und die wenigen Knechte, die noch da waren, Walter begrüßt hatten, kehrte Ruhe ein.

Walter schlief drei Tage durch. Mit Mühe konnte Grete ihn dazu überreden, ab und zu etwas zu sich zu nehmen. Kaum aber hatte er den letzten Bissen heruntergeschluckt, fielen seine Augen wieder zu, und er schlief weiter.

»Erst einmal bleibst du bei uns«, hatten Hermann und Grete entschieden, als Walter wieder zu Kräften gekommen war und anfing, sich über seine Zukunft Gedanken zu machen. »Im Moment herrscht Ausnahmezustand, lass alles auf dich zukommen.«

Und Walter war froh, dass ihm die Entscheidung abgenommen wurde. Erst einmal musste er das Vergangene verarbeiten, das Grauen, das er erlebt hatte, das Sterben der Kameraden und das Bewusstsein, dass das alles auch noch umsonst gewesen war. Der Krieg war verloren, es gab keinen Kaiser und kein Heer mehr.

Im Frühjahr 1919 schrieb er sich zum Jurastudium auf der Universität in Königsberg ein. Seine Begeisterung dafür hielt sich in Grenzen, aber irgendetwas musste er schließlich tun. Onkel Karl hatte ihm angeboten, Lindicken zu übernehmen, aber Landwirt zu werden lag ihm noch weniger als die Juristerei.

Langsam begann er sein Leben wieder zu genießen. Er sah regelmäßig seine Schwester Lotte, die inzwischen ihren Verlobten geheiratet hatte und mit ihm, einem jungen Juristen, in Königsberg lebte. Paula hatte, noch minderjährig, im Zug von Insterburg nach Königsberg einen jungen Farmer aus Afrika kennen gelernt und sich unsterblich verliebt. Nach vielen behördlichen Hürden, Minderjährige brauchten eine spezielle Heiratserlaubnis, war sie mit Ehemann und Konzertflügel nach Deutsch-Süd-West-Afrika entschwunden. Sie liebte die Musik genauso wie Walter.

Die Wochenenden verbrachte er entweder in Harpenthal, wo seit dem Familientreffen 1917 seine beiden Pferde Satan und Saturn standen, oder in Kallnelischken bei Onkel Franz und dessen neuer Frau Emma. Tante Edda, die Gute, war ganz plötzlich gestorben, und genauso plötzlich hatte Franz deren Schwester Emma geheiratet.

»So groß ist das Angebot an heiratsfähigen Frauen in Ostpreußen ja auch nicht«, hatte Tante Wilhelmine, wie es nun mal ihre Art war, ausgesprochen, was alle anderen im Stillen gedacht hatten, und kein Mensch regte sich darüber auf. Ab und zu verwechselte er noch die Namen, aber auch das wunderte keinen. Die beiden Schwestern hatten sich zum Verwechseln ähnlich gesehen.

Tante Emma hatte ihm noch zwei Kinder geschenkt, Ilse und Gerhard. Ilschen war jetzt elf und von Walter sehr geliebt. Sie war klein, quirlig mit einer niedlichen Stupsnase und feuerroten Haaren. Sie himmelte ihren schönen Cousin an und wich ihm bei seinen Besuchen in Kallnelischken nicht von der Seite.

Walter hatte gerade sein erstes Semester Jura hinter sich, als eine Kunde in Ostpreußen eintraf, die ihn elektrisierte. Im Versailler Vertrag vom 28. Juni 1919 wurde Deutschland erlaubt, ein 100 000-Mann-Heer aufzustellen. Das war es! Er war Soldat, das hatte er gelernt! Er meldete sich auf der Stelle und wurde sofort als Hauptmann und Regimentsadjutant des Grenadierregiments Nr. 1 in Königsberg eingestellt.

Er war selig. In Königsberg stationiert, konnte er sein Leben weiterführen wie bisher. Er brauchte keine trockenen Paragrafen mehr zu lernen, und außer dem täglichen Exerzieren war nicht sehr viel zu tun. Auf allen großen Gesellschaften war er als Gast sehr beliebt, was er weidlich ausnutzte. Er gehörte zu den begehrtesten Junggesellen des Landkreises, aber auf die Fragen von Grete: »Na, Jungchen, willst du nicht endlich mal eine Familie gründen?«, antwortete er immer lachend:

»Es wird schon, Tantchen«, und Hermann pflegte dann zu sagen: »Er ist wie sein Vater. Du wirst sehen, wenn er die Richtige gefunden hat, geht es ganz schnell, wie bei Albert und Ida, du wirst schon sehen.« Wie Recht er behalten sollte!

Es war im Herbst 1921, als sein beschauliches Leben sich schlagartig veränderte. Er saß, wie an allen freien Abenden, mit einigen Kameraden im Offizierskasino beim Bridge.

»Ist das nicht Major Wilberg?« Walters bester Freund, Helmuth von Thele, der mit dem Blick zur Tür saß, hatte den Mann, der mit einer Gruppe von Offizieren den Raum betreten hatte, als Erster gesehen. Walter sprang auf. Er kannte Wilberg schon aus der Kadettenanstalt Lichterfelde, wo dieser Prinzenerzieher des Prinzen Leopold gewesen war, und 1916 hatte Walter kurzzeitig bei ihm als Adjutant gedient. Seitdem hatte er ihn nicht mehr gesehen. Er sah unverändert aus: drahtig, nicht sehr groß, im linken Auge ein Monokel.

»Major Wilberg, was für eine Freude, Sie wiederzusehen«, begrüßte Walter ihn strahlend.

»Mein lieber Lackner, die Freude ist ganz meinerseits. Wie geht es Ihnen? Wie ich sehe, sind Sie hier stationiert. Haben Sie Lust, morgen mit mir zu essen, um ein Uhr im ›Berliner Hof‹? Ich habe Neuigkeiten aus Berlin.«

»Mit dem größten Vergnügen.« Walter war verwirrt. Was konnte das sein? So gut kannte er Wilberg doch auch wieder nicht. Er kehrte zu seiner Bridgepartie zurück, konnte sich aber nicht mehr so recht auf das Spiel konzentrieren und verlor haushoch. Das kam äußerst selten vor. Er war ein exzellenter Spieler.

Was er am nächsten Tag erfuhr, war so brisant, dass er einige Zeit brauchte, um sein inneres Gleichgewicht wiederzufinden.

»Alles, was wir jetzt besprechen und was Sie von mir erfahren, unterliegt der größten Geheimhaltung«, eröffnete der Major das Gespräch. Sie saßen an einem Tisch im hinteren Teil des Restaurants. Walter war von einigen Gästen begrüßt worden und hatte seinen Gastgeber erst entdeckt, nachdem der Maître ihn dorthin geführt hatte.

»Ich habe diesen Platz gewählt, weil ich unbedingt vermeiden muss, dass unser Gespräch belauscht wird«, sprach Wilberg weiter. »Bitte geben Sie mir Ihr Ehrenwort, dass alles Gesprochene unter uns bleibt.«

»Selbstverständlich, Herr Major.« Walter war erstaunt. Das wurde ja immer mysteriöser.

»Ich habe mir erlaubt, bereits das Essen zu bestellen und gebeten, zügig zu servieren, damit wir so wenig wie möglich gestört werden.«

Walters Nerven waren zum Zerreißen gespannt. Was wollte Wilberg von ihm, warum diese Geheimnistuerei?

»Also, mein lieber Lackner, eigentlich bin ich nur Ihretwegen hier.«

Walter blickte ihn ungläubig an. »Meinetwegen, wieso?«

»Ich baue im Berliner Reichswehrministerium wieder eine Deutsche Fliegertruppe auf. Wir brauchen Leute wie Sie. Kommen Sie nach Berlin.«

Walter war sprachlos. Er, ein begeisterter Flieger, sollte wieder zur Fliegerei zurück. Und nach Berlin, der aufregendsten Stadt der Welt! »Das ist ja, das ist ja phantastisch. Ich kann es gar nicht glauben. Natürlich nehme ich Ihr Angebot an, Herr Major. Wann soll es denn losgehen?«

»Nun, so schnell schießen die Preußen nicht.« Wilberg lächelte über die Begeisterung seines jungen Gegenübers. »Zuerst wird es nur eine Schreibtischtätigkeit sein. Bevor Sie wieder fliegen können, wird es noch eine Weile dauern.«

Das Gespräch wurde für einen Moment unterbrochen, als die Hauptspeise serviert wurde.

»Sie wissen, es gibt noch immer die interalliierten Kontrollkommissionen. Es gilt oberste Geheimhaltung. Es darf nichts, aber auch gar nichts nach außen dringen. Und Sie dürfen niemandem, auch nicht den engsten Verwandten, von unseren Plänen berichten.«

Erst hatte der Major ihm genaue Direktiven gegeben, was er in der nächsten Zeit tun musste, um seinen Wechsel nach Berlin vorzubereiten. Er erwartete ihn dort spätestens im März 1922. Und dann hatte er Walter einiges aus Berlin erzählt, was Königsberg noch nicht erreicht hatte, die Nachrichten flossen spärlich und vor allem langsam. Schließlich würden ihn seine Kameraden danach befragen.

Walter begann eine Art Doppelleben zu führen. Es war ihm zutiefst zuwider, seinen Freunden und den Menschen, die er liebte, nicht die Wahrheit sagen zu dürfen. Aber er hatte Major Wilberg sein Ehrenwort gegeben, und schließlich ging es um eine höhere Sache. Bereits am gleichen Abend nach dem Treffen mit Wilberg hatte er, wie erwartet, seine erste Bewährungsprobe.

»Na, alter Junge, was für Neuigkeiten gibt es denn aus Berlin?« – »Erzähl doch mal.« – »Nun leg schon los, endlich mal etwas aus dem ›Reich‹ aus erster Hand.« Berlin war das

»Reich« und Königsberg »Provinz«. Seine Freunde überfielen ihn förmlich mit Fragen, als er das Kasino betrat.

»Nun lasst mich erst mal etwas zu trinken bestellen.« Walter schrieb seine Bestellung in seinen silbernen Bestellblock. »Also, uns geht es hier ja wie den Maden im Speck«, begann er, »in Berlin gibt es kaum was zu essen, der Schwarzhandel blüht, aber«, er lachte, »die Röcke der Damen werden immer kürzer.« Er berichtete von den 800 Milliarden Staatsdefizit – der Versailler Vertrag blutete das Land finanziell aus –, dem Einmarsch der französischen Truppen im Ruhrgebiet und der Volksabstimmung in Oberschlesien. »Das Nachtleben in Berlin muss fulminant sein, Wilberg sagt, wir hätten ja keine Ahnung, was da los ist. Nachtclubs, Soireen, private Feste. Einige Leute scheinen immer noch Geld zu haben.«

Die Freunde hingen an Walters Lippen. Der Wein floss in Strömen, und an die geplante Partie Bridge war nicht zu denken.

Heimlich bemühte sich Walter um eine Versetzung nach Berlin. Man teilte ihm mit, dass das nur möglich sei, wenn er einen Austauschmann fände, der bereit wäre, nach Ostpreußen zu gehen. Er schrieb an ehemalige Kameraden, aber er bekam nur abschlägige Antworten. Keiner hatte Lust, sich in die Provinz versetzen zu lassen. Es blieb nur noch ein Ausweg. Er musste aus dem Heer austreten.

Zu Walters einunddreißigstem Geburtstag am 5. Februar 1922, es war ein Freitag, hatte sich die ganze Familie in Harpenthal versammelt. Sogar Onkel Karl war aus Lindicken herübergekommen, Tante Anika, die Dörrpflaume, im Schlepptau. Die war inzwischen über neunzig und ziemlich schwerhörig. Ihre ständigen Ohnmachtsanfälle hatte sie aufgegeben, seitdem sie ihre Schwester damit nicht mehr ärgern konnte.

Nach dem Essen hatte Walter eine kleine Rede gehalten. »Ich möchte euch allen von ganzem Herzen danken für das, was ihr für mich getan habt seit dem Tod meiner Eltern, für eure Liebe und Zuneigung in all den Jahren. Ihr habt mir ein Zuhause gegeben. Ich danke euch!« Und nach einer kurzen Pause: »Wir werden uns jetzt eine Weile nicht sehen. Ich habe meinen Abschied genommen. Ich gehe nach Berlin.«

Es herrschte Totenstille. Der Erste, der sich fasste, war Onkel Hermann. Sein Kopf war hochrot und die Ader auf seiner Stirn schien kurz davor zu platzen. Grete griff schon zu seinen Herztropfen. Wenn er sich so aufregte, musste man mit dem Schlimmsten rechnen.

»Ja, bist du denn von allen guten Geistern verlassen!«, brüllte er los. »Wie kannst du das tun? In diesen Zeiten einen sicheren Posten aufgeben. Bist du total verrückt geworden?« Er war aufgesprungen und ging aufgeregt auf und ab. Inzwischen hatten auch die anderen die Sprache wiedergefunden.

»Warum hast du uns denn nichts davon gesagt?« – »Willst du dir das nicht noch einmal überlegen?« – »Was willst du denn in Berlin, hier geht es dir doch gut?« Alle redeten auf Walter ein, nur Tante Anika hatte mal wieder nichts verstanden. »Was ist mit Walter, hat er sich verlobt?«, fragte sie den Nächststehenden. »Warum regt sich Hermann denn so auf, ist sie etwa nicht standesgemäß?« Keiner machte sich die Mühe, sie aufzuklären.

Walter hatte seine Tante Grete in den Arm genommen, die in Tränen ausgebrochen war.

»Beruhigt euch, bitte! Onkel Hermann, sei mir nicht böse. Ich weiß, was ich tue. Irgendwann werdet ihr es verstehen. Und

Sorgen müsst ihr euch auch keine um mich machen. Ich werde bei Onkel Morell in der Firma arbeiten.« Dass er diesen um eine Arbeit gebeten hatte, da er nach seinem Abschied einen Zivilberuf nachweisen musste, um von Ostpreußen nach Berlin umsiedeln zu können, verschwieg er.

Irgendwann hatten sich alle beruhigt. Schließlich war Walter alt genug und Herr seiner Sinne. Der Einzige, der daran zweifelte, war Onkel Hermann. »Der Junge ist verrückt geworden«, sagte er immer wieder, »total verrückt.«

Der Abschied von seinen Kameraden war Walter sehr schwer gefallen. Auch bei ihnen herrschte Verständnislosigkeit.

»Was, Versicherungsvertreter willst du werden?« Walters Freund Helmuth brach in schallendes Gelächter aus. »Das ist doch wohl ein Witz, ich glaub dir kein Wort. Gib es zu, du willst eine reiche Kaufmannstochter heiraten.« (Mit der Kaufmannstochter lag er gar nicht so falsch, nur dass sie nicht mehr reich war.) Helmuth konnte sich gar nicht beruhigen. »Ich glaube es nicht. Was ist in dich gefahren? Du bist Soldat und kein Vertreter. Du kannst das doch gar nicht.« Er blickte seinen Freund nachdenklich an. »Da steckt doch etwas anderes dahinter. Los, gib es zu. Hat es was mit Wilbergs Besuch zu tun? Warum hast du nichts von deinen Plänen gesagt, wenigstens mir?«

Walter litt. Er musste seinen besten Freund belügen, es war einfach schrecklich. Aber was sollte er tun? Er durfte niemandem die Wahrheit sagen, auch nicht Helmuth.

Die Nacht vor seiner Abreise hatten sie im Offizierskasino durchgefeiert. Walter hatte seine Kameraden zum Abschied eingeladen und der Alkohol floss in Strömen.

»Es sind die Weiber, weshalb er nach Berlin geht, hier hat er ja alle durch.« Horst Kaminski, den nichts interessierte außer

Frauen, Glücksspiele und Wein, betonte immer wieder, dass das der einzige Grund sein könne, warum Walter sie verließ. »Du hast Recht, alter Junge, amüsier dich, hier ist es doch todlangweilig«, und je betrunkener er wurde, umso öfter betonte er, wie Recht Walter hatte, Königsberg zu verlassen.

Am Morgen begleiteten sie ihn alle zum Zug. »Mach's gut, alter Lorbass, pass auf dich auf, und komm mir nicht unter die Räder.« Helmuth hatte ihn mit Tränen in den Augen umarmt und dem Zug nachgewunken, bis er im Nebel verschwunden war.

Die Fahrt durch den polnischen Korridor war lästig gewesen. Die Abteile mussten verdunkelt sein, man durfte nicht hinaussehen. Immer wieder wurde der Zug angehalten, um Passkontrollen und Leibesvisitationen durchzuführen. Man suchte nach polnischem Geld und Spionen.

Die Morells nahmen Walter mit großer Herzlichkeit auf. Ihr Angebot, bei ihnen zu wohnen, ihr Haus sei schließlich groß genug, lehnte er aber ab. Zum Kummer von Martha, die ihren Bruder am liebsten Tag und Nacht um sich gehabt hätte.

»Einer der aus der Provinz ins Reich kommt, braucht ein bisschen Freiheit«, sagte er augenzwinkernd, »ich habe eine Menge nachzuholen.« Dass er nachts für Wilberg arbeiten musste und dieses ohne Zeugen, konnte er schlecht sagen. »Aber bis ich eine Bleibe gefunden habe, wohne ich gern bei euch.«

Es waren die letzten Karnevalstage. Eine Einladung jagte die andere, und Martha schleppte ihren Bruder überall mit hin. Und als die Fastenzeit begann, gingen die Feste weiter, sie hießen nur anders!

Walter war fasziniert. Wilberg hatte maßlos untertrieben. Das war nicht mehr das Berlin von früher. Vorbei die prüden

Sitten und preußische Disziplin. Man tanzte Tango, das Verbot der Kaiserin interessierte keinen mehr, Charleston und Foxtrott, besuchte Kabaretts und Ballhäuser, sang die neuesten Schlager und ging begeistert in den Kintopp.

Und ein neuer Frauentyp war geboren. Die Mieder landeten in der Mottenkiste, die Frauen trugen kniekurze, lockere Kleider und lächelten mit leuchtend roten, herzförmig geschminkten Mündern. Zu Kaisers Zeiten noch undenkbar, rauchten sie auf der Straße, flirteten in Bars und entdeckten die sexuelle Freizügigkeit. Walter tauchte mit allen Sinnen ein in die »Goldenen Zwanzigerjahre«, wie diese Zeit später genannt werden sollte.

Seine Arbeit als Versicherungsvertreter war hingegen eine einzige Katastrophe. Helmuth hatte Recht gehabt. Er konnte es einfach nicht. Wenn er nach stundenlangem Klinkenputzen mit nur einem Auftrag in seiner kleinen Wohnung saß, hinderte ihn nur seine Arbeit für Wilberg daran, zu verzweifeln. Er musste sich etwas anderes suchen. Bis dahin würde er schon mit dem spärlichen Sold auskommen, den das Reichswehrministerium ihm zahlte.

Gera rannte. Sie rannte eigentlich immer, deshalb wurde sie auch von allen Sausi genannt. Es war ein Riesenbetrieb auf dem Tauenzien, wie die Berliner die Tauenzienstraße nannten, deshalb war es gar nicht leicht, schnell voranzukommen. Sie hatte es eilig. Sie musste ihre kleine Tochter Christiane abholen. Sie hatte sie wie jeden Morgen bei ihren Eltern in der Margaretenstraße abgegeben, bevor sie in den »Salon der Schönheit« ging, um dort ihre Arbeit als Empfangs- und Vorführdame anzutreten. Gott, war sie froh gewesen, dass sie diese Arbeit gefunden hatte. 200 Mark im Monat zuzüglich 100 Mark für Garderobe verdiente sie. Köchin Anna, sehr geschickt im Nähen, hatte einige ihrer alten Kleider auseinander getrennt und umgeändert, sodass Gera ihr die 100 Mark geben konnte, um Essen zu kaufen. Ihre Eltern waren fast mittellos. Richard Görz hatte sein gesamtes Geld in Kriegsanleihen gesteckt, die jetzt nur noch Makulatur waren.

Der Verlust seines Vermögens und die Angst um das Wohl seiner Familie hatten ihn krank gemacht. Er hatte Krebs und ihr Hausarzt, immer noch Geheimrat Manz, hatte Gera gesagt, dass ihr Vater nicht mehr lange leben würde. Ihre Mutter wusste es noch nicht, nur Anna natürlich, sie wusste alles, und was man ihr nicht erzählte, ahnte sie.

Ab und zu war Anna immer noch beleidigt. Nur kündigte sie nicht mehr. Sie hatte Angst, dass man ihre Kündigung annehmen würde.

»Anna«, hatte Margarete Görz zu ihr jesagt, als klar war, dass sie bankrott waren, »Anna, ich kann dir keinen Lohn mehr zahlen. Wir haben kein Geld mehr. Ich muss dir kündigen.«

»Wat? Ik hab nich jehört, wat Se da eben jesacht haben«, hatte diese darauf gesagt und war in der Küche verschwunden. Diesen Satz kannte sie! Jahrelang hatte sie ihn von der »Jnädijen« gehört, wenn sie, Anna, mal wieder beleidigt, gekündigt hatte.

»Anna, sei vernünftig!«, Margarete war ihr in die Küche gefolgt, »wir haben kein Geld mehr. Ich kann dich nicht bezahlen.«

»Nu wer ik Ihnen mal wat sagen.« Anna hatte sich vor Margarete aufgebaut, ihr schwerer Busen wogte vor Aufregung.

»Wie lange bin ik schon bei Ihnen? Ik jlobe, fast vierzich Jahre. Und da wollen Se mir rausschmeißen? Ja wo soll ik denn hinne? Ik jehör doch zur Familie. Se brauchen mir doch mit dem Christianchen und dem Jerachen und all dem Unglück. Und der kranke jnädije Herr, dat schaffen Se doch jar nich alleene!« Sie war in Tränen ausgebrochen und auf einen Küchenstuhl gesunken.

»Anna, liebe gute Anna, was soll ich denn machen?« Margarete war ebenfalls kurz davor, die Fassung zu verlieren.

»Na, behalten solln Se mir. Ik brauch keen Jeld, wozu auch«, sie schniefte, »ik hab wat jespart, is ja nich so ville, aber en paar Märker sind et doch. Ik schenk et Ihnen, wenn Se mir nur behalten.« Und nun weinten beide herzzerreißend. Damit war das Thema Kündigung ein für alle Mal erledigt.

Gera atmete tief durch. Ihr war schlecht von dem Geruch des 4711, das den ganzen Tag in der Mitte des »Salons der Schönheit« aus einem Brunnen sprudelte. Gerade als sie die Straße überqueren wollte, hörte sie hinter sich eine Stimme: »Sie haben wunderschöne Beine, gnädiges Fräulein.« Die Stimme kam ihr irgendwie bekannt vor. Sie drehte sich neugierig um und erblasste jäh.

»Schwesterchen Sausi!«

»Walter, Walter Lackner!« Sie starrte ihr Gegenüber fassungslos an. »Ich dachte, Sie sind tot.«

»Es hat fast ein Jahr gedauert, bis die Behörden mich wieder zum Leben erweckt haben.« Walter lachte. »Komm, lass uns etwas zusammen trinken.« Walter zog sie in ein kleines Café.

Gera war wie in Trance. War sie vielleicht unter die Straßenbahn gekommen und jetzt irgendwie tot oder im Koma, und nun ging ein Traum in Erfüllung, den sie längst begraben hatte?

»Wach auf, Schwesterchen, ich bin kein Geist, ich bin es wirklich.«

Gera nippte an der heißen Schokolade, die Walter ihr bestellt hatte. »Das Lazarett hat mir geschrieben, dass du tot bist«, sagte sie mit tonloser Stimme und hatte plötzlich Tränen in den Augen.

»Ich weiß, man hat irrtümlicherweise meinen Vornamen mit dem meines gefallenen Bruders verwechselt.« Und Walter erzählte, dass er immer nach ihr gerufen hatte, als sie plötzlich verschwunden war und keiner ihm hatte sagen wollen, wer sie sei und wo er sie finden konnte. Sie redeten und redeten.

»O Gott, ich muss gehen, meine Eltern werden sich Sorgen machen. Ich muss meine Tochter abholen, sie wartet dort auf mich.« Gera war aufgesprungen. »Ich arbeite im Salon der Schönheit, von zehn Uhr morgens bis nachmittags um fünf. Melde dich.« Mir diesen Worten stürzte sie hinaus, einen verwirrten Walter zurücklassend. Sie hatte eine Tochter, demnach war sie verheiratet!

»Mama, Mama, da bist du ja endlich.« Christiane lief ihrer Mutter strahlend entgegen. Sie war ein entzückendes Kind mit einem dunklen Teint, schwarzen Augen und dicken schwarzen Locken. Anna, die Gera die Tür geöffnet hatte, blickte sie fragend an. »Is was, Kind, du kiekst so komisch?«

»Ja, ich bin einem Geist begegnet.«

Anna hatte Gera mit sich in die Küche gezogen. »Komm, Kindchen, ik hab jrad Tee jekocht, du musst dir beruhijen. Bist ja kreidebleich.« Sie hatte Gera eine Tasse dampfenden Fencheltee in die Hand gedrückt. »Christianchen, loof zu Ömchen und sach Bescheid, dat deine Mama sich en Momentchen bei mir uffwärmt, na, loof schon«, und zu Gera gewandt: »Wat is los, erzähl schon?«

»Ich werde mich scheiden lassen. Ich muss heute noch mit Walter reden.«

»Nu mal langsam mit de jungen Pferde! Warum denn so plötzlich? Walter is doch janz nett, och wenn de ihn nich liebst.«

Gera hatte kurz vor Ende des Krieges Walter Bachrach kennen gelernt. Nach einer kurzen Zeit heftigen Werbens hatte sie seinem Drängen nachgegeben und ihn geheiratet.

»Es ist doch egal, wen ich heirate«, hatte sie ihren Eltern erklärt. »Er sieht gut aus, hat anständige Manieren, sagt, dass er mich liebt und heißt auch noch Walter.« Und auf Annas Vorhaltungen, dass sie doch nicht ewig einem Toten nachtrauern könne, es käme bestimmt noch mal einer, den sie auch lieben würde, hatte sie nur gesagt: »Das verstehst du nicht.«

In der letzten Zeit hatte Bachrach Gera immer wieder gedrängt, mit ihm und Christiane nach Südamerika zu gehen, wo er wohlhabende Verwandte hatte, die sie mit Freuden aufnehmen würden. Seine Hutfabrik stand kurz vor der Pleite, und die immer lauter werdenden nationalsozialistischen und antisemitischen Töne, die von einem Herrn Hitler durch das Reich nach Berlin drangen, begannen ihn zu ängstigen. Bachrachs Mutter war Jüdin.

»Ich kann doch meine Eltern nicht allein lassen, Papa ist so krank, er würde vor Kummer sterben, wenn ich so weit weg gehe«, hatte sie immer wieder gesagt, um eine Entscheidung hinauszuzögern. Anna, die das natürlich alles wusste, fragte jetzt: »Will er nu wirklich nach Amerika, is et dat?«

»Nein!« Gera begann zu zittern. »Ich habe Walter wieder getroffen.«

»Walter, welchen Walter?«

»Na, Walter Lackner.«

»Kindchen, der Walter is tot. Dat haste doch nu schwarz uf weiß. Haste dir irjentwie jestoßen oder is dir wat ufn Kopp jefallen?« Anna war ehrlich besorgt. Gera hatte doch hoffentlich nicht den Verstand verloren. Oder sollte der Gestank von dem 4711 ihr das Gehirn vernebelt haben?

Das wäre ja zu schrecklich. Der Jnädije todkrank und dat Jerachen in der Klapsmühle!

»Nein, Anna, er lebt. Ich habe ihn auf dem Tauenzien wieder getroffen. Heute Nachmittag. Das ist Schicksal, glaub mir.« Und dann war sie in haltloses Weinen ausgebrochen.

Meine Güte, was Anna morgen der Frau Plaschke, der Milchfrau, alles erzählen konnte!

Gera und Walter sahen sich jetzt regelmäßig. Meistens holte er sie vom »Salon der Schönheit« ab, dann gingen sie entweder zu Aschinger, Erbsen mit Speck essen, Brötchen waren im Preis mit inbegriffen und man konnte davon so viel essen, wie man wollte, oder Gera besuchte Walter in seiner Wohnung in der Stubbenstraße. Sie liebten sich, sie schwebten beide im siebten Himmel.

Gera hatte Annas Rat beherzigt, nicht schon am ersten Abend mit Bachrach zu sprechen. »Lass dir Zeit, Kind«, hatte diese eindringlich auf Gera eingeredet, »manchmal rejeln sich die Dinge janz von alleene.«

Eines Abends, Gera war ausnahmsweise mal früher nach Hause gekommen, hatte ihr Mann eine Aussprache herbeigeführt.

»Was ist mit dir?«, hatte er das Gespräch begonnen, »du bist total verändert. Ich sehe dich kaum noch. Willst du mir nicht sagen, was los ist?« Er wusste, dass Gera ihn nicht liebte. Sie hatte es ihm vor der Hochzeit gesagt.

»Das macht nichts«, war seine traurige Antwort gewesen, »meine Liebe reicht für uns beide.«

»Ich möchte mich scheiden lassen.« Gera war erleichtert, dass es endlich heraus war. Die wochenlange Heimlichtuerei hatte an ihren Nerven gezerrt. Sie hasste es, zu lügen. »Ich habe Walter Lackner wiedergetroffen. Wir wollen heiraten.«

»Hast du mir nicht erzählt, er sei tot? Wie ist er denn wieder lebendig geworden? Hast du einen Geistheiler bemüht?« Sein Lachen klang nicht froh.

»Bitte, versuch nicht witzig zu sein.« Gera war gereizt. »Wir haben uns vor ein paar Wochen zufällig auf der Straße wiedergetroffen. Es ist Schicksal, anders ist es nicht zu erklären.«

»Und warum hat er sich in all den Jahren nicht bei dir gemeldet?«

»Er wusste ja meinen Namen nicht, im Lazarett hieß ich nur Schwesterchen Sausi.«

»Soso«, sehr überzeugt klang das nicht. »Wenn ich meine Geschäfte hier abgewickelt habe, werde ich, wie geplant, nach Südamerika gehen. Wie ich sehe, wirst du ja wohl nicht mitkommen.« Mit harter Stimme fügte er hinzu: »Aber Christiane nehme ich mit.« In seinen Augen war ein böses Glitzern. Er wusste, das war sein einziger Trumpf. Niemals würde Gera sich von ihrem geliebten Kind trennen.

»Das kommt überhaupt nicht infrage!«, widersprach Gera empört. »Mein Kind bleibt bei mir, du wirst es mir nicht wegnehmen.« Sie war außer sich. Damit hatte sie nicht gerechnet.

Die Auseinandersetzung wurde immer lauter. Von dem Geschrei aufgeweckt, stand plötzlich Christiane in der Tür.

»Was ist, Mama, wer will mich dir wegnehmen? Ich will bei dir bleiben.« Weinend klammerte sie sich an die Beine ihrer Mutter.

»Keiner nimmt dich mir weg, mein kleiner Engel. Beruhige dich, keiner wird uns trennen.« Und mit einem wütenden Blick auf ihren Ehemann und den Worten: »Siehst du, was du da angerichtet hast!« verließ sie mit dem schluchzenden Kind das Zimmer.

Walter hatte seine Vertretertätigkeit bei Morell aufgegeben.

»Ich verstehe dich, mein Junge«, hatte sein väterlicher Freund gesagt, »wenn du finanzielle Hilfe brauchst, lass es mich wissen.«

Das wollte er auf gar keinen Fall. Er wollte weder etwas geschenkt haben noch Schulden machen. Das war verpönt und verstieß gegen seinen Ehrenkodex.

Kurzfristig verkaufte er Inhalationsgeräte gegen Asthma, Keuchhusten und Lungenleiden, angeblich ein todsicheres Geschäft, was sich aber als Reinfall erwies. Dann las er eines Tages in der »Berliner Zeitung« eine Anzeige. »Henkell Trocken wieder auf dem Markt.« Das war's. Wein und Sekt zu verkaufen galt unter arbeitslosen Offizieren als nicht ehrenrührig. Dank Onkel Morell und seinen immer noch wohlhabenden Geschäftsfreunden bekam Walter sofort die richtigen Kunden. Dass darunter auch einige stadtbekannte, von Walter verachtete Kriegsgewinnler waren, darüber musste er leider hinwegsehen. Solange dieses »Gesindel« pünktlich seine Rechnungen bezahlte, unterdrückte er seinen Ekel. Schließlich hatte er bald Frau und Kind zu ernähren.

Eines Tages kam Gera ganz aufgeregt nach Hause, mit einem Zeitungsausschnitt wedelnd.

»In Babelsberg werden Filmkomparsen gesucht. Junge Leute mit eleganter Garderobe bevorzugt. Das ist doch was.«

»Was, wir sollen als Komparsen arbeiten?« Walter blickte sie zweifelnd an. »Das ist ja noch schlimmer, als Champagner an Kriegsgewinnler zu verkaufen.«

»Ach, stell dich nicht so an.« Sie musste lachen. »Vornehm geht die Welt zu Grunde.«

Und so tauchten sie plötzlich in eine andere, fremde Welt. Sie erlebten Heinrich George, Lilian Harvey, Albert Bassermann und viele andere aus der Nähe. Und Anna konnte Frau Plaschke Geschichten erzählen, die sie nie für möglich gehalten hätte.

Endlich war die Scheidung durch. Bachrach hatte bis zum Schluss gehofft, Geras Glück würde sich in Luft auflösen, Lackner wieder in das Reich der Toten entschwinden und er aus einem bösen Traum erwachen. Aber nun hatte er es begriffen. Gera war für ihn verloren. Am Tag der Hochzeit würde er Deutschland verlassen.

Am 15. November 1923 war es so weit. Helmuth von Thelen war aus Königsberg angereist. »Ohne dich als Trauzeugen heirate ich nicht«, hatte Walter ihm in seiner Einladung geschrieben. Die Hochzeit fand im engsten Familienkreis statt. Nach der standesamtlichen Trauung, Geras Trauzeugin war ihre beste Freundin Margot, gab es im Hause Görz ein festliches Mittagessen. Eines der letzten Schmuckstücke der »Jnädijen« hatte Anna auf dem Schwarzmarkt in einen großen Rinderbraten, Fleischknochen und ein Pfund Butter eingetauscht. Gemüse und Kartoffeln hatte sie schon seit Wochen »gebunkert«. Wenn ihr »Jerachen« heiratete, hatte es an nichts zu fehlen.

Richard Görz hatte sich in den letzten Wochen zum Erstaunen aller zusehends erholt. Das Glück seiner Tochter beflügelte ihn geradezu.

»Mach dir keine allzu großen Hoffnungen«, hatte Geheimrat Manz Gera gewarnt, »er wird nicht mehr gesund werden.« Aber heute, an Geras großem Tag, merkte man ihm seine Krankheit nicht an. »Trinken und essen Sie, was Sie wollen«, hatte Dr. Manz zu ihm gesagt, »und gönnen Sie sich nach dem Essen ruhig eine gute Zigarre, es wird Ihnen nicht schaden.«

Außer den Trauzeugen waren natürlich Morells mit Martha da, und zur Überraschung und Freude aller war Tante Wilhelmine angereist. »Seit Paula in Afrika ist, fühle ich mich ein bisschen einsam«, hatte sie gesagt und Walter einen Brief von Hermann und Grete mit einer Einladung zu Weihnachten nach Harpenthal und ein Kuvert mit Geld in die Hand gedrückt. »Alle Verwandten haben etwas gegeben, so viel sie halt konnten. Ihr wisst, die Zeiten sind schlecht, aber es kommt von Herzen.« Walter war zu Tränen gerührt.

Die Stimmung war ausgezeichnet. Anna hatte hervorragend gekocht, und der Henkell Trocken floss reichlich. Nach dem Essen hielt Vater Görz eine Rede. Wie glücklich er sei, dass sein geliebtes Kind die Liebe ihres Lebens wiedergefunden, dass nun alles zu einem glücklichen Ende geführt habe und dass er so froh sei, dass Bachrach und Gera nicht im Streit auseinander gegangen seien.

Geras Gedanken drifteten ab. Sie hatte ihrem Vater nicht erzählt, dass Bachrach sie ohne einen Pfennig sitzen ließ. Sogar ihre Mitgift hatte er ihr weggenommen, alle noch vorhandenen Konten abgeräumt.

»Ich brauche alles für den Neuanfang in Übersee«, hatte er ihr erklärt. »Ich sehe mich außerstande, dir Geld dazulassen. Außerdem arbeitest du ja schließlich jetzt beim Film«, hatte er noch süffisant hinzugefügt. Es hatte noch einen unschönen Wortwechsel gegeben und sie hatten sich im Streit getrennt. Seit diesem Gespräch hatten sie sich nicht wiedergesehen. Bei den letzten Worten ihres Vaters tauchte Gera aus ihren Gedanken auf. »Diese Ehe wurde nicht wegen Geld geschlossen, auch ist es keine Namensheirat. Es ist eine Heirat aus Liebe. Ein Prosit auf das Brautpaar.«

Nachdem sie mit allen Gästen angestoßen hatte, fiel ihr Blick auf die große Standuhr. »Walter«, flüsterte sie ihrem Mann zu, »in einer Stunde geht der Zug von Bachrach. Bitte lass uns mit Christiane zum Bahnhof gehen. Ich möchte nicht im Streit mit ihm auseinander gehen.«

Auf dem Anhalter Bahnhof herrschte dichtes Gedränge. Walter bahnte ihnen, Christiane auf den Schultern, einen Weg durch die Menge. Der Zug würde in Kürze von Gleis drei abgehen. Gera hatte Angst, nicht rechtzeitig dort anzukommen.

»Papa, Papa!« Christiane hatte ihren Vater als Erstes entdeckt, eine einsame Gestalt am Ende des Bahnsteiges.

Hatte er sich verhört, war das nicht die Stimme seiner Tochter? Ungläubig drehte Bachrach sich um. »Gera, dass du gekommen bist, Christiane, mein Engel, dass ich dich noch einmal umarmen darf!« Er hielt beide eng umschlungen und kämpfte mit den Tränen. Er spürte, er würde seine Tochter nie wiedersehen. In dem Moment ertönte ein Pfiff und das laute »Bitte einsteigen, der Zug fährt in wenigen Minuten ab« des Schaffners.

»Lebt wohl, meine über alles Geliebten. Ich werde euch nie vergessen«, und zu Walter: »Danke, dass ihr gekommen seid, und enttäusch sie nicht, du bist ihr Leben.« Mit diesen Worten bestieg er den Zug, ohne sich noch einmal umzudrehen.

Eng aneinander gedrängt winkten sie, bis in der Ferne nur noch die roten Schlusslichter zu sehen waren.

Nachwort

Walter und Gera Lackner waren über fünfzig Jahre verheiratet. Sie bekamen noch zwei Töchter, Utta und mich, Maja, heiß geliebt von meinen Eltern und meinen beiden älteren Schwestern. Eigentlich sollte ich ein Sohn namens Ellart werden. Während ihrer Schwangerschaft las meine Mutter »Die Biene Maja« von Waldemar Bonsels und beschloss, mich Maja zu nennen, als ich wider Erwarten als Mädchen zur Welt kam.

Quellen

Leopold v. Wiese, Kadettenjahre, Ebenhausen 1981

Karl-Hermann Freiherr v. Brand/Helmut Eckert, Kadetten, München o. J.